敦煌

石窟全集

敦煌石窟全集

敦煌研究院 主編

16

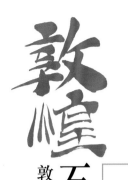

音樂畫卷

本卷主編 鄭汝中

商務印書館

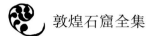

敦煌石窟全集

主編單位 ················· 敦煌研究院

主　　編 ················· 段文杰

副 主 編 ················· 樊錦詩（常務）

編著委員會（按姓氏筆畫排序）
主　　任 ················· 段文杰　樊錦詩（常務）
委　　員 ················· 吳　健　施萍婷　馬　德　梁尉英　趙聲良

出版顧問 ················· 金沖及　宋木文　張文彬　劉　杲　謝辰生
　　　　　　　　　　　　羅哲文　王去非　金維諾　周紹良　馬世長

出版委員會
主　　任 ················· 彭卿雲　沈　竹　劉　煒（常務）
委　　員 ················· 樊錦詩　龍文善　黃文昆　田　村
總 攝 影 ················· 吳　健
藝術監督 ················· 田　村

音 樂 畫 卷

主　　編 ················· 鄭汝中

攝　　影 ················· 孫志軍

封面題字 ················· 徐祖蕃

出 版 人 ················· 陳萬雄
策　　劃 ················· 張倩儀
責任編輯 ················· 楊克惠
設　　計 ················· 呂敬人
出　　版 ················· 商務印書館（香港）有限公司
　　　　　　　　　　　　香港筲箕灣耀興道 3 號東滙廣場 8 樓
　　　　　　　　　　　　http://www.commercialpress.com.hk
製　　版 ················· 中華商務彩色印刷有限公司
　　　　　　　　　　　　香港新界大埔汀麗路 36 號中華商務印刷大廈
印　　刷 ················· 中華商務彩色印刷有限公司
　　　　　　　　　　　　香港新界大埔汀麗路 36 號中華商務印刷大廈
版　　次 ················· 2022 年 4 月第 1 版第 3 次印刷
　　　　　　　　　　　　© 2001 商務印書館（香港）有限公司
　　　　　　　　　　　　ISBN 978 962 07 5289 6

前　言
音樂壁畫顯現中國音樂歷史

音樂、舞蹈，乃人類文化的重要部分。它以音響的組合，形體的表演，構成形形色色的表現形式，滲入到社會生活各個角落，標誌着人類的智慧和文明的發展。從大量世界文化遺存看，不論哪個地區，哪個國家，哪個民族，都是以樂舞為先導的，音樂甚至萌發在語言和文字之前。儘管地球上各個地區的文化產生有先後，但音樂都是率先出現的。音樂是人類智能的反映，具有與智能同步產生的特性。

中國的先民具有非凡的音樂才能，可以説，被稱為“禮樂之邦”的中華民族，它的音樂發端史，是世界上最早的文化跡象之一。中國、埃及、印度及希臘等文明古國，都有其音樂發展的歷史，但比較而言，其他三國音樂的累積，似不如中國豐實和有延續性。

從考古發掘的樂器資料看，中國音樂的產生可以追溯到距今六、七千年前的新石器時代。中國文化史在音樂方面的發端是以古樂器出現為標誌的；除樂器外，隨着音樂的誕生，“音樂畫”也同時出現，同一時期的岩畫、地畫及彩陶紋飾，保存了大量原始音樂、舞蹈的圖形。這是一種同步的文化現象了。音樂畫形象記錄了古代音樂歷史的發展，從中可以窺見各個時期、各種類型的音樂狀況，因而，它也是研究音樂史的重要依據。透過音樂圖像看音樂歷史，甚至比文獻的記載更生動、直觀和真實。

雖然中國音樂歷史悠久，遺存豐厚，但實物資料相對匱乏，甚至至今仍無一本可以作為依據的、系統清晰的音樂史，今天的學者欲知古代音樂的真實狀況，猶如霧裏看花。儘管古代文獻記載大量的音樂歷史，甚至廿四史中，有“音樂志”，“樂志”，“樂記”，“律志”專篇，但把這些材料集中在一起，充其量只能是與音樂有關的史料匯編，而且內容駁雜，含糊不清，因此，不能算是嚴格意義上的音樂史。歷史上曾有不少先賢修過樂史，均未成功。主要弊病是：從文獻到文獻，缺乏科學的調查研究，和系統、綜合的分析論證；還有一個重要的缺憾，就是只關注帝王將相等上層社會的音樂歷史，而缺乏民間的、民族的、下層社會的音樂調查，更少顧及圖像的搜集。

20世紀末，隨着人文科學、社會科學與自然科學技術的發展，考古學、形態學、圖像學的應用於音樂研究，以及音樂史學隊伍的擴大，音樂史學發生了重大的變革，雖然起步較晚，現在仍屬其他學科之附驥，但在觀念和研究方法上，都有許多突破和進展，進入新的研究階段。

敦煌石窟壁畫是中古時期中國西北地區的重要文物遺存。敦煌石窟始建於北朝時期，歷經十朝，長達千餘年，與中國古代音樂及音樂畫的發展、成熟相始終，其豐富的音樂壁畫是古代音樂與佛教藝術結合的產物，形象記錄了每一階段的音樂發展。

莫高窟音樂洞窟統計表

時代		窟數	窟號
北涼		2	272、275
北魏		10	248、251、254、257、259、260、263、431、435、437
西魏		3	249、285、288
北周		13	290、294、296-299、301、428、430、438、439、442、461
隋		52	56、62、64、243、244、262、266-280、282、292、302-305、307、311、313-315、379、380、383、389、390、392、394、396-398、400-402、404-407、412、413、416-421、423、425、427、433
唐	初唐	24	57、68、71、77、202、205、209、220、242、283、321、322、329、331、334、335、338、340、341、344、372、375、386、448
	盛唐	44	39、44、45、65、66、83、91、103、113、116-118、120-122、124、126、129、148、162、164、166、170-172、176、180、188、194、199、208、216、217、218、225、320、345、353、384、387、444-446
	中唐	30	7、43、53、92、122、134、135、154、158、159、197、200、201、231、234、236-238、240、258、358-361、365、369、370、449、468、472
	晚唐	37	8、9、12、14、15、18-20、24、29、54、76、85、107、127、128、132、136、138、141、145、147、150、156、161、163、167、173、177、192、195、196、198、227、232、337、343
五代		13	4-6、22、61、72、98-100、108、146、261、351
宋		6	25、55、152、256、452、454
西夏		4	130、327、354、367
元		2	3、465

敦煌石窟，僅以莫高窟統計，壁畫中有音樂題材的洞窟就有 240 個。

其中：

樂器　　44 種　4500 件（其中不鼓自鳴樂器 1016 件）

樂伎　　3346 身

樂隊　　500 組

繪有樂隊的經變　400 鋪

以上資料表明，就反映音樂事物而言，在樂器品種、數量、表演形式，以及延續時間等方面，敦煌壁畫在世界壁畫史上，均有極重要的價值。特別是敦煌壁畫樂器的研究，在學術界極受矚目。

敦煌壁畫中的樂器圖形，之所以受人關注，首先在其歷史意義。它經歷了北涼—北魏—西魏—北周—隋—唐—五代—宋—西夏—元十個朝代，可以說，在世界還找不出第二個遺址，能有連續近千年繪製樂器圖形的地方。其次，它本身確實豐富多彩，充分體現了中國古代音樂的繁榮發展。敦煌發現的音樂史料，包括敦煌壁畫的音樂圖像和藏經洞文獻的音樂資料，屬於文獻學和圖像學的範圍，被學者認定是窺視中國古代音樂的一個窗口和音樂史研究的新領域。近年來，學者對“敦煌音樂”的科研命題，極感興趣，成果不斷湧現。

其實，“敦煌音樂”一詞並不十分確切，所指的並非今日敦煌地區的音樂，而是敦煌石窟資料所見的古代該地區的音樂，稱為“敦煌音樂史料研究”較為妥當。但是既已約定俗成，亦無庸為之正名。

本書以考古學為座標，以圖像學的觀點，來研究敦煌壁畫的音樂圖像。用調查、分類、比較、分析的方法，來詮釋其中的史學價值和文化內涵。此外，還要附帶介紹一下有關音樂的文獻資料“敦煌曲譜”的情況。本書還有一個目的，就是不能再使資料長期與世隔絕。現在我們把圖像與有關資料第一次公諸於世，希冀有更多學者來參與這項科學研究。正如學者現在公認的，敦煌學是中國的，也是世界的文化財富 。

目　錄

清歌妙舞入畫圖

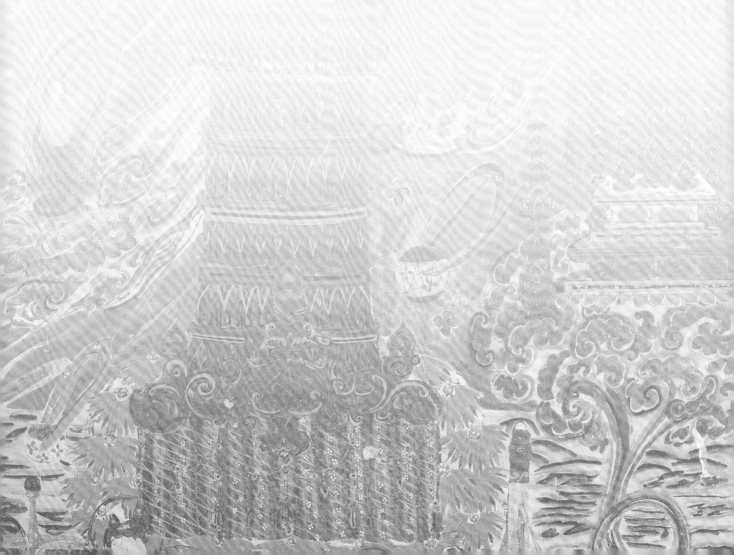

　　中國古代音樂發展歷史悠久，承傳不衰。早在遠古時代，中國的先民就已經"擊石拊石，百獸率舞"，開始了自發的音樂舞蹈活動。在當時，無論是祭神、集會，還是狩獵、戰爭，都伴有原始的歌舞活動。在歷史發展的長河中，音樂逐漸擺脫原始宗教祭祀色彩，進入表演領域。周代創立禮樂制度，開古代"雅樂"之先聲；漢代宮廷樂舞開始變革，雅樂衰落，俗樂興起，中原與西域地區有了初步的音樂交流；魏晉南北朝時期，樂風舒緩、恬淡的"清商樂"在中原及江南地區盛行，適值北中國五胡入主，北方遊牧民族粗獷豪放的音樂隨之傳入，南北方音樂並存融合；隋唐時期是古代音樂發展的最高峯，樂舞交流空前廣泛，宮廷和民間音樂都取得輝煌成就，中國傳統音樂的樂制、曲風，樂器的種類、形制在這一時期基本奠定，成熟。

　　在音樂產生的同時，各類音樂繪畫也應運而生，它們記錄了古代音樂發展的脈絡，是研究音樂史極為重要的依據。敦煌，地處中國古代各族樂舞交流的重要通道上，出現了跨越十朝的音樂壁畫，它們與中國古代音樂相互激蕩、共同發展。在長達千年的歲月裏，敦煌音樂壁畫完成了由西到中藝術風格的轉變，成為獨具特色的民族瑰寶，特別是在封建禮樂文化背景下形成的特定寓意和理性內蘊，成為中國古代宗法觀念、等級制度、禮樂思想的歷史見證。

第一節　佛教東漸與華夏藝術的融合

　　敦煌壁畫中的音樂圖像，跨越北涼—北魏—西魏—北周—隋—唐—五代—宋—西夏—元十朝，與石窟壁畫相始終。它的形成與印度佛教藝術東傳有莫大關係，但其自身的發展又始終受到中原藝術的深刻影響；其所表現的音樂內容，從早期對印度、西域風格的模仿，到隋唐以後中國民族音樂畫特色的形成，反映出東西文化藝術融合的歷程和中國民族音樂、繪畫藝術的發展軌跡。

佛教東傳影響下的敦煌早期音樂壁畫

　　佛教及佛教藝術均始於印度。公元前200年，阿育王立佛教為國教，大約公元2世紀左右，印度西北部的阿旃陀首次出現帶有希臘風格的釋伽牟尼雕像，帶動了印度佛教雕刻藝術的興起，石窟建築和壁畫藝術也開始形成。壁畫人物高鼻深目的面部特徵，以及纏腰布、包頭巾、佩戴飾物等特點，都是以當時印度人為藍本塑造的，其中的音樂、舞蹈反映的也是古印度的樂舞風貌和印度樂器的演奏狀態。隨着佛教的傳播，印度佛教美術迅速流傳到中亞和東亞。

　　印度佛教東傳，除周邊小國之外，首先傳到西域。當時的西域包括玉門關、陽關以西，蔥嶺以東，天山以南，崑崙山以北的廣大地區，為許多不同族羣割據的小國家。西域的佛教石窟與寺廟，主要分佈在當時的龜茲（今庫車）和高昌（今吐魯番）。石窟內除塑主佛外，還繪製各種佛教壁畫；壁畫中既有仿照印度的繪畫模式，也有當地民族特色的構圖風格和繪畫技法，創造了如菱格畫等新的構圖形式。壁畫內容主要是各種佛傳故事，據統計，克孜爾石窟可以識別情節的佛傳故事就有60多種，這些故事畫幾乎全部插入了音樂舞蹈題材，把原來印度的原型，轉換成有強烈西域民族特點的音樂和舞蹈場面。

　　西域地區的少數民族，在音樂和美術方面都有鮮明的特色，對周邊地區的音樂發展也產生了重要影響。正是在這種文化背景下，西域的壁畫首先傳到敦煌及河西地區。北朝時期，北方少數民族政權紛紛在敦煌建窟，敦煌莫高窟繪有音樂圖像的洞窟共有16個。音樂壁畫內容有菩薩伎樂、天宮伎樂、飛天伎樂、化生伎樂、供養人伎樂、藥叉伎樂、故事畫伎樂。

　　從表現手法上看，這些音樂圖像在繼承漢代繪畫傳統的基礎上，明顯接受了印度、西域等地佛教美術的影響。色彩主要以黑、白、土紅、赭石、灰藍為主，基調沉鬱晦暗、稚拙古樸。人物採用西域傳入的凹凸法繪製，造型域外風格較重，樂伎多為男性，身短、體壯、半裸、袒胸露腹、赤足、大眼、深目、厚唇、直鼻、耳垂、削瘦、臉長。衣冠服飾多為波斯式或龜茲式，多見僧侶裝裝。樂器種類簡單，多見佛教特色比較濃厚的吹奏單音原始樂器，如海螺、角等。北魏後期，繪畫技法進一步發展，人物造型比例適度，逐漸擺脫西域畫風，如第285窟的飛天造型漢化特徵明顯。

傳統音樂畫的延伸與音樂壁畫的發展

中國不但音樂發達，而且表現音樂內容的繪畫遺存豐富。早在遠古時期，中國的先民就開始用繪畫形式記錄當時的音樂舞蹈活動。近代考古發現的許多史前時期的岩畫、地畫和彩陶上的樂舞圖形，是中國現存最早的"樂舞畫"。漢代是音樂畫發展的一個高潮，樂舞圖像主要繪製在墓葬中的畫像石、畫像磚上，題材豐富，既有歷史故事、神話故事，也有出行圖、宴飲圖、百戲圖等等。

石窟壁畫把原來漢代只繪在地下的墓葬壁畫，搬到了地上，成為中國古代公開展示繪畫藝術作品的場所。敦煌壁畫中的音樂題材甚多，可以説是繼漢代之後傳統樂舞畫的接軌。敦煌早期壁畫的許多音樂內容都取材於墓葬畫像磚。如北魏晚期一些洞窟頂部出現的雷公擊鼓形象，就是畫像磚、畫像石常用的傳統神話題材。

漢代以後，音樂畫風格、題材一脈相承，經過魏晉南北朝，到隋唐時期達到高峯。隋唐時期，宗教壁畫創作出現高潮，遍佈各地的寺觀中皆繪有壁畫，尤以宣揚天國美好的西方淨土變相最為盛行，大量气勢磅礴的樂舞場面也隨之出現。這些畫跡雖然早已不存，但都留下了可觀的文獻記載。

敦煌石窟中的經變畫也始於唐代，

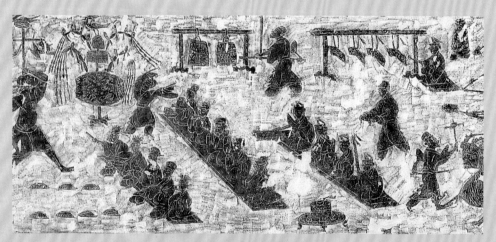

山東漢墓出土漢代百戲圖畫像石

它們的內容、佈局與文獻記載的唐代長安、洛陽寺院壁畫一致，完全接受了中原佛教藝術的影響。壁畫中的音樂圖像在唐代也進入高潮，經變畫中的樂伎"菩薩如宮娃"，體態豐腴，容貌端麗，衣飾華貴，已經是典型的唐代歌舞伎形象；所表現的音樂內容也是以漢族宮廷音樂為藍本，以民間音樂為直接依據繪製。充分反映了大唐帝國的音樂風貌，特別是河西走廊的鄉土風情，以及多民族交織的音樂文化、宮廷和民間交匯的音樂狀況。現實生活中的樂器在畫中應有盡有，樂器的繪製更加精細、寫實。

音樂內容與佛經的提示

敦煌石窟主要是為便於教徒瞻仰佛像、觀看佛畫領悟教義而建，因而，畫甚麼？怎麼畫？有嚴格的繪製儀軌。如佛的造像是洞窟的主體，怎麼去塑造，尺寸比例都有嚴格的規定；壁畫的方位，畫甚麼內容，甚麼經變置於何方位，都是嚴格地按照佛經的提示進行構圖創作的，如《根本説一切有部毗奈耶雜事》卷十七，就是講壁畫佈局的。

敦煌壁畫中的音樂內容主要有天宮伎樂、飛天伎樂、化生伎樂、藥叉伎樂、菩薩伎樂、供養人伎樂、故事畫伎樂、經變畫伎樂以及不鼓自鳴，既有集樂舞於一身的樂伎，也有琳琅滿目的各類樂器。按佛教教義，音樂舞蹈屬於聲色禁戒之列，並明文規定在戒律之中，但為甚麼壁畫中會出現音樂內容，而且愈來愈多？《大智度論》卷九十二，有這麼一段依據："問之，諸佛賢皆是離欲人，不須音樂歌舞，何故供養伎樂？答曰：諸佛於一切法無所著，故捨所須，佛憐眾生出世，故愛之，其供養者，隨願得福。"又云："菩薩欲淨佛土，故求好音聲，欲使國土中眾生聞好音聲，其心柔軟，心柔軟故受化易，是故以音聲因緣供養佛。"而鳩摩羅什在其所譯的《妙法蓮花經》提出有十種"供養"：一、花，二、香，三、瓔珞，四、抹香，五、塗香，六、燒香，七、繒蓋幡，八、衣服，九、伎樂，十、合掌。可見，敦煌壁畫中的伎樂舞壁畫符合佛經中伎樂供養的規定。

畫工們為了美化洞窟，盡可能地表現極樂世界的崇高神聖，在洞窟的各個角落都繪製了音樂或歌舞的畫面，使莊嚴的寺院殿堂顯得歡樂，富有生命活力，並且逐漸走向世俗化。

壁畫中所見樂器種類甚多，這是譯經造成的現象。《妙法蓮花經》序品偈頌云：

"若使作樂，擊鼓吹角貝，簫笛琴箜篌，琵琶鐃銅鈸。"

《佛本集經》第二曰：

"彼閻浮城，常有種種微妙音樂，所謂鐘鈴螺鼓琴瑟篳篥笳簫琵琶箏笛，諸如是等種種音樂。"

竺法護譯《普曜經》卷一謂：

"其王宮裏，箜篌琴瑟，箏笛簫笳，不鼓自鳴，演悲和音。"

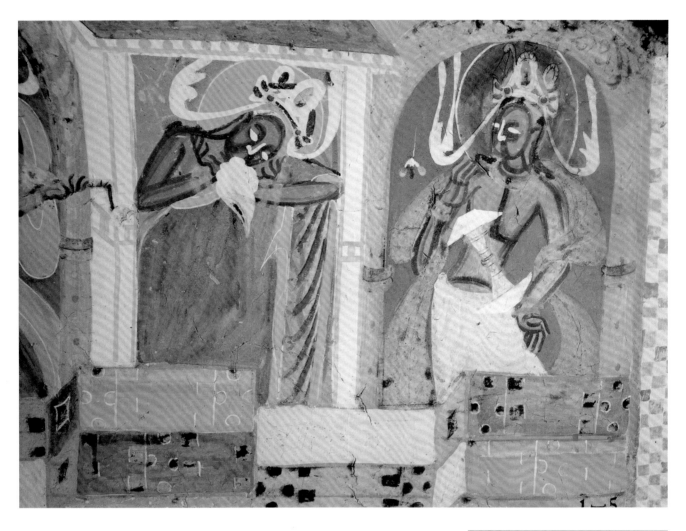

1 印度、西域風格的天宮樂伎

早期敦煌壁畫的音樂形象多為男性，身短體壯，目深鼻高，有明顯的異域特徵。圖中二身樂伎分別站在拱形門洞和漢式樓閣組成的天宮內，一俯首吹海螺，一挺身拍腰鼓。吹海螺樂伎身着早期樂伎常見的波斯式或龜茲式服飾。海螺是佛教常用器物之一，作為樂器在早期壁畫中出現甚多，反映出印度佛教東傳的原貌。

北魏 莫435 北壁

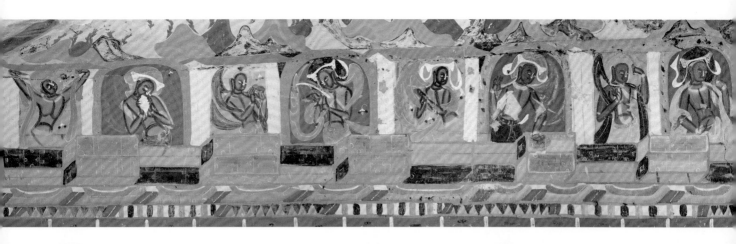

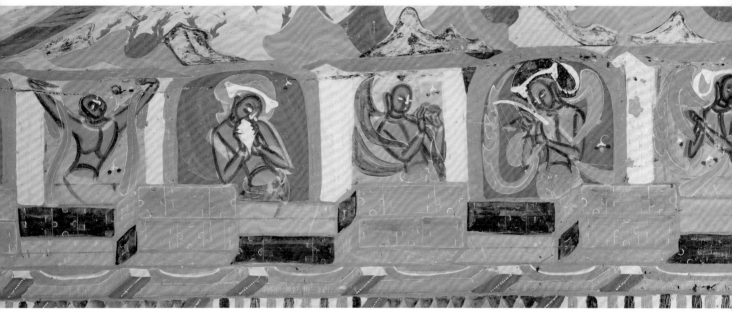

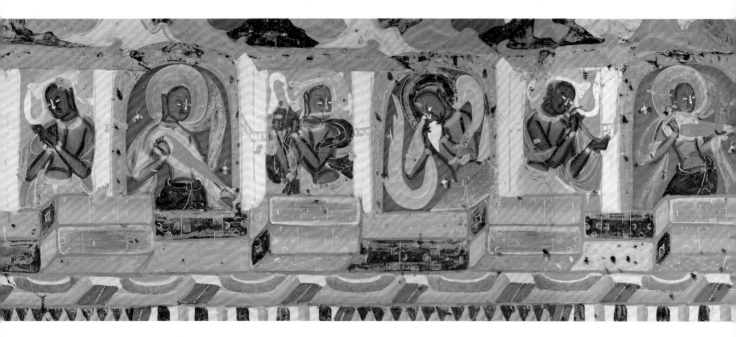

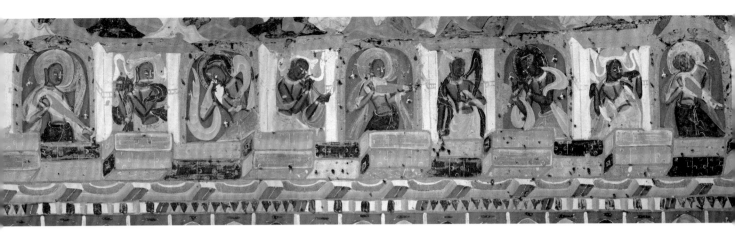

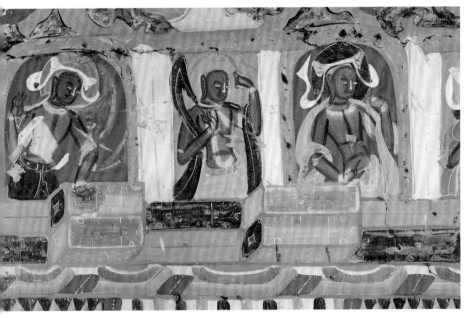

2 漢化過渡中的天宮伎樂

此窟的天宮伎樂是早期音樂壁畫的代表
作，採用北魏流行的凹凸技法繪製。圖
中的十八身天宮樂伎為男性形象，人物
造型、服飾、色彩均繼承北魏遺風，但
身材已從早期的短粗向修長過渡。他們
或奏樂或舞蹈，姿態各異，側身轉合，
極富節奏感。演奏樂器有海螺、箜篌、
齊鼓、琵琶、橫笛、銅角、豎笛、腰鼓
等。

西魏 莫249 南壁

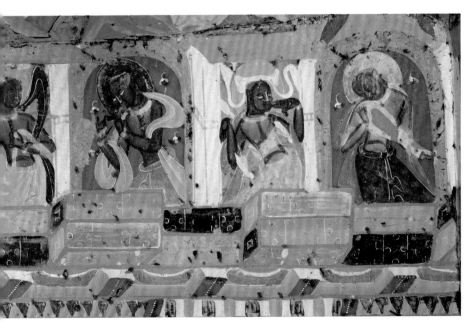

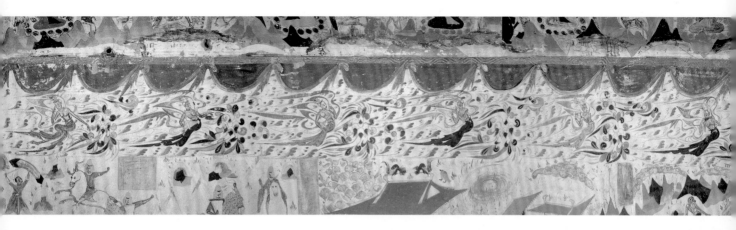

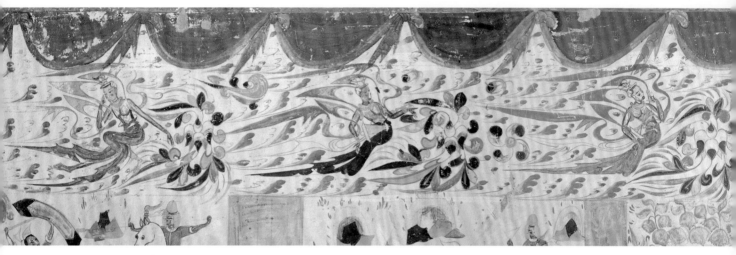

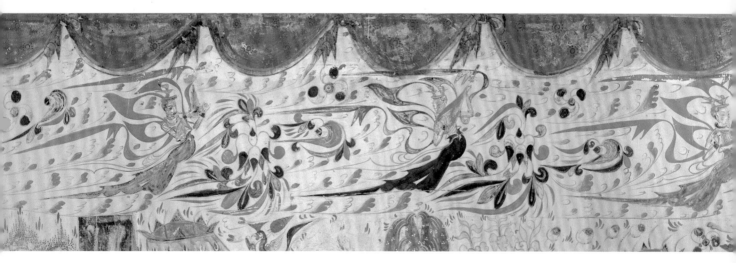

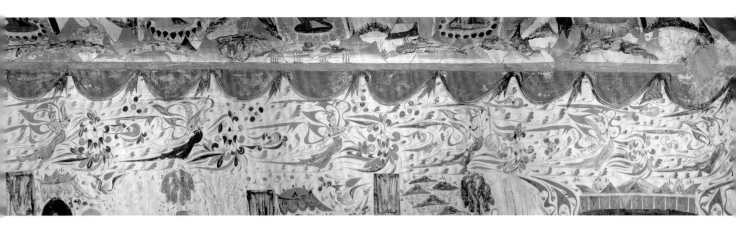

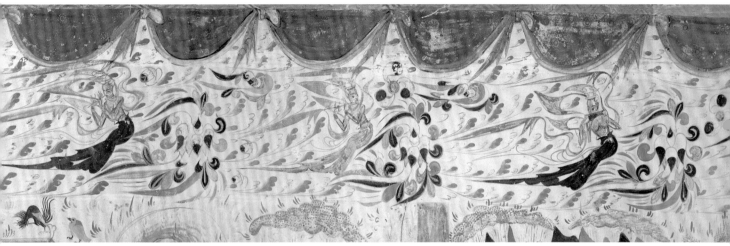

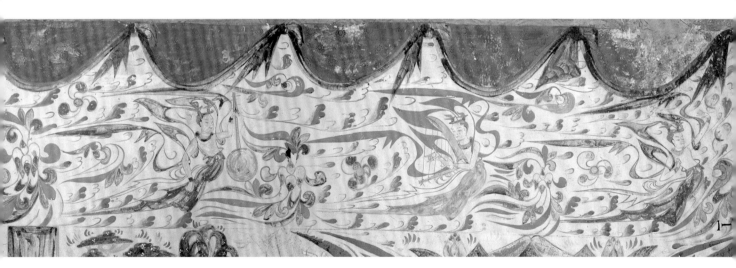

3　漢風濃郁的飛天伎樂

圖中一排十二身的飛天，一改早期人物的古樸稚拙，身體清瘦修長，為中原特有的“秀骨清像”造型。東西兩端各一身作散花供養狀，其餘十身均持樂器，有齊鼓、腰鼓、豎笛、橫笛、排簫、笙、直項琵琶、曲項琵琶、阮和箜篌，為北魏以來持樂器品種最多的一組飛天樂伎。

西魏　莫285　南壁

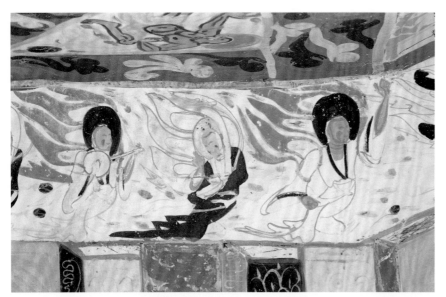

4 中原風格的飛天

從北周開始至隋，飛天數目增多，逐漸取代天宮伎樂。這三身天宮欄牆內的飛天是北周時期的典型造型，吸收了中原人物畫技法。飛天衣服黑白相間，圓光顏色各異，頗具裝飾趣味。樂器有阮、箜篌等。

北周 莫290 北壁

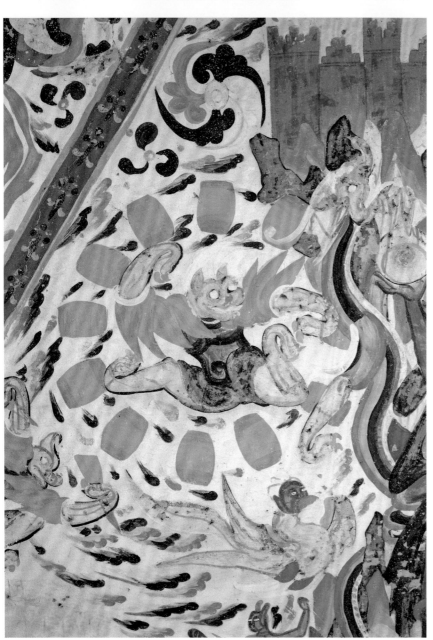

5 漢畫傳統題材──雷公擊鼓

雷公是中國民間傳統神話中的神，圖中的雷公人身獸頭獸爪，臂生翼，着短褲。他舞動四肢旋轉拍擊一圈共十二面小鼓，象徵雷聲轟鳴，鼓的一個面對內。早期漢代畫像磚上也有這種構圖形式，為中國傳統造型。

西魏 莫249 窟頂西坡

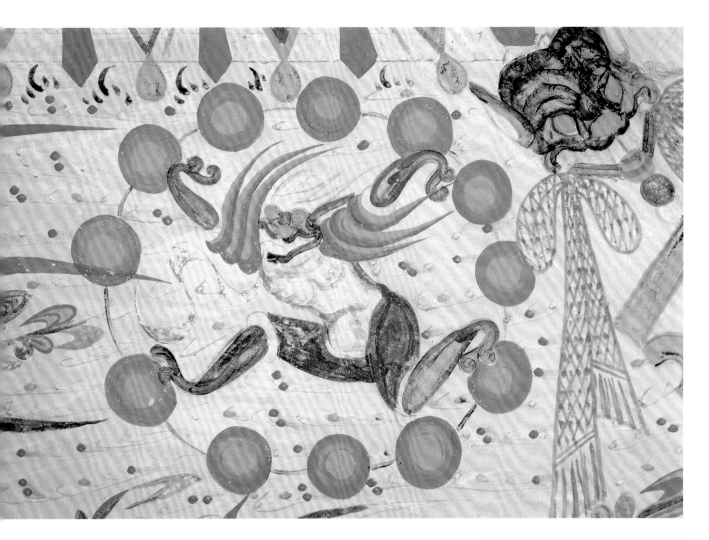

6 雷公擊連鼓

與249窟雷公擊鼓構圖大致相同,也擊十
二面小鼓,只是鼓身豎立,各鼓有圓圈
串聯,因而也被稱為連鼓。

西魏 莫285 窟頂西坡

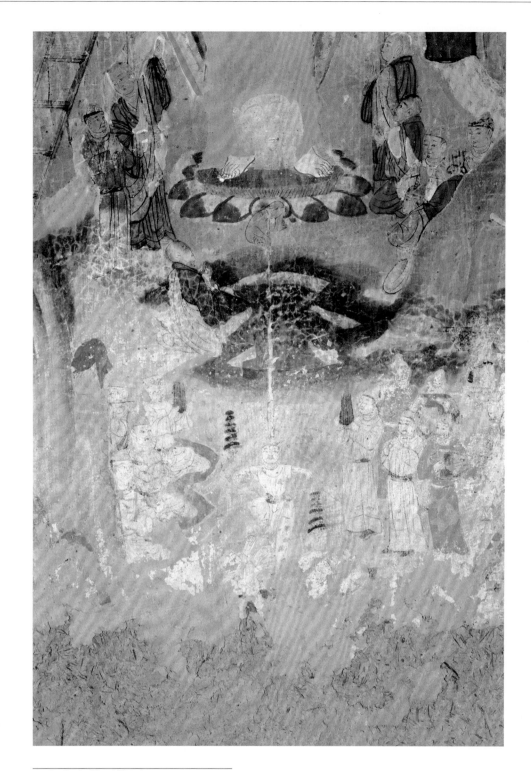

7 九人奏樂百戲圖

百戲是漢代一種集歌舞、器樂、武術、
雜技為一體的藝術形式，也是古代樂舞
發展的重要階段。圖中一力士頭頂長
竿，竿頭一童子攀竿倒立，力士左右側
各有一組男樂伎奏樂，左側五人站立演
奏琵琶、豎笛、拍板、排簫和橫笛，右
側四人坐毯上演奏雞婁鼓兼鼗鼓、豎笛、
拍板和橫笛。

五代 莫72 南壁

第二節　敦煌音樂壁畫的特色

敦煌石窟始建於十六國時期的前秦。窟內以佛的塑像為主體，統攝全窟的內容，每個洞窟都有秩序地畫滿了壁畫。僅莫高窟統計，492個洞窟中，總共有壁畫45000平方米。

音樂壁畫遍佈洞窟

窟內壁畫的總體佈局，是經過長期醞釀逐漸發展形成的。莫高窟的佛龕多開在西壁，主尊佛像面向東，有中心柱的則四面或三面開龕。以佛像為中心展開壁畫的佈置。洞窟中壁畫的構圖形式，主要分為：

1. 橫幅，橫向長卷式構圖。這是最常見的形式，如天宮伎樂、飛天、故事畫、出行圖等。有時還可分層次，繪有兩三層的畫幅。

2. 豎條，縱向式構圖。為文殊、普賢經變畫；屏風畫，佛龕兩側之壁畫。

3. 方塊狀畫幅。為經變畫說法圖、壺門畫。

4. 其他形式的構圖。均因地制宜，有梯形構圖，如四坡之壁畫，多繪乘象入胎、華嚴經變、說法圖等。三角形構圖，如龕頂兩邊三角帶。也有圓形構圖，如曼陀羅等。

無論哪種構圖形式，都可能繪有音樂圖像；音樂壁畫在洞窟的各個角落都可以繪製，諸如藻井、平棊、人字坡，但主要集中於窟內四壁。牆壁分為若干層次，音樂內容多橫向分層分佈，上為天界，繪天宮伎樂，飛天伎樂；中間為神或人界，畫說法圖，並繪大型樂舞圖；下層為地界，寓意地獄，繪藥叉，也有樂舞。除各種樂伎演奏外，在壁畫上端畫不鼓自鳴樂器，是敦煌壁畫表現音樂的典型象徵。

匠心獨具的藝術特色

敦煌音樂壁畫是佛教傳入中國後，先民自己的創作。畫工在創作過程中，充分運用各種繪畫技巧，現實與想像相結合，創造出豐富多彩的音樂圖像，賦予音樂壁畫鮮明的藝術特色。

一、寫實與虛構並舉

敦煌音樂壁畫以現實的物像為基礎，但並不限於一味追求細節的精確和質感的真實，而是時而精確具體，時而簡略寫意。比如畫樂器，有時工筆細密，每個部件都描繪得很具體，甚至幾根弦，吹管樂幾個孔，都清晰可見；有時則只作象徵性處理，粗獷大略，一筆帶過。如畫排簫，只畫一塊三角形，或長方形的綠色扁塊；畫古琴，只畫一個黑色的長條框框。

在描繪現實的基礎上，畫工還運用非凡的想像力，創造出許多虛構的音樂形象。如唐代中後期出現的樂器圖像"鳳首彎琴"，就是畫工將琵琶和箜篌稼接在一起，想像出的一種的樂器，造型漂亮獨特。令人驚奇的是，這個純屬美術創造的虛構造型，竟流傳了幾個朝代，流佈於很多地區，甚至影響到新疆。在敦煌壁畫中，這種虛構比比皆是。如榆林窟第3窟，窟頂所畫的一圈動物圖形，馬和小鹿生翅膀，牛和虎踏雲朵，造型美麗，但這些動物都是畫工賦予了想像，變了形的、已非生活中的動物。

二、象徵手法的運用

佛教畫經過長期的流傳和發展，逐漸創造出許多具有象徵性的圖形，比如蓮花、法輪、獅子、樂器，都約定俗成地各自代表一種寓意，將形象轉化為意象，使人產生聯想和意會。

敦煌的音樂壁畫中充分運用象徵手法，使人通過音樂圖像產生音樂美感。壁畫中出現的各種樂器，就是具有象徵意義的音樂圖像，帶有多種含義：不鼓自鳴樂器寓意仙樂自鳴於天宮，表示佛國天界的歡樂和對佛的禮讚、奉獻；天王所持的琵琶、力士所持的金剛鈴等法器，象徵佛法的威力；繪於華嚴經變"華嚴海"內的諸多小樂器，則代表大千世界的萬千景象。

在音樂壁畫中，某些象徵圖形經過多次重覆、簡化、概括，演變成相對固定的模式，從而具有特定的符號意義。如飛天樂伎首尾相接，表示天界的浩瀚；人首鳥身的伽陵鳥樂伎表示對佛的崇護和禮讚。在佛傳故事畫和經變畫中，有許多人們熟悉的佛教故事，經過世世代代的描繪，最後形成一些程式性的構圖，用典型畫面表現特定的故事情節。如用繪樂隊伴奏下，飛天托起大象，來表現佛傳故事畫"乘象入胎"；繪太子在樂隊伴奏下，騎馬出走表現"夜半逾城"等。

三、音樂畫的裝飾作用

為了美化洞窟，畫工們將各種花卉、動物、飛天等經過變形、輻射、幾何形的變化處理，形成各種紋樣裝飾洞窟，創作了豐富的裝飾圖案。樂舞壁畫也是常用裝飾性構圖之一，它們被繪製於洞窟的不同位置，但都起到美化洞窟的作用。如天宮伎樂、飛天和龕楣、背光、壺門中的化生伎樂，都是裝飾性的構圖。說法圖中大型的樂舞場面，也充分運用各種色彩，使畫面顯得濃艷熱烈。

四、構圖中"滿"的特點

"滿"是中國傳統繪畫，特別是民間繪畫的一大特點。即把所有事物都匯集在一起，將畫面填塞得滿滿的。"滿"也是敦煌壁畫構圖的主要特點，特別是唐代出現的巨幅經變畫更將這一構圖形式發展到極致。這些巨幅經變中的說法圖，畫面人物繁多，場景層疊，佈局井然有序。有的經變畫安排了三層音樂，每組樂隊數十人，畫工也能巧妙地處理透視關係，主次分明，人物疏密、避讓得當，景物的遠近縱深適度。整個畫面密而不亂，繁而不堵，極具節奏感。

音樂壁畫創作的制約因素

一、粉本流傳與"程式化"風格

敦煌壁畫的創作者是社會地位卑賤的畫工，他們雖有繪畫技巧和藝術表現才能，但受窟主的役使，很難進行自由創作，大多只能拿着粉本，依樣繪製，因此，壁畫創作很難看出個人的藝術風格，"個性特徵"薄弱。

粉本即畫稿。從現存的大量壁畫看，同一時期的大部分壁畫，內容、畫法、構圖基本雷同，甚至幾個洞窟用同一粉本摹畫。當然，由於畫工的繪畫技巧、藝術想像、理解力及知識背景，特別是畫音樂畫的音樂知識都不盡相同，在同一粉本中，也會有創造性的變化，但總的來說，粉本的承傳模擬，是敦煌壁畫最主要的繪製模式。比如，大型經變畫中的禮樂供養樂隊，雖然在樂器組合、人數多寡上不盡相同，但總的構圖模式卻大同小異。特別五代以後的音樂壁畫，承傳唐代風格的跡象十分明顯，逐漸走向"程式化"。

二、儒釋合流，禮樂教化的深刻影響

佛教進入中國之前，中原地區已經建立起一套以儒學為核心的文化和禮樂制度，印度佛教東傳後，儒、釋兩派相互滲透，調和共濟，佛教成為維護封建禮樂文化的重要輔助工具。

敦煌石窟壁畫是佛教面向社會開放的畫廊，它以建築、雕塑、繪畫等各種藝術方式營造出臆想的天國世界，激發人們對佛的崇拜。特別是樂舞的圖像，更能引發信徒對天國的嚮往，從中得到歡樂，進而昇華為一種超脱現實的感覺。但是，這些音樂內容來源於現實的民間和宮廷，折射的是儒學統治下的禮樂文化，它所引發的超脱塵世的宗教快感，無疑也有益於維持現實的統治秩序。因此，儒家禮樂思想和佛教文化的結合，產生的儒學宗教化、宗教社會化的格局，也是影響音樂壁畫創作的重要因素。

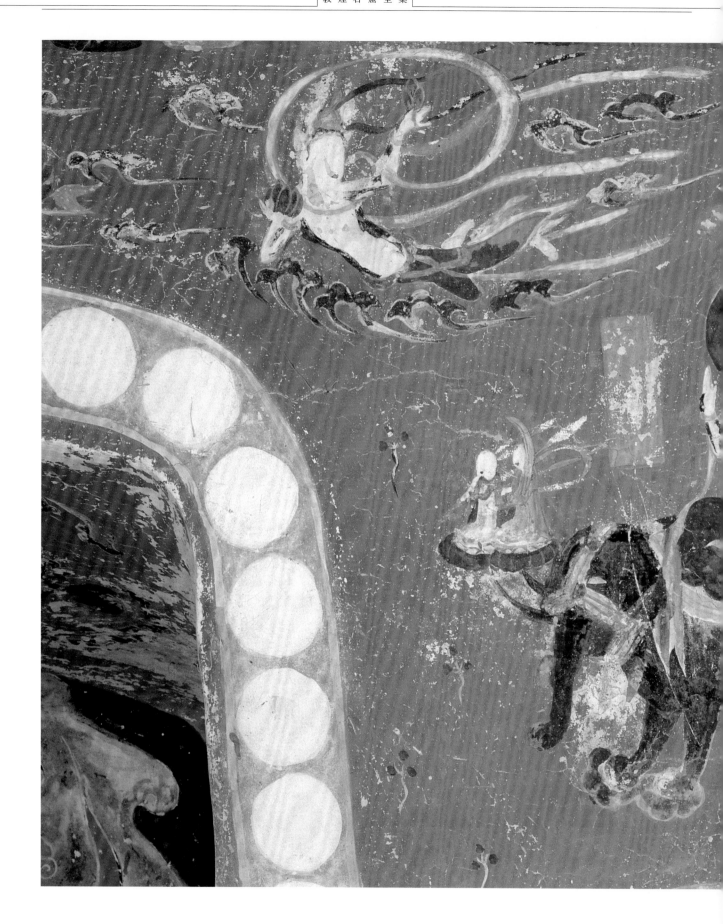

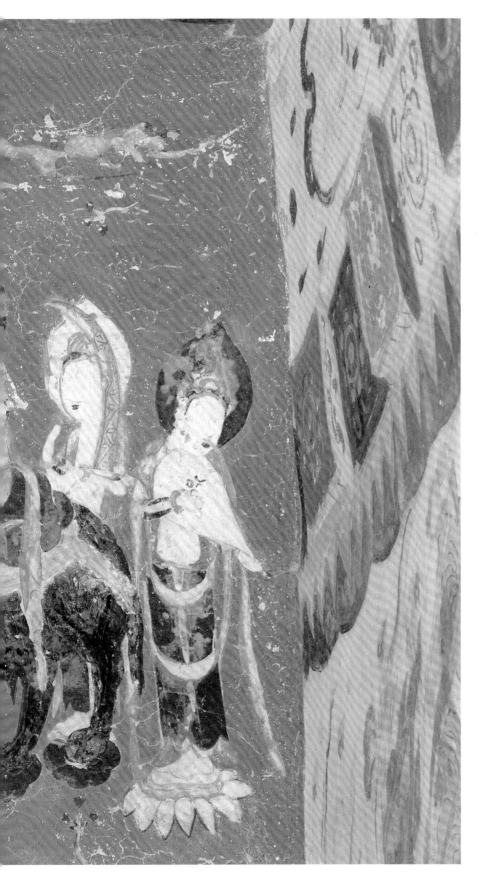

8　仙樂吹彈送入胎

描繪佛的誕生是敦煌壁畫中常見的題
材，多以佛乘白象入胎的情節表示。圖
中所繪象背上結跏趺坐的菩薩，即悉達
多太子前身，側後立兩身伎樂天，分別
彈奏箜篌和琵琶。大象前側兩伎樂天立
於蓮花上演奏篳篥和箜篌。乘象入胎有
時還畫飛天抬舉象足，或飛翔於四周，
表示天界浩瀚。

隋　莫278　西壁

9 第 220 窟立體圖

此窟是莫高窟最重要的、有紀年題記的
洞窟之一，也是重要的音樂洞窟。這個
面積不大的窟，除覆斗頂四坡，四壁均
繪有經變畫。在阿彌陀經變、法華經
變、觀無量壽經變、藥師經變等經變畫
中，有大量音樂內容。經變上部畫不鼓
自鳴，寓意天宮極樂世界，處處有音
樂，無需人演奏，樂器會自發妙音；下
部畫人數眾多的經變樂隊。

初唐 莫220

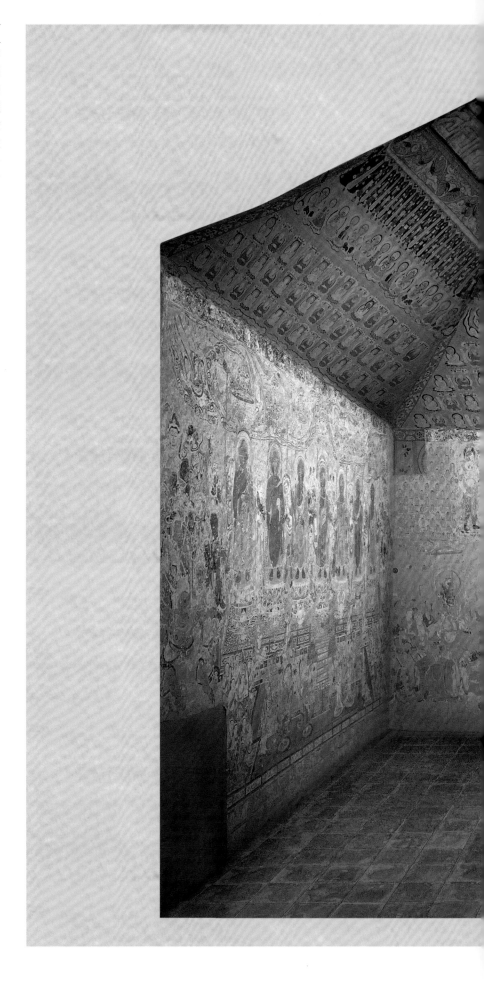

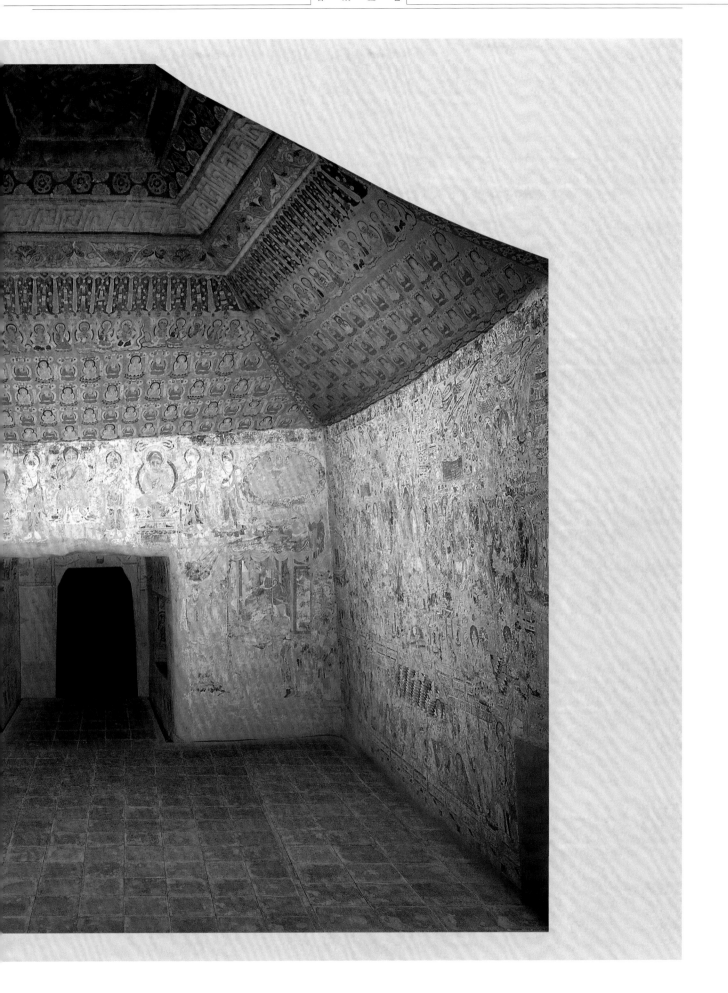

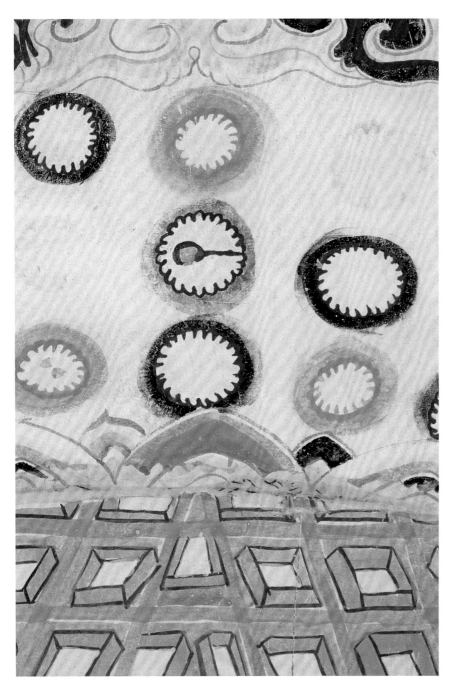
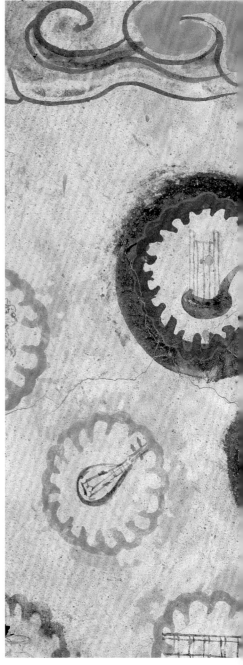

10 華嚴海樂器

晚唐 莫196 北壁

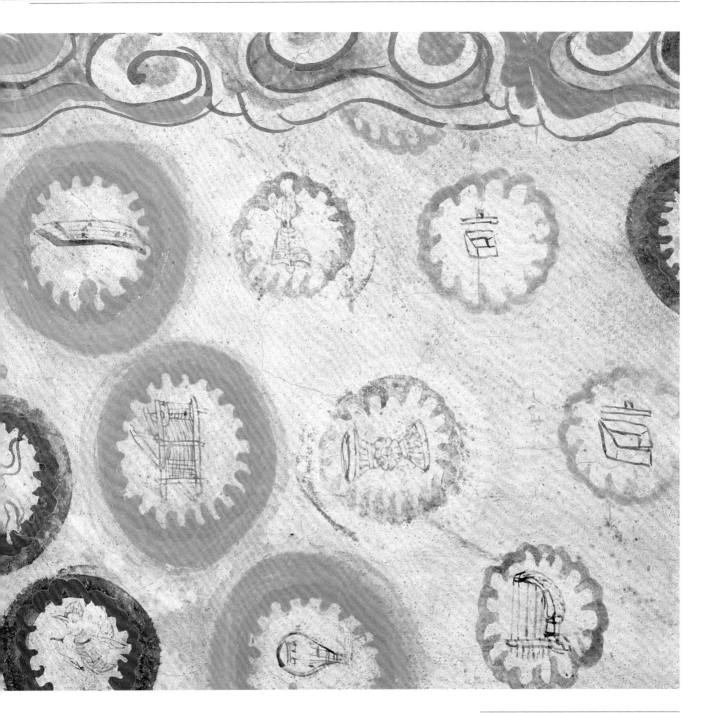

11　華嚴海樂器

此圖為華嚴經變中華嚴海小蓮花內各種
器物和樂器，表示花中含藏不可勝數的
微塵世界，象徵大千世界，萬物景象。
蓮花中所繪器物有生產工具、生活用
品、樂器等，實際上是現實生活的反
映。圖中蓮花內器具有斗、梯子、戟、
織機、鳳鳥，以及直項琵琶、笙、曲項
琵琶、箏、箜篌、腰鼓和金剛鈴等樂
器。

五代　莫98　北壁

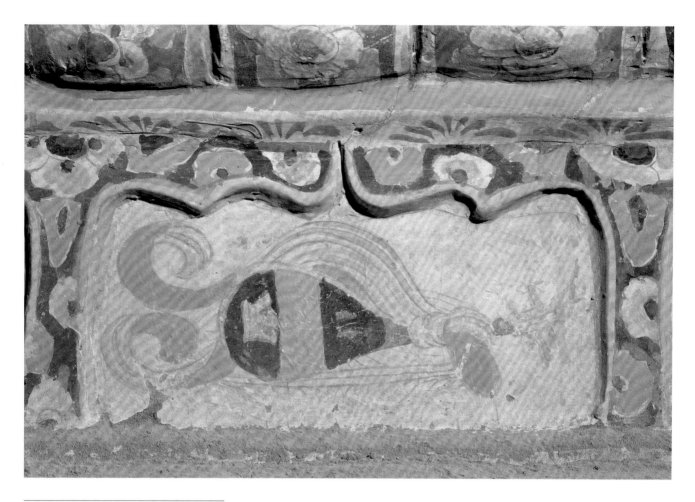

12 壺門中的琵琶

圖中壺門內為一隻直項琵琶，四軫四
弦，方頭，琴頸上紮着彩帶，縛手較寬
接近捍撥，兩鳳眼靠近。壺門畫樂器主
要起裝飾的作用，和不鼓自鳴一樣，表
示祥瑞。

宋　莫256　佛床壺門

第三節　靈動的音樂符號——不鼓自鳴

　　敦煌音樂壁畫樂器極其豐富，組合形式多樣，除了在各類樂隊中作為伴奏樂器以外，還有一類樂器，無人持奏，在空間自由組合配置，發出妙聲。這類樂器被稱為"不鼓自鳴"，它是佛教與世俗、繪畫與音樂互相融合而成的一種藝術創造，也是敦煌壁畫中最具象徵意義的音樂圖像。

　　"不鼓自鳴"一詞出自佛經。竺法護譯《普曜經》中有"其王宮裏，箜篌琴瑟，箏笛簫笳，不鼓自鳴，演悲和音"，意為佛國極樂世界處處有仙樂，無需人演奏，樂器自會發出美妙的聲音。古代敦煌畫工充分發揮藝術想像，將這一抽象的概念繪成具象的富有表現力的畫面。他們將樂器繪於壁畫的虛空處，器身繞以彩帶，類似飛天，以各種不同的組合形式，及凌空飄舞的形態，寓意天樂自鳴，襯托極樂淨土的歡樂祥和。這些樂器雖無人持奏，但卻能喚起人們對音樂的聯想，營造出一種虛幻、浪漫的仙境般的氣氛。

　　敦煌壁畫中的"不鼓自鳴"，最早出現於隋代第62、379窟。唐代從初唐西方淨土經變畫開始，繫有五光十色彩帶的不鼓自鳴首次出現於經變畫中，後來愈畫愈多，逐漸成為許多經變畫不可或缺的內容。作為一種固定的壁畫形式，"不鼓自鳴"多繪於佛龕內外以及經變畫的上端，既有單個的樂器圖形，也有不同樂器的組合。

　　這些懸空在壁畫上部飄動自奏的樂器，不僅對畫面有點綴和裝飾的作用，也反映了敦煌壁畫在音樂上的象徵性。壁畫中的不鼓自鳴樂器不僅數量豐富，品種齊全，而且繪製精美寫實，樂器組合配置方式也各具特色，生動地折射出中國古代不同時期樂器發展的情況，是研究中國古代樂器器形、音色和形制演變的重要資料。如初唐第321窟觀無量壽經變的上端，蔚藍的天空中，不鼓自鳴樂器在飛天、寶幢、寶樹的環繞下，凌空飛揚，似在演奏一首歡快熱烈的樂曲。此圖的"不鼓自鳴"天樂多達十四種三十六件，數量之多，繪製之精美，堪稱莫高窟之最。

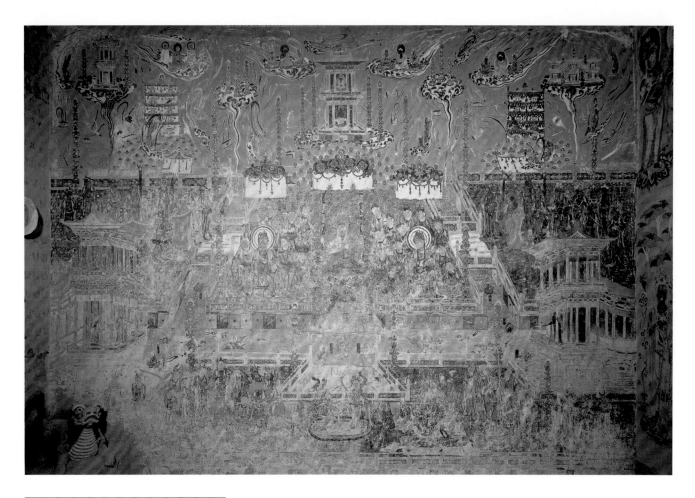

13 不鼓自鳴全圖

從唐代開始出現的經變畫，根據佛經繪
有規模不等的不鼓自鳴樂隊，所繪樂器
種類繁多，數量豐富。圖中阿彌陀經變
上部的天空中，在祥雲、花柱和飛天裝
飾環繞下，天樂自鳴，共有十四種三十
六件樂器，是敦煌壁畫所繪樂器最多的
一幅。

初唐 莫321 北壁

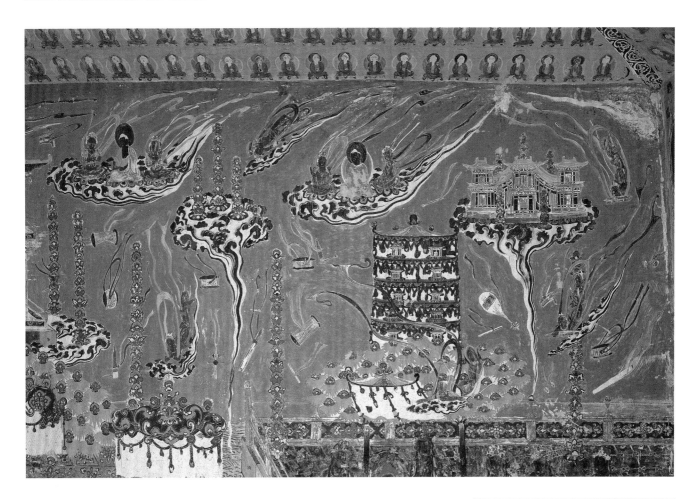

14 不鼓自鳴鼓樂器

圖中的樂器從左至右為笙、雞婁鼓、腰鼓、羯鼓、答臘鼓、號筒、篳篥、腰鼓、答臘鼓、笙、琵琶、橫笛、兩對鐃、排簫、箏和答臘鼓，繪製最精美的是各類鼓的圖像。

初唐 莫321 北壁

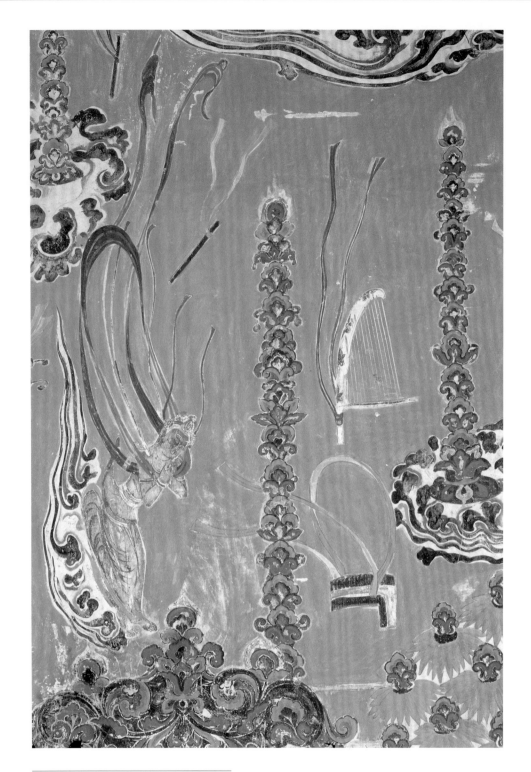

15 不鼓自鳴中的吹、彈樂器

凌空飄舞,彩帶纏繞的排簫、笛和龍笛
均為吹奏樂器,箜篌為彈弦樂器。

初唐 莫321 北壁

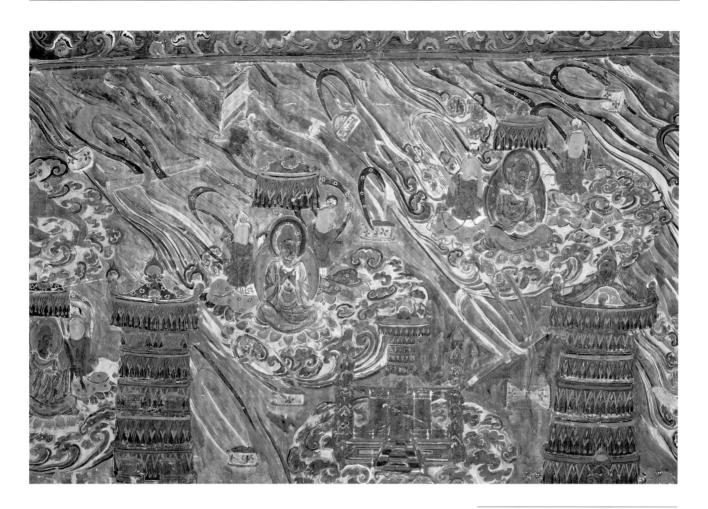

16　吹彈打齊備的不鼓自鳴器

圖中是阿彌陀經變上方的不鼓自鳴，在
赴會菩薩和幡幢、寶蓋、天花流雲中，
吹彈打三大類樂器齊備，繫着彩帶在飄
飛。計有：雞婁鼓兩隻、琴、方響、答
臘鼓三隻、琵琶、腰鼓和號筒。

初唐　莫341　南壁

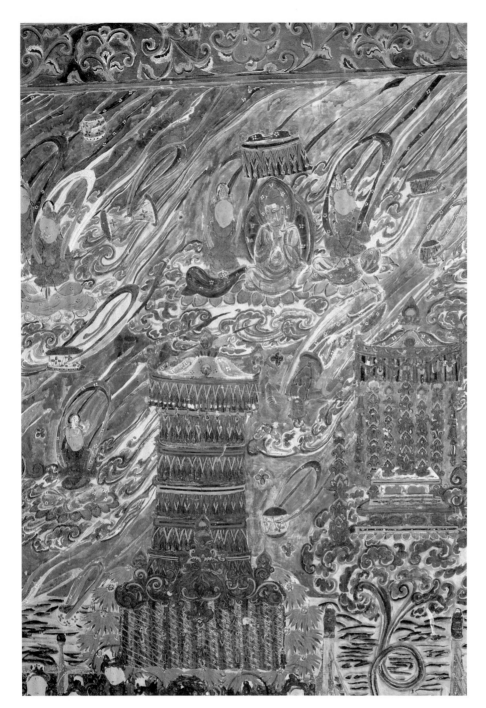
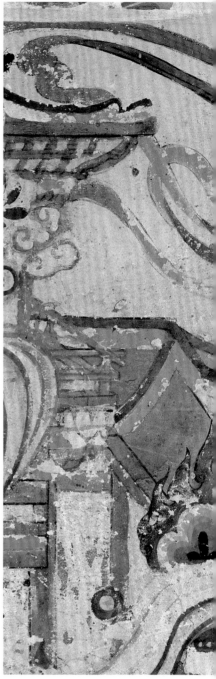

17 不鼓自鳴的鼓樂

這裏簡直是一個鼓的世界,有答臘鼓兩
隻,腰鼓、雞婁鼓各三隻和節鼓,鼓身
裝飾花紋,蒙皮的線繩均描繪得十分清
楚。

初唐 莫341 南壁

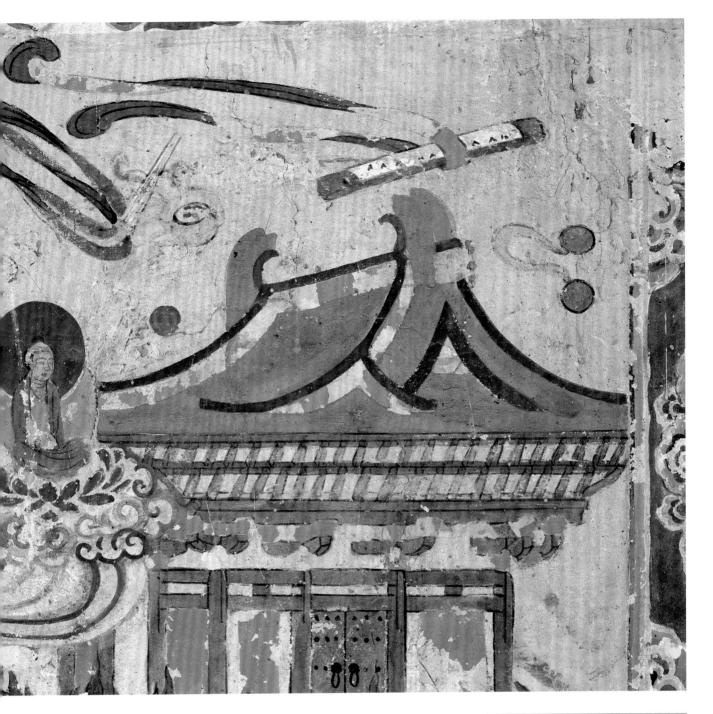

18　不鼓自鳴樂隊

在天空中不鼓自鳴的樂器有：鐃、笙、
鑼、雞婁鼓、箏和鈸。其中，箏的圖像
尤為清晰。琴體略呈弧形，髹紅白兩色
漆，面板上可見箏碼。唐代所繪的箏和
今日的箏基本相似，說明在唐代箏已發
展得十分完善。

盛唐　莫103　北壁

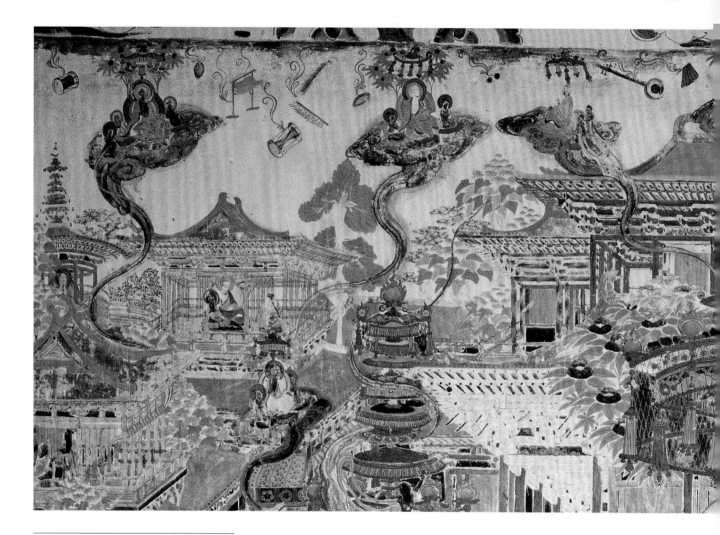

19 不鼓自鳴的弦樂

圖中不鼓自鳴樂器種類眾多，吹拉彈俱
全，尤其以弦樂樂器精緻寫實，有箜
篌、阮、箏、直項琵琶、曲項琵琶。阮
的圓形縛手、捍撥、四軫四弦和碼子，
以及箏的數弦和單排的三角形碼子及嶽
山均清晰可見；直項琵琶和曲項琵琶均
畫了六個相，面板上畫縛手、捍撥、鳳
眼，還有花紋裝飾。曲項琵琶畫四弦，
卻畫了五軫，想是畫工的疏忽。

盛唐 莫172 南壁

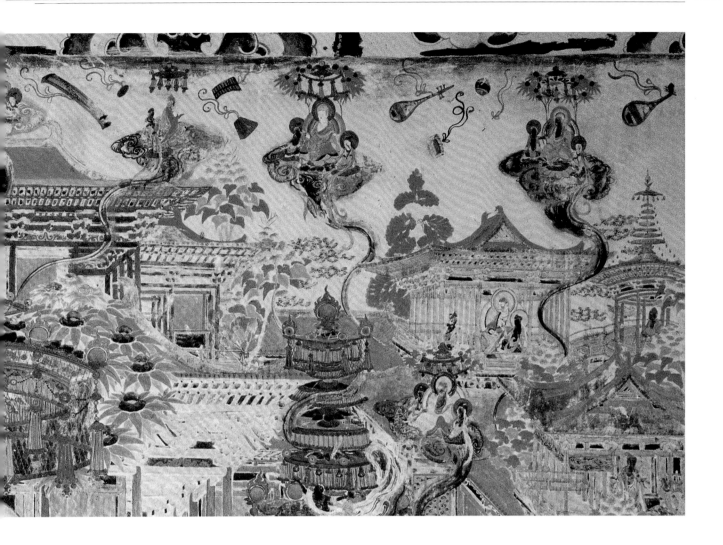

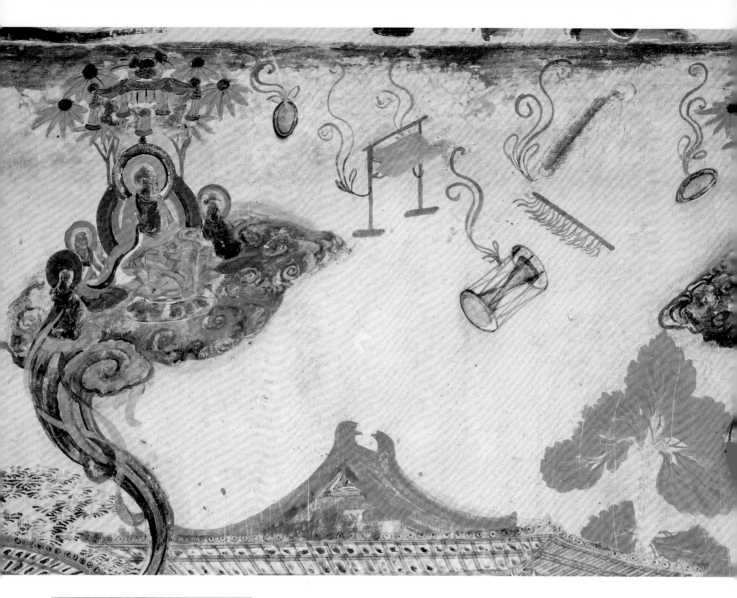

20 不鼓自鳴樂器

此圖的不鼓自鳴有方響、腰鼓、箜篌和
鑼。

盛唐 莫172 南壁

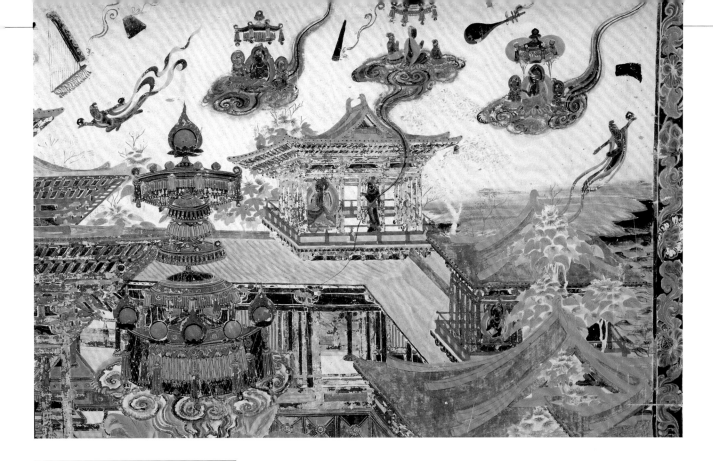

21 繪製精美的不鼓自鳴

圖中觀無量壽經變上方的不鼓自鳴堪稱
精品，在錯落有致的亭台樓閣上方，玲
瓏的飛天，乘祥雲的眾佛，天樂不鼓自
鳴。樂器有笙、箜篌、拍板、琵琶和排
簫等。

盛唐 莫172 北壁

22 不鼓自鳴的打擊樂器

圖中的不鼓自鳴有方響、雞婁鼓和鼗
鼓，後兩種樂器在經變畫樂隊中常同時
出現。

盛唐 莫172 北壁

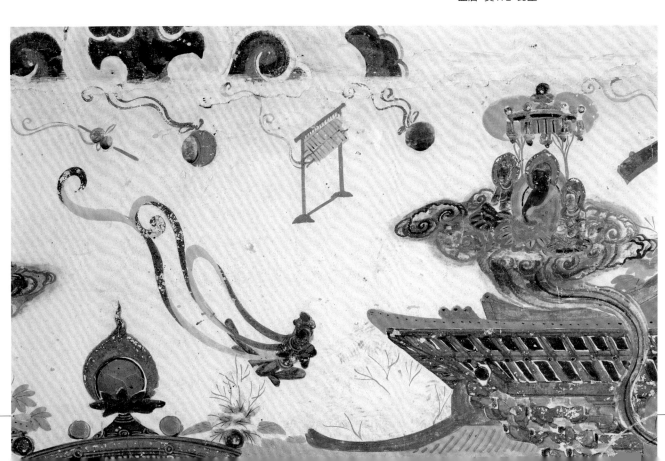

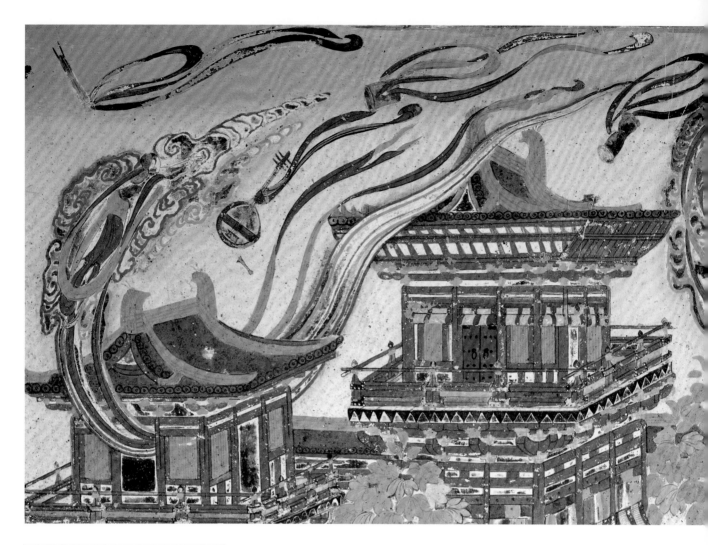

23 不鼓自鳴樂器

不鼓自鳴的笙、阮、羯鼓、都曇鼓與穿
樓閣而出的飛天彩帶飄舞,使寂靜的虛
空生動而令人遐想。阮畫了六軫六弦,
有品柱,面板上畫了長條形縛手和捍
撥,同時面板和邊框都彩繪花紋。阮的
下方還畫了一隻彈阮撥子。

盛唐 莫217 北壁

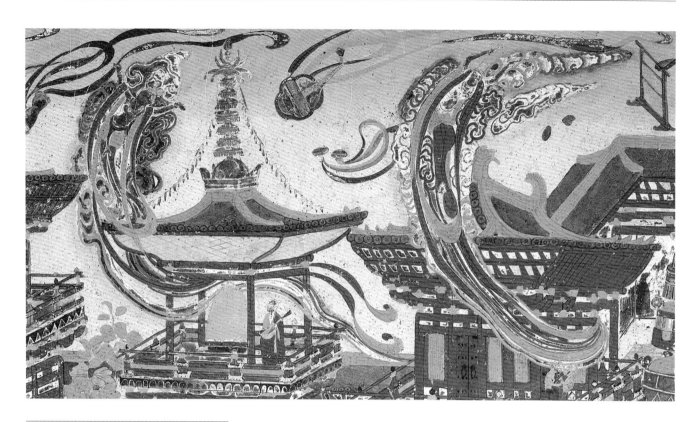

24 不鼓自鳴的花邊阮

磚石砌成的高聳台基上重樓連閣,上方
的不鼓自鳴、飛天與建築動靜結合,相
得益彰。飛舞的樂器有都曇鼓、花邊
阮、鐃和方響。其中花邊阮為敦煌壁畫
僅有的兩例之一,花瓣形面板上彩繪花
紋,縛手和捍撥長方形,指板上窄下寬
直抵捍撥,棱形琴頭未見軫子,但隱約
可見五弦。

盛唐 莫217 北壁

25 不鼓自鳴樂器

此圖與前兩圖從左至右,共同構成第217
窟觀經變完整的不鼓自鳴圖譜。圖中的
樂器有排簫、豎笛、腰鼓、箜篌、曲項
琵琶、雞婁鼓等。

盛唐 莫217 北壁

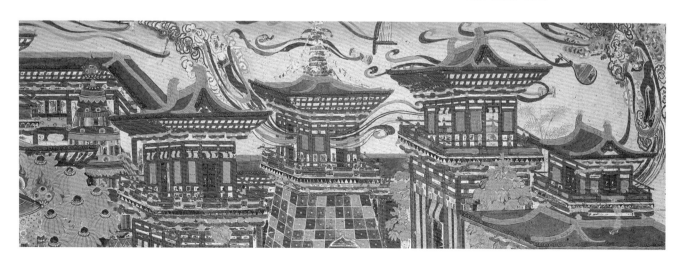

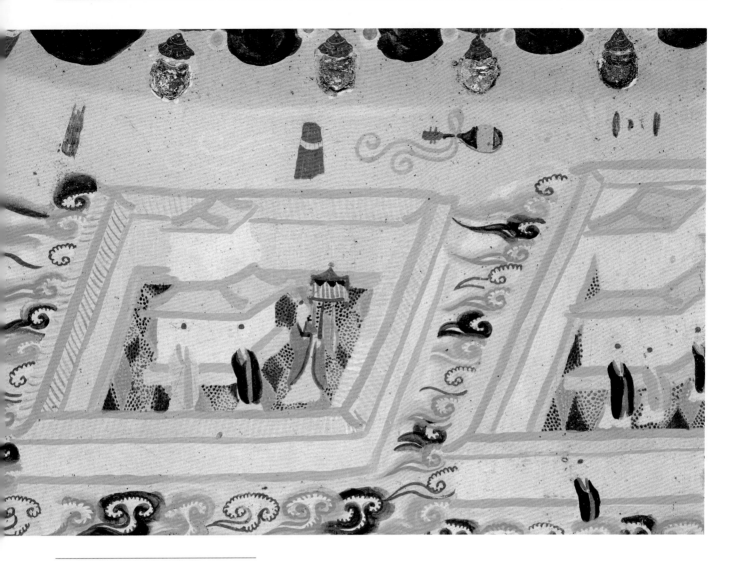

26 構圖特殊的不鼓自鳴

圖中是彌勒經變上方的不鼓自鳴樂器，
有笙、拍板、琵琶和腰鼓。它們不在經
變畫內，而在上方，構圖特殊。

晚唐 莫9 窟頂東坡

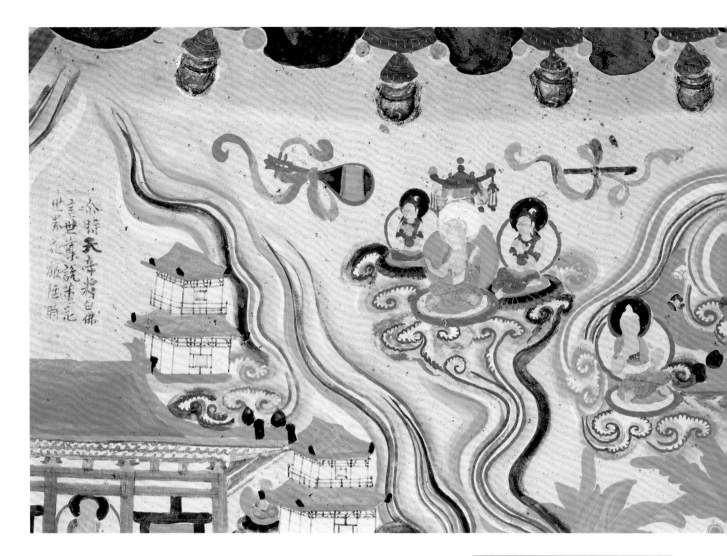

27 不鼓自鳴的異型笛和琵琶

圖中是華嚴經變三會中赴會菩薩上方的
不鼓自鳴樂器，均繫有彩帶。樂器有異
型笛和琵琶。琵琶直項四軫四弦，共鳴
箱稍寬，捍撥很寬，琴頭為三葉草形。
異型笛是晚唐時期出現的一種帶鈎狀物
的橫笛，是敦煌壁畫中特有的樂器圖
形。異型笛形態與普通橫笛相似，但在
吹口的下方多出一小段枝杈，可能是一
種裝飾掛鈎。

晚唐 莫9 窟頂南坡

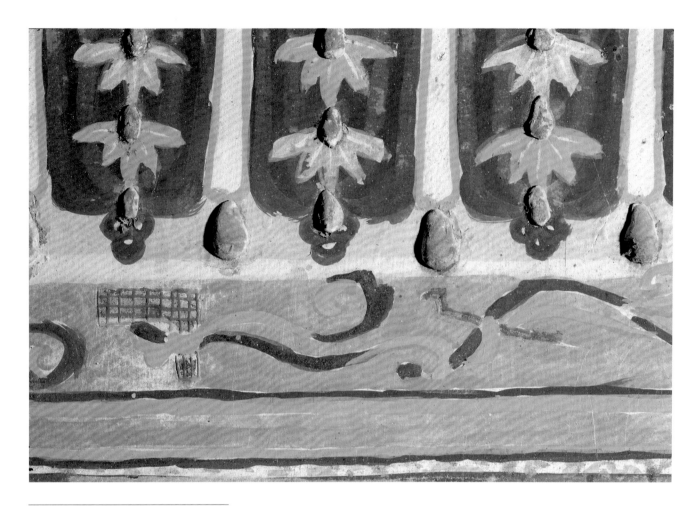

28 不鼓自鳴的排簫、鳳笛

垂幔下的不鼓自鳴畫得簡單粗糙。圖中
有排簫、鳳首笛。排簫管子和紮匝畫成
了方格狀。鳳笛是橫笛的一種變形，主
要具有裝飾效果。圖中鳳笛雖然繪製簡
單，但笛子一端的鳳首仍清晰可辨。

西夏 莫367 北壁

佛國的樂神——伎樂天

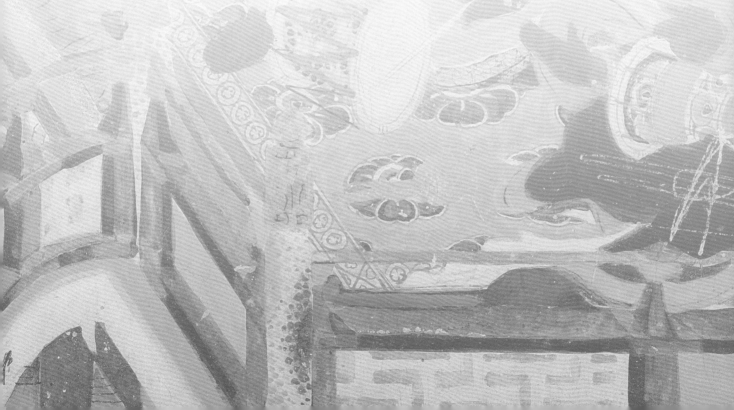

　　綜觀壁畫的音樂場面，大部分“音樂”是靠各種類型的“樂伎”來體現的。“伎”是中國古時對歌舞藝人的稱謂，先秦已有，初為宮廷、官府或顯貴蓄養，供尋歡作樂之用；後擴及社會，有宮伎、官伎、營伎、家伎之分。“樂伎”與“伎樂”為不同概念：“樂伎”一詞，指表演樂舞百戲的人；而“伎樂”一詞，則指表演的內容。

　　敦煌壁畫所繪樂伎，均出自佛經典故，分屬天界和人界，即“伎樂天”和“伎樂人”。在天上奏樂起舞的稱為“伎樂天”，在世俗樂舞活動中奏樂、起舞者稱為“伎樂人”。“伎樂天”是佛的侍從，圍繞在佛的周圍表示對佛的奉獻和禮讚，構成理想的天宮極樂世界。這些天國樂伎有許多不同的門類，各有名目，各司職守，分佈在洞窟的不同角落演奏樂器。敦煌壁畫中的伎樂天數量眾多，計有四千餘身，他們姿態各異，不僅是反映佛教內容的優美的藝術形象，而且具有生活的真實性和觀賞性；不僅是壁畫中重要的藝術形象，也是研究中國音樂發展的珍貴資料。

第一節　天宮樂伎和飛天樂伎

天宮樂伎和飛天樂伎是敦煌壁畫中出現較早的、佛國世界奏樂起舞之神。天宮樂伎帶有濃厚印度、西域色彩，代表了敦煌早期壁畫的藝術風格；飛天樂伎則飛躍十朝，成為敦煌最具特色的藝術形象。

天宮樂伎

根據佛經，凡佛國世界中一切從事樂舞活動的菩薩、神眾，都可稱為天宮樂伎。但是，在敦煌壁畫中所謂的"天宮樂伎"，通常是指繪於環窟頂四周，在帶狀宮門欄牆內奏樂或舞蹈的天人。這些宮門欄牆代表"天宮"，多呈圓券城門洞形或闕門形。

天宮樂伎的造型生動、質樸、稚拙，無固定模式，數十洞窟，幾乎沒有相同的姿態。其造型多為男性，高鼻深目，雙眉連成一線，頭上束髻，上身裸體或着袈裟，或繫裙披巾，其臉型及服飾，有明顯的西域特徵。天宮樂伎的形態多變化，或持各種樂器，或合掌，或持花，或持彩帶、花環，或以手勢及身體的扭動作歌舞狀。在安排上，似無一定規律，一般為樂舞相間，有的洞窟奏樂者居多，有的舞蹈者居多。

天宮樂伎主要出自佛經，它的由來有多種說法：

一說為表現"帝釋天宮"的樂舞。帝釋天，也稱帝釋提桓因，原為印度神話中之大神，法力無窮，生前與知友三十三人共修福德，升天後為忉利天（亦稱三十三天）之主，居住在須彌山的"天宮"內，終日有伎樂天人，專司樂舞、唱歌或散花，這就是後來佛教的"天宮樂伎"。

一說是彌勒所居"兜率天宮"的樂舞活動。釋迦和彌勒都是佛教禪修和觀像的主要供奉偈像，天宮伎樂是為彌勒佛供奉、禮讚的情景。

還有一說，天宮樂伎與飛天樂伎，同出一轍，是佛經所謂天龍八部中的乾達婆和緊那羅的異化。

天宮樂伎是北涼、北魏、西魏等早期敦煌壁畫中的主要樂舞形象，但由於其被局限在欄牆門洞內，排列形式單一，既不能積極地與日漸豐富的壁畫內容相適應，在音樂上也無法更好地發揮作用，因此，到北周、隋代便逐漸消失，取而代之的是在天空中自由翱翔的飛天樂伎。

飛天樂伎

飛天是佛教造型藝術最有特色的裝飾性題材。這種形式源於印度，隨佛教一起傳入中國。據佛經所示，飛天是天龍八部中的保護神"緊那羅"和"乾達婆"，此二神為能歌善舞的天人。在佛經中也稱為"香音神"、"散花天"，飛翔在佛的周圍，把芬芳散在人間，賜福於天下，以示祥瑞。在敦煌壁畫中，飛天跨越十朝，是所有壁畫樂伎中延續時間最長、數量最多、形象最優美的一種樂伎。

飛天在洞窟的佈局，有其固定的位置。據統計：莫高窟共繪有飛天4500身，主要分佈於窟頂藻井內外的牆壁上端，即原天宮樂伎的位置，沿壁四周，成帶狀一圈，以及中心柱、佛龕內外和經變畫中說法圖上端。其中持樂器的飛天有600身。與天宮樂伎相比，飛天樂伎更具浪漫、神奇色彩，因而深受人們喜愛。

飛天樂伎的出現，反映了中國古代音樂舞蹈發展的盛況，豐富了壁畫樂伎的表現力，幾乎所有的樂器都能由飛天演奏。從北周、隋代開始，出現大量手持中國民族樂器的飛天，樂器品種不斷增加。有些在樂隊圖像中未曾繪製的樂器，如：胡琴、手鼓、鑼、號筒等，都是在飛天樂伎中發現的。而且隨着技法的提高，在描繪樂器本身的形態特徵和演奏狀態方面，都可以充分地看到當時的樂器演奏形態。

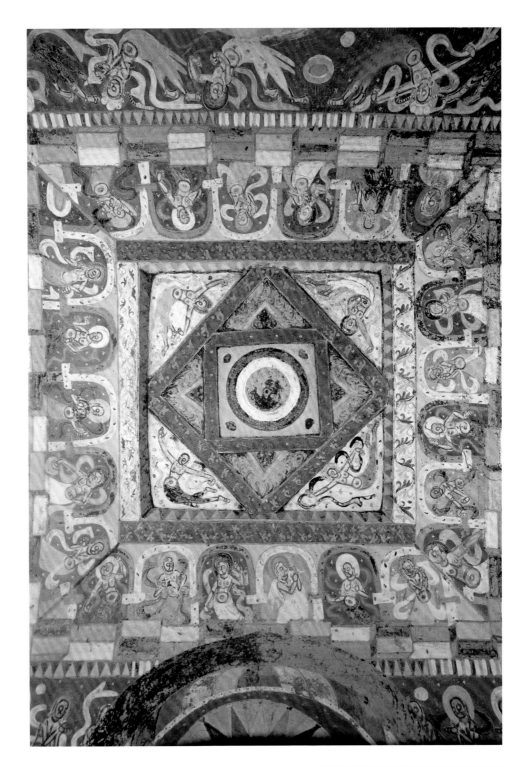

29　環繞洞窟頂部的天宮伎樂

窟頂四坡繪凹凸形天宮欄牆，內繪圓拱
形建築，每一建築內立一樂伎，以此表
現佛國的天宮伎樂。此窟共繪有天宮樂
伎二十三身，有的似踏歌起舞，有的演
奏樂器，樂器有琵琶、橫笛、豎笛、腰
鼓和海螺。

北涼　莫272　窟頂四坡

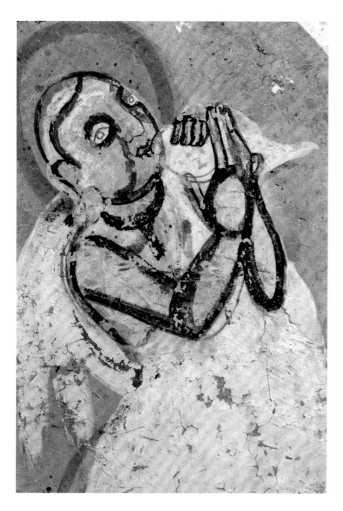

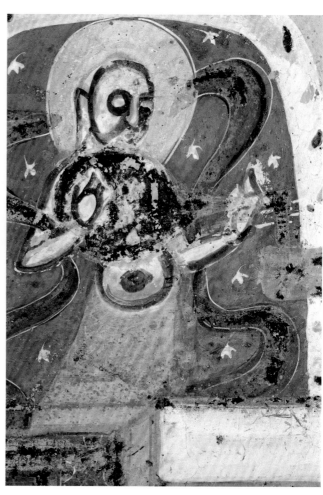

30 印度風格的樂伎

此身樂伎上身裸露，披長巾繫長裙，形
體粗壯，高鼻大眼，朱色粗線所繪頭和
眼輪廓，還依稀可見疊染的畫技。樂伎
雙手捧海螺，昂首作吹奏狀，一手四指
翹起，似在控制音量。

北涼 莫272 窟頂西坡

31 古拙質樸的彈琵琶樂伎

樂伎橫抱琵琶，右手在彈奏，左手在琴
頸上按音。琵琶圓形，曲項，四軫四
弦。

北涼 莫272 窟頂南坡

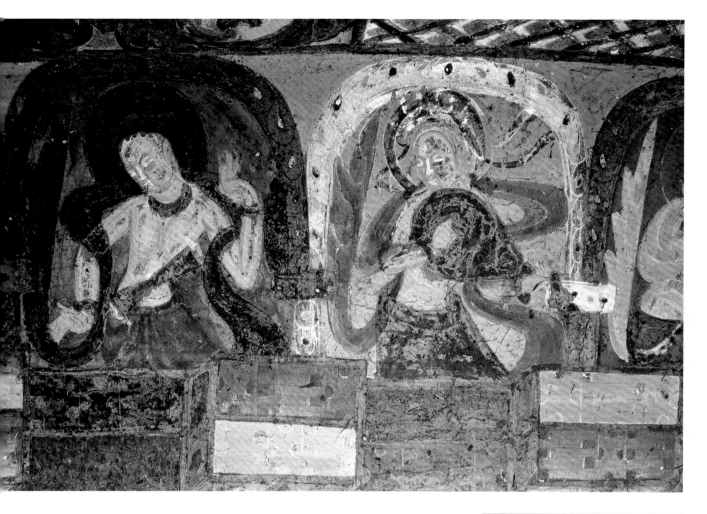

32 演奏腰鼓琵琶的兩樂伎

兩身樂伎,一身在揚手拍擊腰鼓,鼓身
細長,斜跨腰間,左高右低。另一身橫
抱曲項琵琶,琴頭略向下,右手撥弦,
左手在琴項上把位按音。琵琶的共鳴箱
寬圓型。

北魏 莫254 北壁

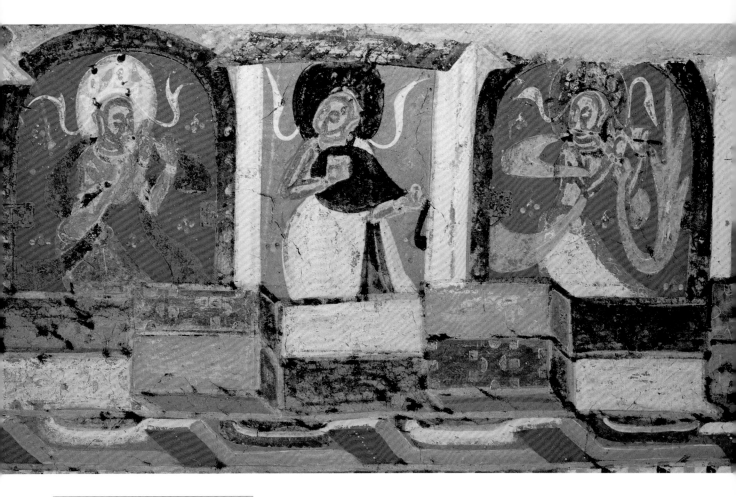

33 情態各異的三身樂伎

此時的天宮欄牆除畫拱形門洞外,還繪
飛檐的漢式樓與之間隔,內立樂伎。此
窟殘存五十三身。情態各異,有的雙手
合十,有的獻花,有的跳舞,有的奏
樂。演奏樂器有十餘種。畫面上為豎
笛、琵琶和橫笛。

北魏 莫257 南壁

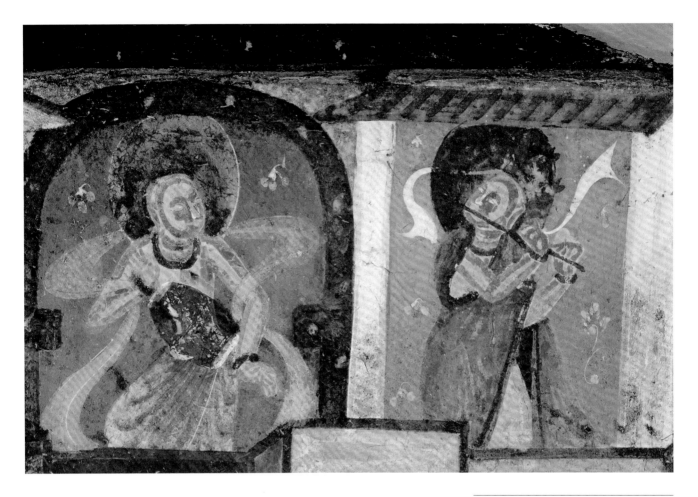

34 動靜相宜兩樂伎

左邊的樂伎在圓拱式建築內，雙手拍檐
鼓，長裙和帶也隨音樂飄舞，動感十
足。右邊樂伎立於漢式樓閣中，披大
巾，側臉吹橫笛。

北魏 莫257 北壁

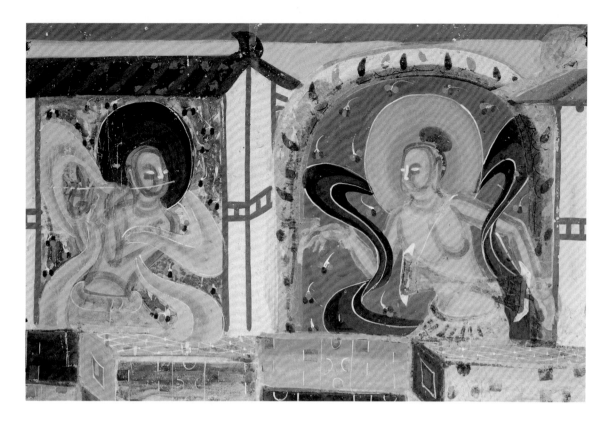

35 長巾舞動的兩樂伎

圖中兩身天宮樂伎一吹橫笛，一拍腰
鼓。橫笛象徵性地畫了一條白線。腰鼓
腰細，鼓身較長。通過兩樂伎身體的扭
動和巾帶飛舞，表現演奏的熱烈。

北魏 莫431 東壁

36 粗獷寫意的吹笛樂伎

北魏 莫431 東壁

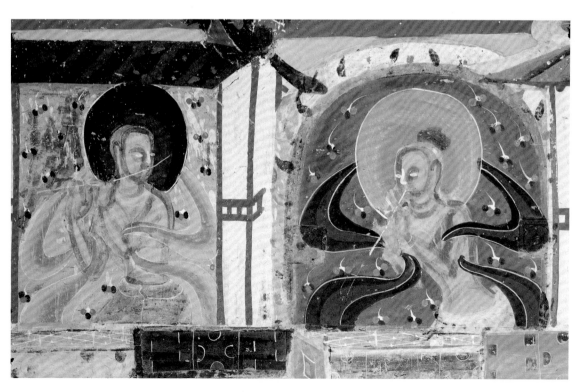

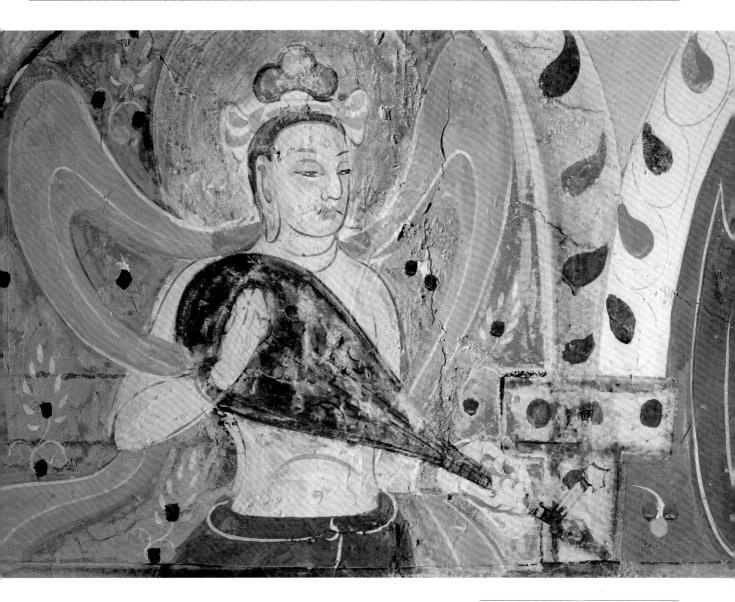

37　漢式風格過渡中的樂伎

這身天宮樂伎線條熟練有功力，人物細
眉長眼角，身材清秀修長，但胸脯豐
滿，這是西域和中原混合的西魏初期形
象風格。所彈琵琶形略瘦，頸長直項，
三角形琴頭。

西魏　莫288　北壁

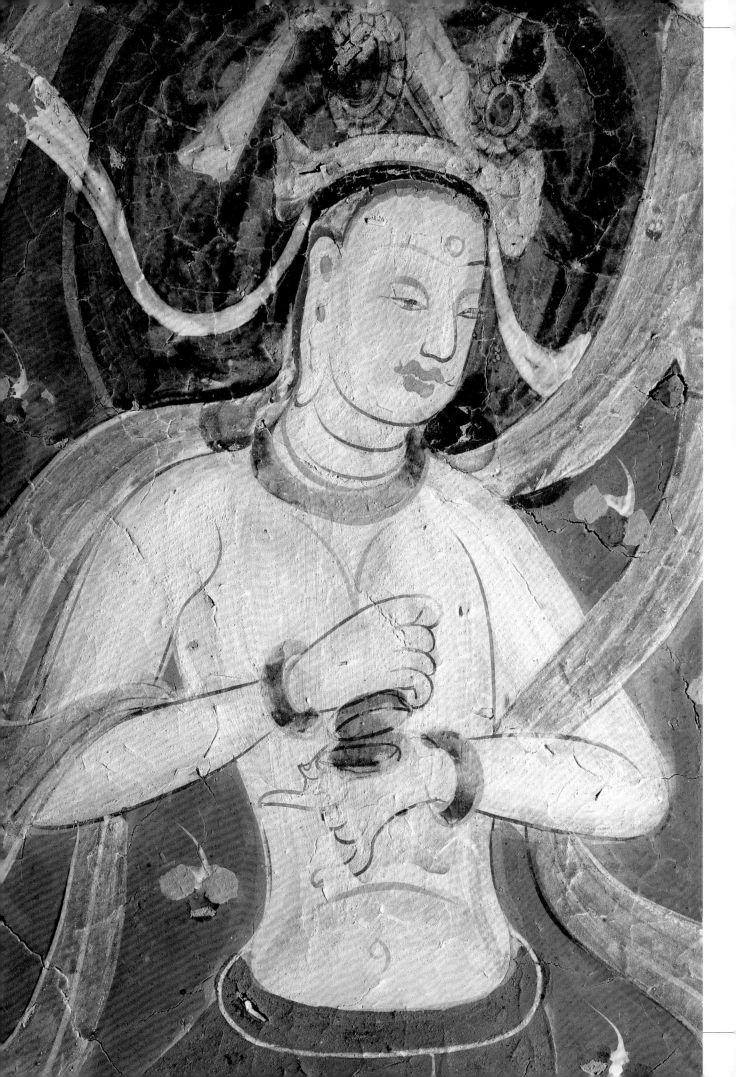

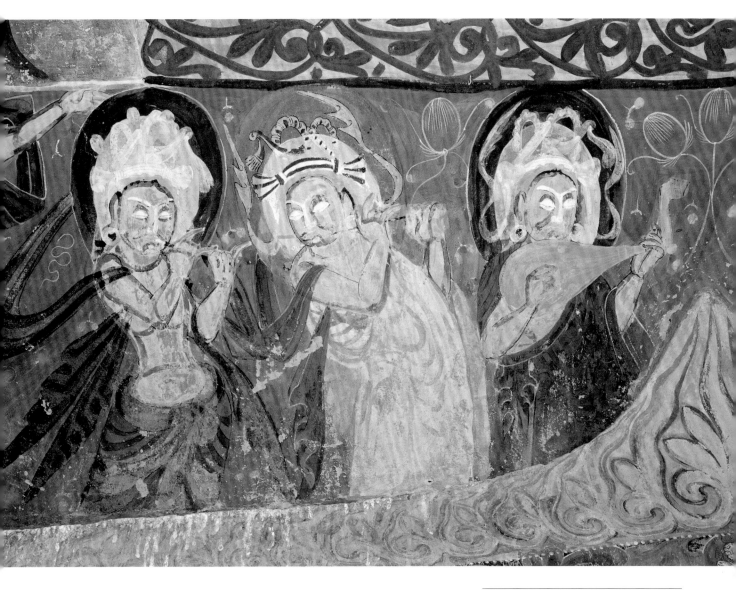

39 笛子琵琶合奏

天宮欄牆和拱門已不見，三身天宮樂伎
頭大面圓，戴花鬘。一身吹豎笛者，裸
上身，下着裙。另兩身着右袒袈裟，分
別演奏橫笛和曲項琵琶，琴頭斜上，四
弦有相。

北周 莫428 中心柱北向龕

38 對擊小鐃的天宮樂伎

樂伎雙手持一對小鐃，上下對擊。

西魏 莫288 北壁

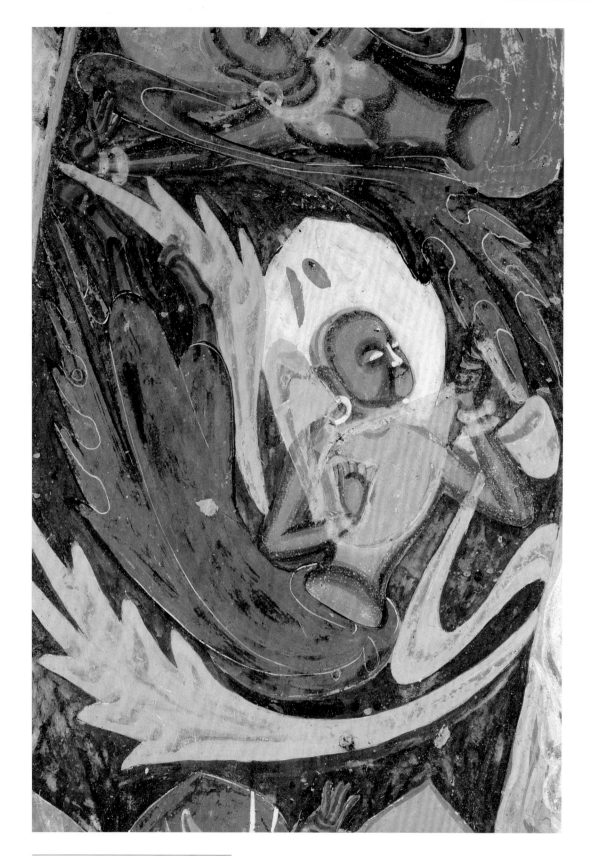

40 斜抱琵琶的飛天樂伎

這身飛天身體修長，有頭光，裙裾呈牙
旗狀。斜抱寬圓形曲項琵琶。琴頭略
上，未見琴軫，右手指彈奏，未用撥。

北魏 莫257 中心柱東向龕

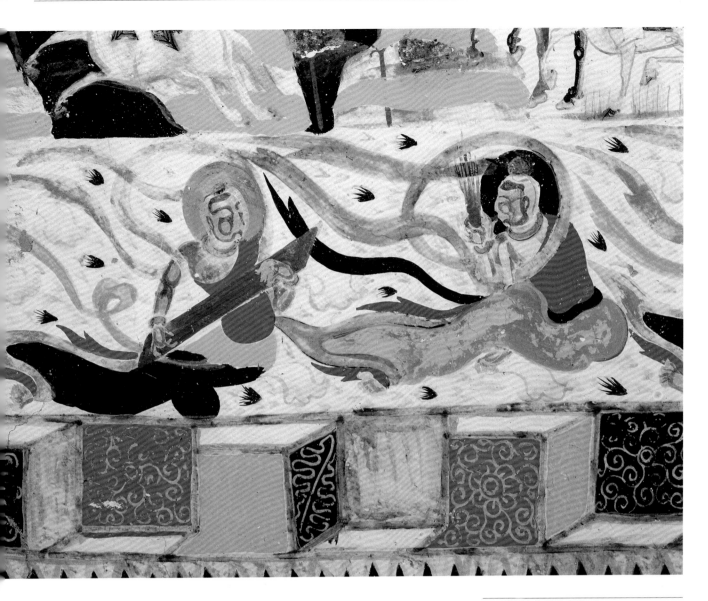

41 彈琴吹笙兩飛天

兩飛天樂伎上身着僧祇支，下着長裙。
一身雙手抱琴，一身在吹笙。琴和笙都
畫得十分簡單，琴看不出弦數，笙的笙
管也散如草把。

北周 莫299 窟頂南坡

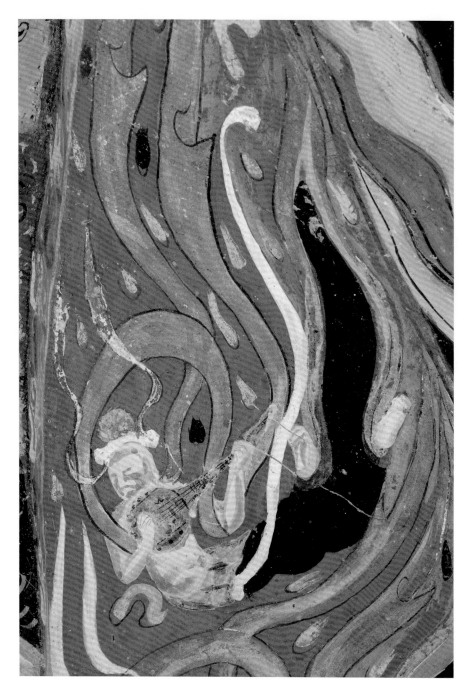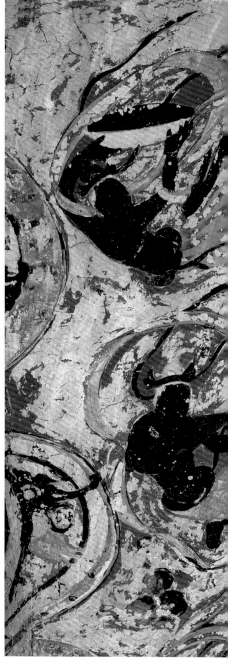

42 飛天彈阮

佛龕內壁繪火焰佛光和飛天。這是南側
兩身飛天之一,在赭紅色的背光中,藍
飄帶黑裙裾緩緩飄下。飛天樂伎所彈的
阮,畫了五根弦,有捍撥和品,但未畫
軫子。

北周 莫301 西壁龕內

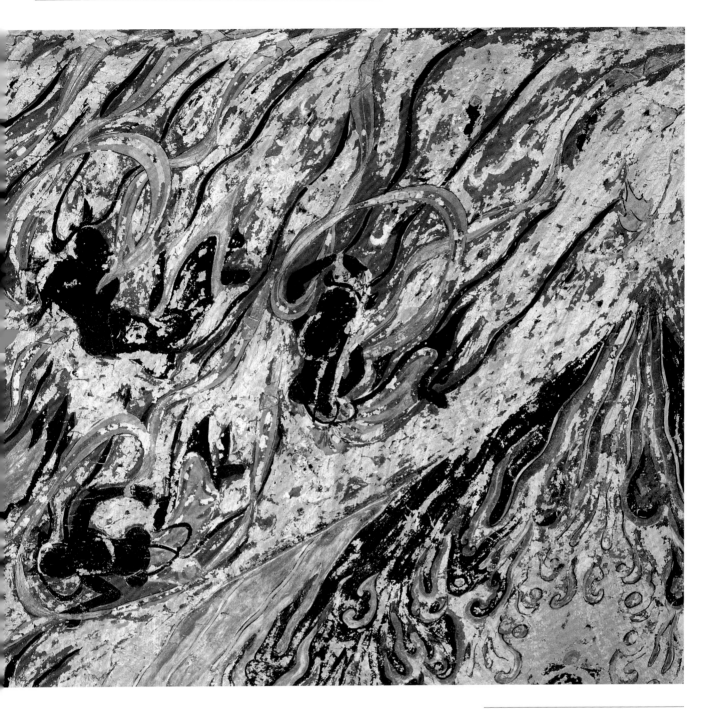

43 姿態各異的飛天樂伎

土紅色火焰紋背光與佛光相映襯，顯得
熱烈而歡快，這種飛天姿態各異無序飛
翔的構圖，令人耳目一新。五身飛天有
的奏琵琶和吹笛，有的托盤獻花禮拜。
隋 莫390 西壁龕頂

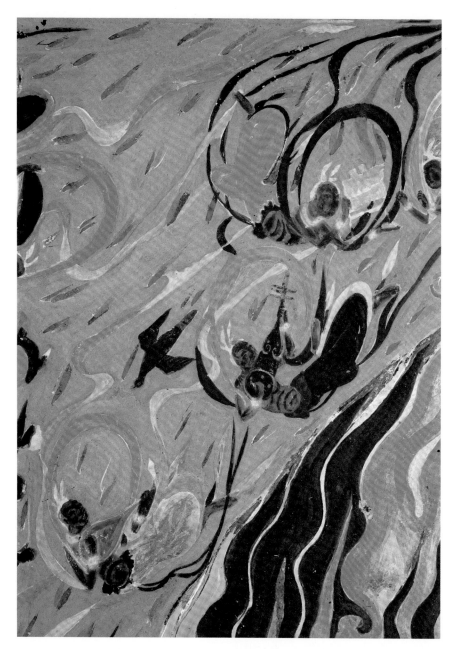

44　三飛天奏樂

三身飛天分別在演奏曲項琵琶、五弦葫蘆琴和方響。據史料記載方響始於南北朝時期，在敦煌壁畫中始見於隋代。這架方響只有大體輪廓和敲擊的動態，細部不清。

隋　莫420　西壁龕頂

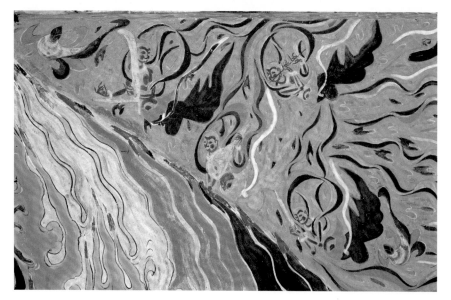

45　翱翔奏樂的飛天

四身飛天在火焰佛光北側翱翔奏樂。所奏樂器描繪簡略，只能大概看出箜篌較大，琵琶為直項，笙的笙管和橫笛管均較長。

隋　莫420　西壁龕頂

46 凌空吹笛彈琵琶

圖中為西壁龕頂部的帝釋天龍車下方的
兩身飛天，前一身只見其背影，可看出
正在彈奏瘦長梨形曲項琵琶，後一身吹
橫笛。

隋 莫401 西壁龕頂

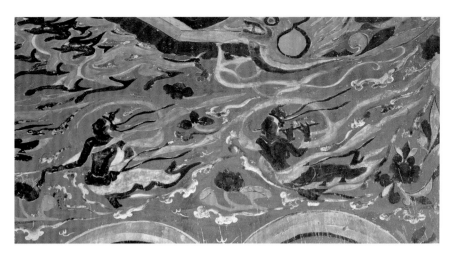

47 窟頂四坡的飛天

圖中十六身圍繞窟頂四坡，奏樂起舞的
飛天，頭梳雙環雲髻，面頰橢圓，線條
圓潤。

初唐 莫322 窟頂四坡

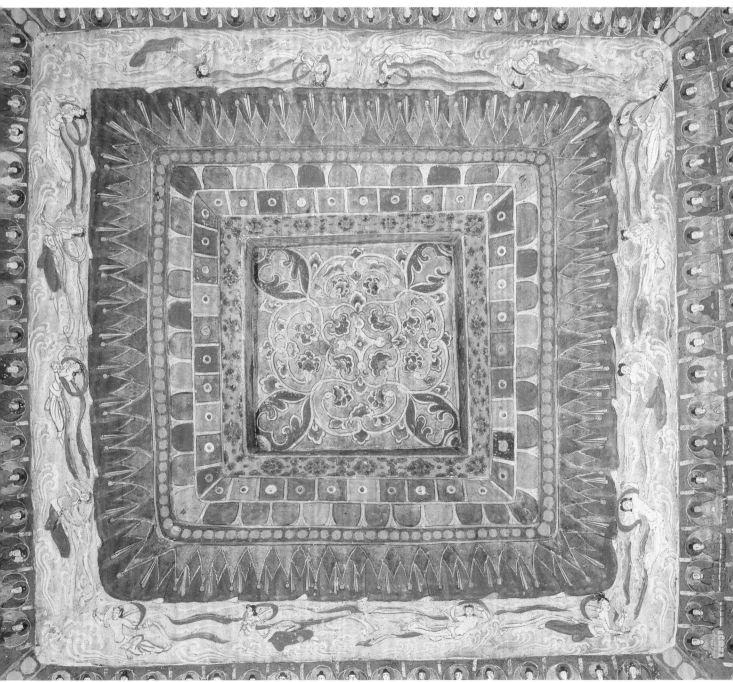

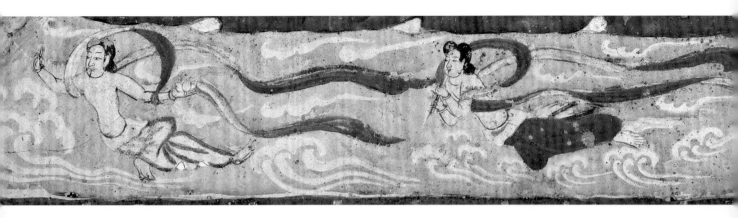

48 東坡飛天樂伎

東坡的四身飛天中，兩身作舞蹈狀，另
兩身則分別吹篳篥、彈箜篌，似乎為舞
者伴奏。

初唐 莫322 窟頂東坡

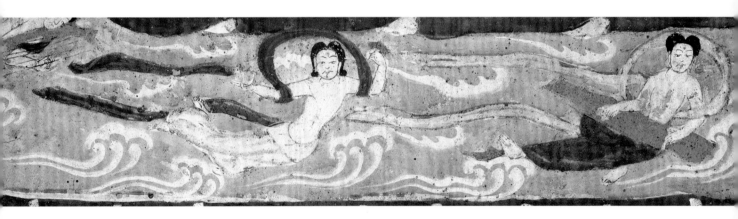

49 南坡飛天樂伎

南坡有三身飛天手持樂器演奏，樂器分
別為：箏、豎笛、五弦。

初唐 莫322 窟頂南坡

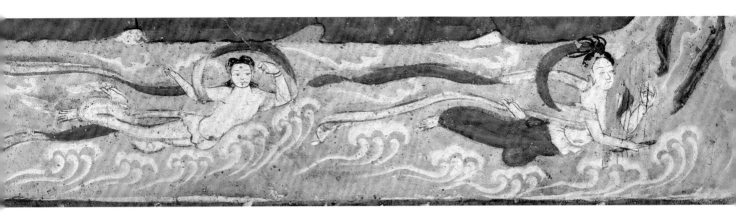

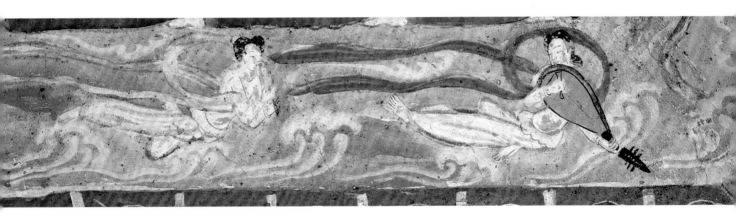

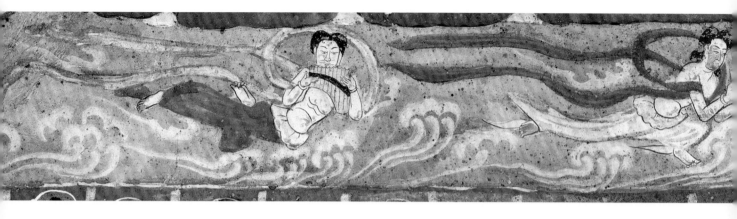

50 西坡飛天樂伎

西坡飛天由左至右，分別演奏排簫、方
響、橫笛和琵琶。

初唐 莫322 窟頂西坡

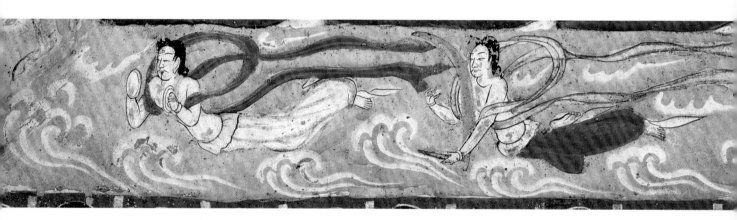

51 北坡飛天樂伎

北坡飛天演奏樂器有箜篌、鈸和小葫蘆
琴。鈸為銅製，比鐃大，兩片對擊。敦
煌壁畫中鈸始見於西魏288窟。小葫蘆琴
為敦煌壁畫所特有，可能當時確有實物
流行。

初唐 莫322 窟頂北坡

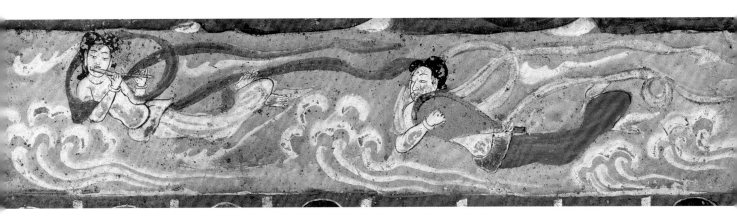

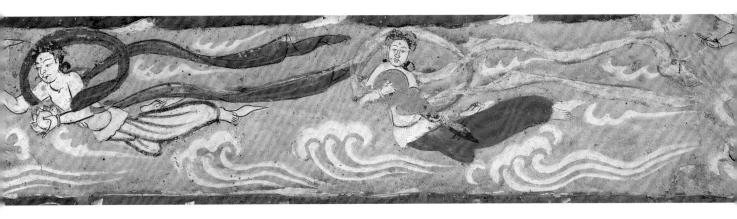

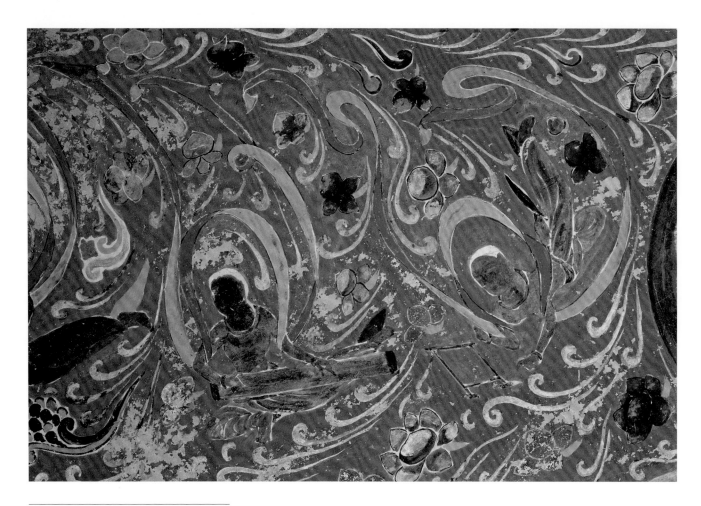

52 演奏姿態逼真的兩飛天

這兩身飛天樂伎,一身在彈箏,箏的面
板呈弧形,演奏姿態與今日相似。另一
身在擊方響,方響架較小,音片和敲擊
的小槌已不可辨,只能看見樂伎手握小
槌的動作狀態。

初唐 莫331 西壁龕頂

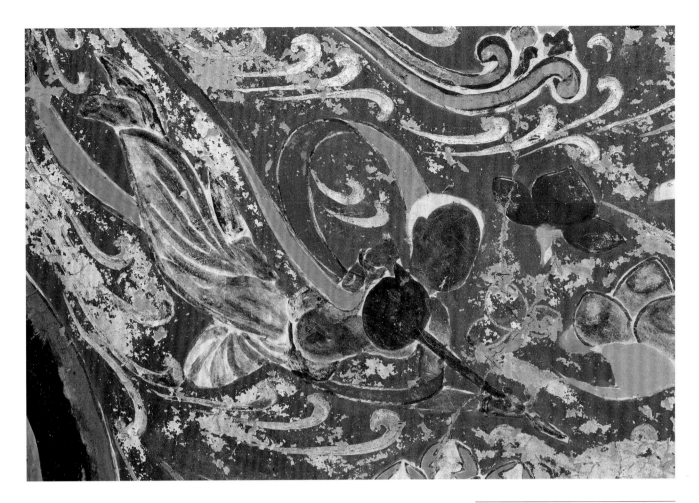

53　彈阮飛天

龕頂畫趺坐佛和對稱排列的二十三身飛
天樂伎，在佛的上方和左右穿插飛行。
這是一身彈阮飛天樂伎。阮的共鳴箱為
圓形，阮柄很長，琴頭呈三角形。

初唐　莫331　西壁龕頂

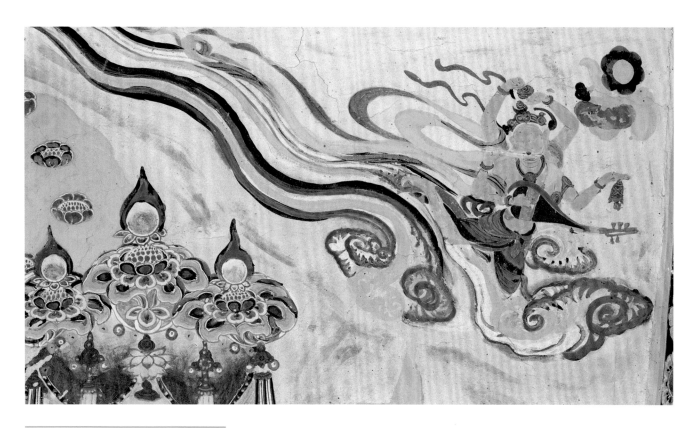

54 六臂飛天奏樂器

這身六臂飛天樂伎，是敦煌壁畫絕無僅
有的一身，堪稱飛天代表作。飛天頭戴
花冠，飾瓔珞臂釧，彩帶隨流雲天花飛
舞，六臂各弄樂器，兩隻手上舉着鐃對
擊，一隻手握橫笛於肩邊，一隻手搖金
剛鈴，下兩隻手橫抱五弦，左手在彈
奏，右手按着項上把位。動作協調瀟
灑，極富音樂感。

盛唐 莫148 南壁龕頂

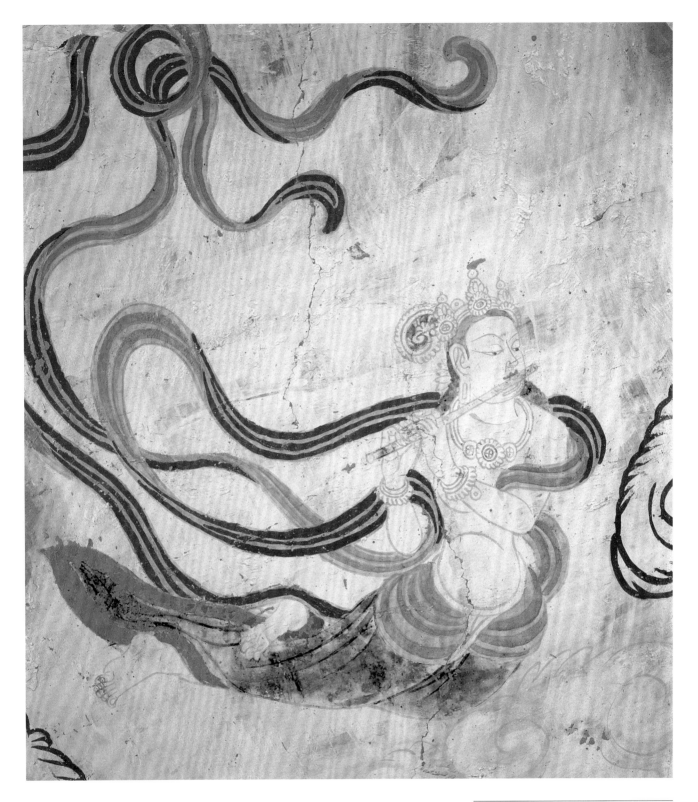

55　吹橫笛飛天

此身飛天樂伎，長巾隨風捲揚，側身專
注吹橫笛。

中唐　榆15　前室頂南端

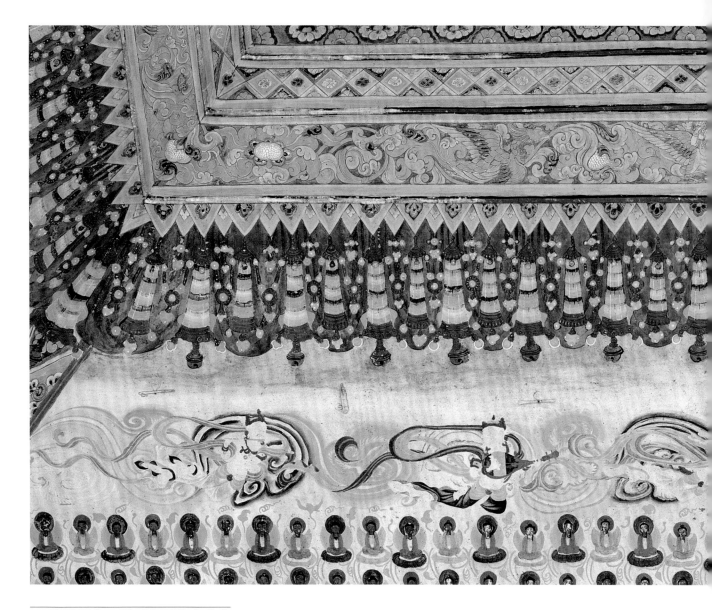

56 迦陵頻伽、飛天和不鼓自鳴大合奏

藻井的茶花捲草鳳鳥紋中有一迦陵頻伽鳥，雙手高舉鈸對擊。飛天和不鼓自鳴圍繞的構圖也不多見。飛天演奏橫笛、琵琶、篳篥、拍板、不鼓自鳴有異型笛、篳篥、排簫、笛和鈸。

晚唐 莫12 窟頂北坡

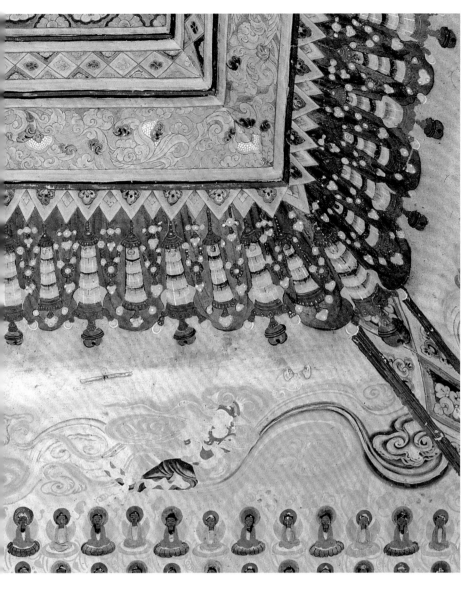

57 飛天彈琴撫箏

笛子隨彩帶在空中飄飛。一飛天樂伎彈
鳳首彎琴,另一身飛天樂伎顛倒,像在
雲中翻騰,雙手撫箏,手指動作十分準
確。

晚唐 莫12 窟頂西坡

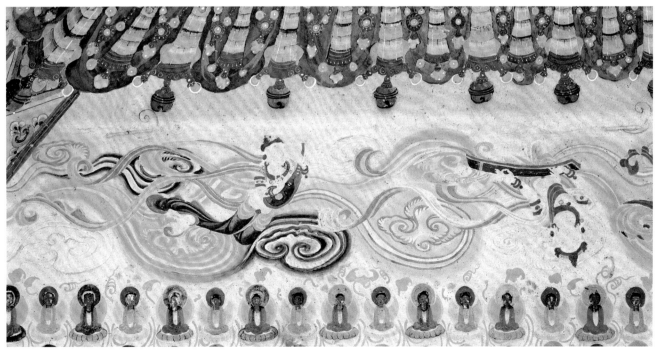

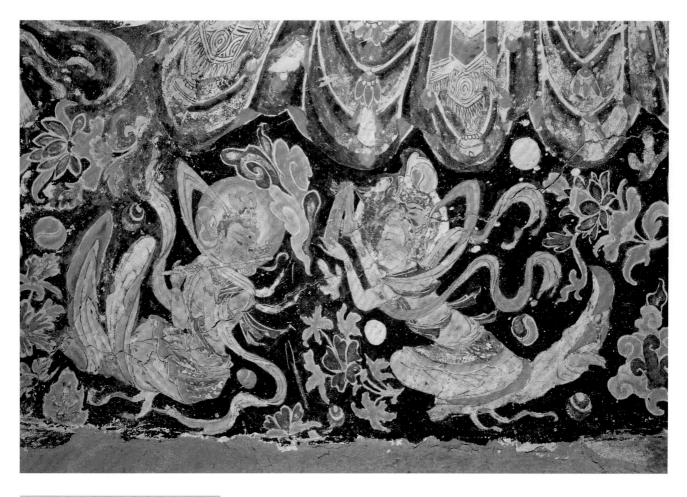

58 飛天回首吹鳳笛

圖中兩飛天樂伎,高髻花冠,天衣長
裙,形象生動,引人注目。一側身回首
吹鳳笛,一高舉拍板和之。

西夏 榆10 窟頂西坡

第二節　經變畫中的禮佛樂伎

　　經變畫，也稱變相，即將佛經的文字變成圖像，用繪畫來圖解佛教的教義。傳入的佛經雖然很多，但畫在牆壁上是有選擇的，主要選窟主和信眾喜聞樂見的經文。莫高窟繪有音樂內容的佛經有27部，主要集中在反映佛國淨土歌舞昇平內容的淨土經變畫中。其中繪得最多的是藥師經變（64鋪），其次為觀無量壽經變（62鋪），再次為阿彌陀經變（37鋪）。

莫高窟經變畫音樂內容統計表

經變名稱	時代	鋪數	樂隊組數
藥師經變	初、盛、中、晚唐，五代，宋，西夏	64	62
阿彌陀經變	初、盛、中、晚唐，五代，宋，西夏	37	42
彌勒上生經變	隋，中、晚唐，五代	9	7
普賢變	初、中、晚唐，五代	29	24
彌勒經變	初、中唐，五代	7	7
觀無量壽經變	盛、中、晚唐，五代，宋	62	64
報恩經變	盛、中、晚唐，五代，宋	24	21
西方淨土變	盛、中唐，西夏	11	8
千手千眼觀音經變	盛、晚唐	2	
觀音經變	盛唐	2	
文殊變	中、晚唐，五代	28	22
天請間經變	中、晚唐，五代	10	9
華嚴經變	中、晚唐，五代	10	
金剛經變	中、晚唐	9	10
金光明經變	中、晚唐	5	4
不空羂索觀音經變	中、晚唐	4	
法華經變	中唐，五代	4	2
如意輪觀音經變	中唐	1	
勞度叉鬥聖變	晚唐，五代，宋	13	
思益凡天問經變	晚唐，五代，宋	9	9
維摩詰經變	晚唐，五代	4	1
密嚴經變	晚唐，五代	2	1
千手觀音經變	晚唐	2	
金剛杵觀音經變	晚唐	2	
千手鉢文殊經變	晚唐	2	
楞伽經變	晚唐	1	
佛頂尊聖陀羅尼經變	宋	1	1

經變畫伎樂的創作

經變畫有其固定程式,一般主體都是說法圖。"說法圖"創作時的結構依據,佛經有所提示:

《佛說觀彌勒上升兜率天經》有如此描述:"爾時此宮有一大神,名勞度跋提,即從座起,遍禮十方諸佛,發弘誓願,若我福德,應為彌勒菩薩造善法堂,令我額上自然出珠……化為四十九重微妙寶宮,欄楯萬億摩尼寶所共合成。諸欄楯間,自然化生九億天子,五百億天女,天子手中化生無量億萬七寶蓮花,蓮花上有無量億光,其光明中具諸樂器,如天宮不鼓自鳴,此聲出時,諸女自然執眾樂器競起歌舞。"

《佛頂尊勝陀羅尼別法》有一段怎樣畫"說法圖"的提示:"口問筆綴,授與崇福寺僧普能,因即流佈,先畫像,凡欲受持此咒者,必須畫像,畫像須好絹,用白氎三幅,高一丈,彩色中勿用皮膠,須用香汁。畫人須清淨,不吃葷辛,從月一日起首畫,滿七日須造了。當作甘露山,山中作朵樹木、花果、流泉、鳥獸,山中作禪窟,窟內作釋迦牟尼結跏趺坐。左邊作天主帝釋,一切眷屬圍繞,右邊作乾達婆,名善住,顏端嚴似菩薩,頂髻衣冠,也復如是,以種種瓔珞花冠裝飾,又以白氎斜勒左臂,右手把毬杖,又作乾達婆眷屬,圍繞善住歌舞作樂,佛左右各作兩個天王及諸

眷屬,又於佛左作梵天王並魔王畫像,了即須作壇受法……。"

經變畫中的音樂內容,主要是出現在說法圖中的樂隊和歌舞場面。說法圖中,佛坐中央,侍從弟子,脅侍菩薩左右簇擁,另外還有天王、力士神將等。說法圖的背景,都是亭榭樓閣、曲廊水池。在佛的前沿,一般都有禮佛樂隊,奉獻樂舞;樂隊人數不等,排列形式各異,所持樂器也不盡相同,主要因應圖幅的大小而定。樂隊之前還有化生童子、伽陵鳥樂伎等。構圖均為左右對稱排列,呈現一派和諧與歡樂的氣氛。

宮廷儀仗制度的寫照

隋代,隨着經變畫產生,音樂場面開始以樂隊組合的形式出現,而在此之前,音樂圖像大都是分散單個演奏的。壁畫中這種演奏形式的變化,並非出自畫工的臆想,而是直接來源於現實的宮廷音樂生活。

隋唐是中國歷史上政治、經濟、文化高度繁榮的時期,樂舞也進入發展的黃金時代,宮廷音樂具有高度藝術水平,極具視听效果。敦煌壁畫的樂舞場面,說法圖中的禮佛樂舞,正是這種高度發展的現實寫照。經變畫中佛教殿堂的佈局,其實都是按照現實宮殿模擬而成的;宮廷的儀仗音樂、舞蹈,則為說法圖中樂舞圖像的原型。

隋唐兩朝的皇室對先秦的禮樂制度作了一定的修改，摒棄了許多華而不實的青銅樂器，吸收民間的管弦樂器，將以吹打樂為主的"俗樂"引入了宮廷。宮廷內設立了專職機構，收編各種樂器，進行加工，亦收集民間的樂曲，組成七部樂、九部樂、十部樂等"隋唐燕樂"體制。我們現在所見的壁畫中的大型樂隊，就是隋唐時期宮廷樂隊的縮影。雖不甚完整，但毫無疑問是宮廷音樂生活的描摹。

壁畫中的禮佛樂隊一般可分大、中、小三種。大的樂隊兩側各有樂伎十餘人，中型的五六人，小型的三至四人；中間舞蹈者有一人、二人、四人不等，隨畫幅大小而定。隋代樂隊以小型合奏形式為主，進入唐代，始見大型樂隊。如第220窟就有28人的大型樂隊，中間舞伎四人，樂器品種最多，器形繪製也寫實精緻。它從視覺效果方面表現出各種樂器，又以寫實的手法渲染了宮廷樂伎、舞伎表演的歡樂。這種模式是中國宮廷生活的縮影。這些反映佛國世界的天宮樂舞場面實際上是歷代王朝禮樂、典章制度形象化的圖解，是上層統治者宴饗娛樂的寫照。

樂隊樂器的組合與西涼樂的反映

樂器的組合，指的是樂隊中樂器的配置。綜觀觀無量壽經變畫中的天宮樂舞，大型樂隊以宮廷燕樂的編製為大概範本，而樂器的配置，或以西北地區當時民間常見的樂器為標準，或由畫工任意搭配，基本上是因地制宜。樂隊中，根據不同的構圖，大抵是各選一類樂器，有的以吹奏樂器為主，有的以彈撥樂器為主，亦有的以打擊樂器為主；在一個樂隊中，相類樂器聯坐。在樂器組合、配置上基本無規律。有時畫工也有意在音色、音響方面作一些協調性處理，如突出拍板和羯鼓在樂隊裏的指揮地位。

關於樂隊的排列，隊形的安排，並無固定的規律，多是根據不同的規模，不同的場合，任意配置。說法圖中的經變樂隊，主要的特徵是對稱兩列，圍繞舞伎進行演奏，樂隊總人數不等，但基本兩側是相同的，所持樂器也大抵是每人持不同的品種。可見壁畫中表現的樂隊，應是象徵性的構圖，作為美術作品，以人物透視關係為主，因此不能當作現實的樂隊配器來研究。

就樂隊中的樂器及其編制而言，具有濃厚的西北地區特色，特別是深受著名的"西涼樂"的影響。在古代文獻中，有"西涼樂"之說，這是指河西走廊及周圍地區各民族古時創造的樂舞藝術。"西涼樂"是秦漢之後，繼"秦漢伎"發展起來的地方樂舞種類。呂光率兵十萬，征服西域，帶回"奇伎異戲"與河西

的歌舞融合，改稱“西涼樂”。這是歷史
上著名的中西民族音樂的改革。在當時
的宮廷也享有很高的聲譽，甚至將其尊
奉為“國伎”。因此隋唐燕樂裏設有西涼
樂，它被正式納入宮廷的樂部，為隋代
的七部樂、九部樂、唐十部樂奠定了基
礎。

　　據《舊唐書·音樂志》載，“西涼樂”
所用樂器為：“鐘、磬、箏、臥箜篌、
豎箜篌、琵琶、五弦琵琶、笙、簫、篳
篥、小篳篥、笛、橫笛、腰鼓、齊鼓、
檐鼓、銅板具”等。我們從文獻規定的
上述樂器，對照敦煌壁畫中的樂器圖

形，可以發現完全吻合。這就足以説
明，壁畫樂器的選擇是依照“西涼樂”的
編制來安排的。除此之外，在文獻上，
還有“敦煌樂”的記載。現今，對於“西
涼樂”和“敦煌樂”雖然已經捉摸不到它
的實質，但敦煌地處西涼範圍，在當
時，這裏的音樂肯定是有過勝況的。在
壁畫中，某些風俗性的樂舞場面，正是
西涼樂的寫照，這與文獻所述，正可相
印證，特別是供養人世俗樂舞圖像，從
其形式、人物外貌、服飾上，都可以看
到西北地區的風俗特徵。

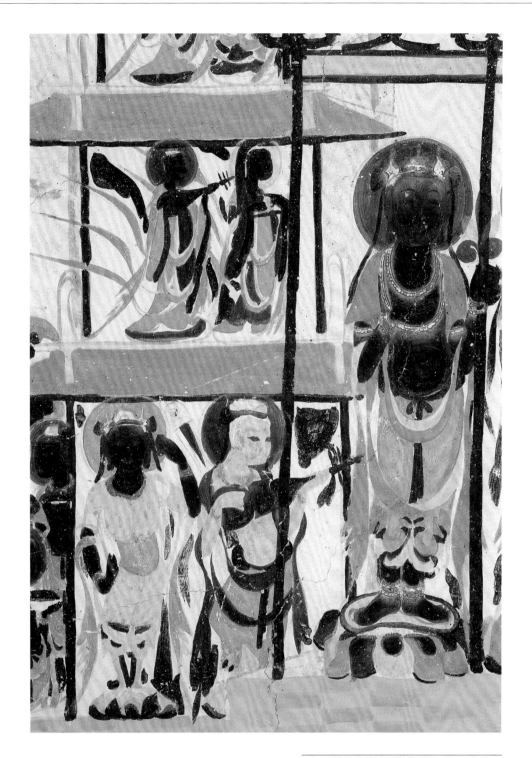

59 彌勒經變閣樓樂隊

正中說法圖的兩側有三層閣樓，表示天
宮四十九重微妙寶宮，每層中有樂舞表
演。這是左側閣樓的下兩層，各有兩身
樂伎立於蓮台上。上兩身寬袍大袖，側
對主尊，一彈五弦，一擘箜篌。下兩身
左側的樂伎在歌舞，所着露臍裝頗似少
數民族服飾；右側的樂伎在彈葫蘆琴，
琴身較長。此為早期經變畫樂隊的雛
形。

隋 莫423 窟頂人字坡西坡

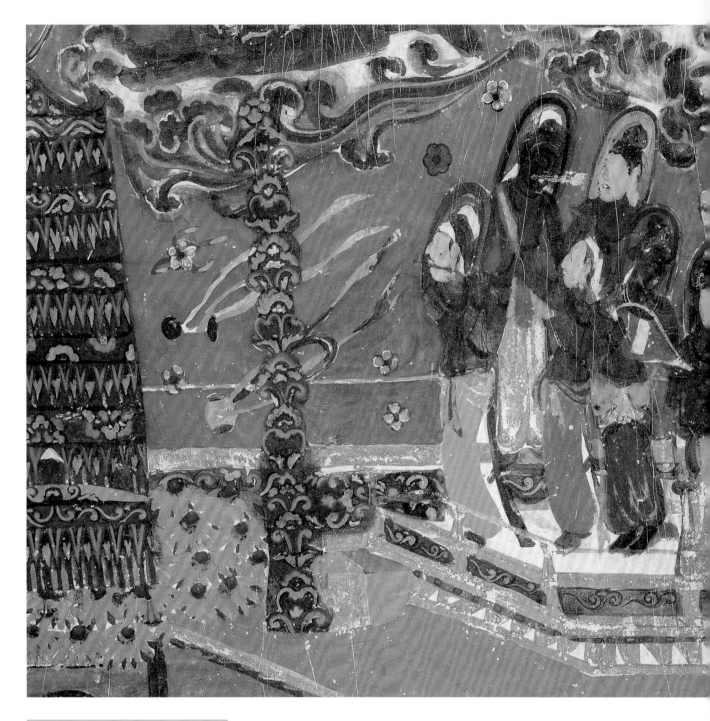

60 阿彌陀經變的小樂隊

雕欄的天宮平台上，站立幾位天人在演
奏橫笛、琵琶等樂器，空中不鼓自鳴和
之。這種經變樂隊，其實是天宮伎樂後
期的一種表現形式。

初唐 莫335 南壁

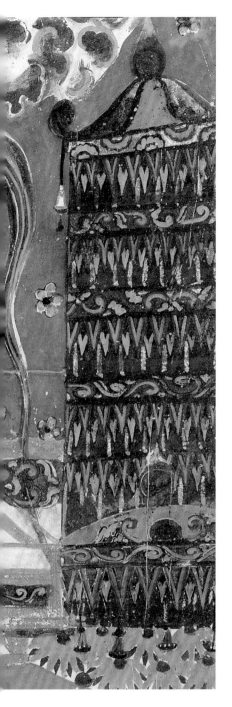

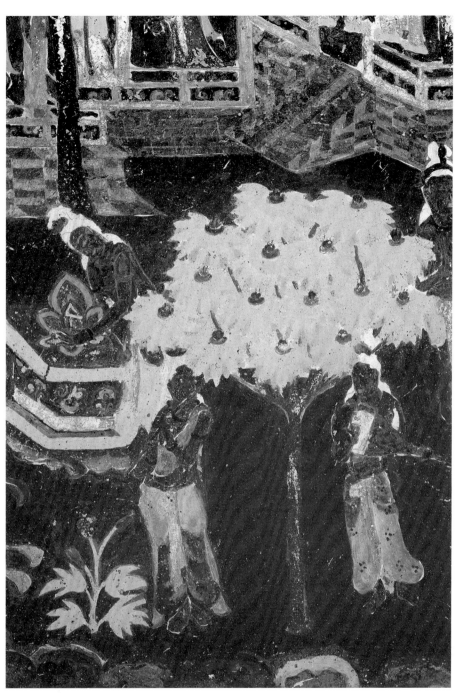

61　彌勒經變構圖簡單的樂隊

此窟彌勒經變構圖較簡單，兜率天宮佛
殿和兩側配殿間有四廊，院內有聽法徒
眾和花木，兩側配殿內和樹下有諸天奏
樂。

初唐　莫338　西壁龕頂

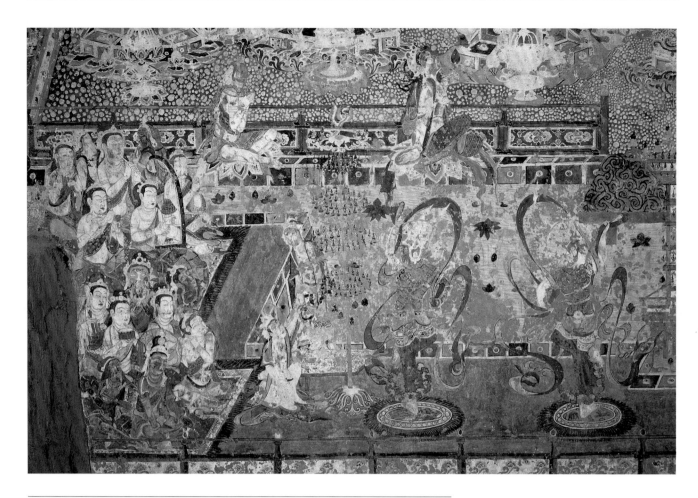

62 藥師經變多民族大型樂隊

此窟藥師經變是敦煌壁畫樂隊人數最
多，樂器品種最全、繪製最精緻最寫實
的一鋪。中間燈樓兩邊各有一對舞伎在
小圓毯上急速旋轉，兩側各有一組樂隊
坐於方毯上，樂伎膚色不同，姿態各

異。圖中為西側的樂隊，共十五人，演
奏的樂器有拍板（二）、豎笛、篳篥、
鐃、箜篌、笙、海螺、鑼、答臘鼓、雞
婁鼓、腰鼓、橫笛、羯鼓。

初唐 莫220 北壁

藥師經變多民族大型樂隊分解圖

① 羯鼓
② 腰鼓
③ 橫笛
④ 雞婁鼓
⑤ 答臘鼓
⑥ 鑼
⑦ 海螺
⑧ 拍板
⑨ 箜篌
⑩ 鐃
⑪ 笙
⑫ 豎笛
⑬ 拍板
⑭ 篳篥
⑮ 不詳

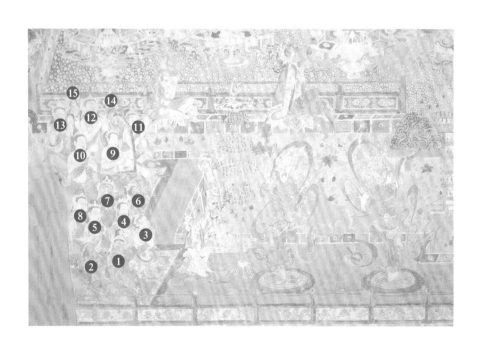

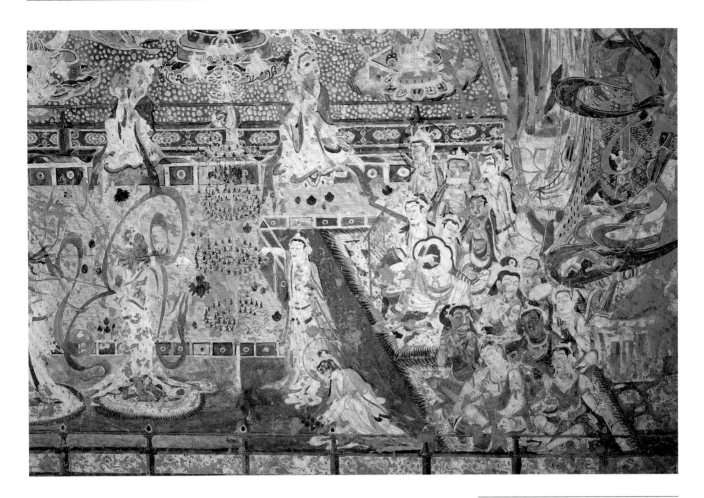

63　藥師經變多民族大型樂隊

此圖為東側樂隊，共十三人演奏的樂器
有腰鼓（二）、橫笛（二）、拍板、
鑼、花邊阮、方響、篳篥、箏、排簫、
豎笛、都曇鼓。

初唐　莫220　北壁

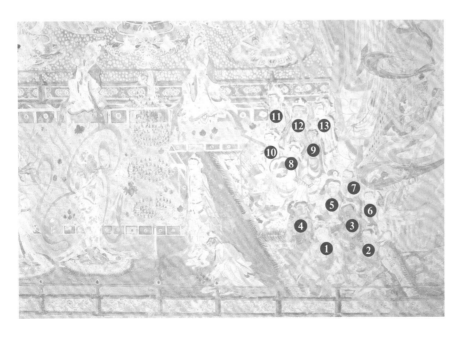

藥師經變多民族大型樂隊分解圖

① 都曇鼓
②③　腰鼓
④⑤　橫笛
⑥ 拍板
⑦ 鑼
⑧ 花邊阮
⑨ 篳篥
⑩ 方響
⑪ 箏
⑫ 排簫
⑬ 豎笛

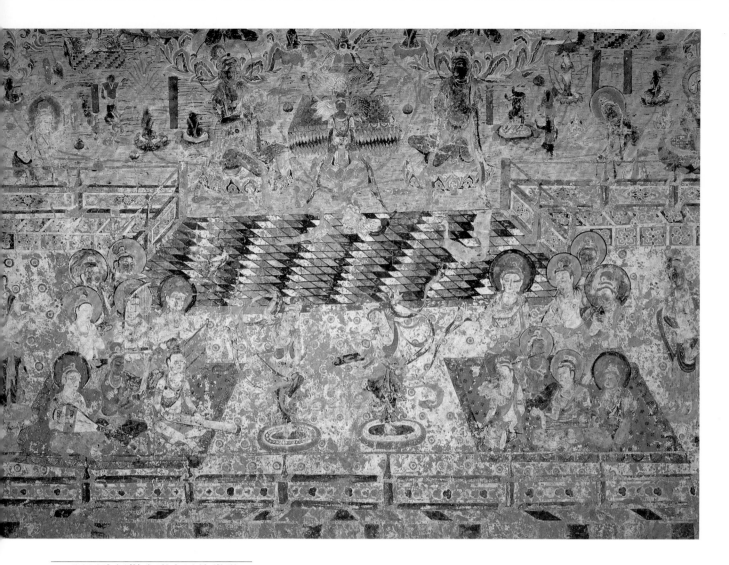

64 阿彌陀經變小型多民族樂隊

左右兩組樂隊各八人，坐於方毯上，演
奏琵琶、笙、箏、豎笛、箜篌、方響、
排簫、羯鼓、腰鼓、橫笛、答臘鼓和
塤。演奏姿態生動逼真，反映了當時宮
廷樂隊的面貌。樂伎膚色不同，似為多
民族樂隊。兩組樂隊中間有兩舞伎，雙
手握長巾各在一小圓毯上隨音樂對舞。

初唐 莫220 南壁

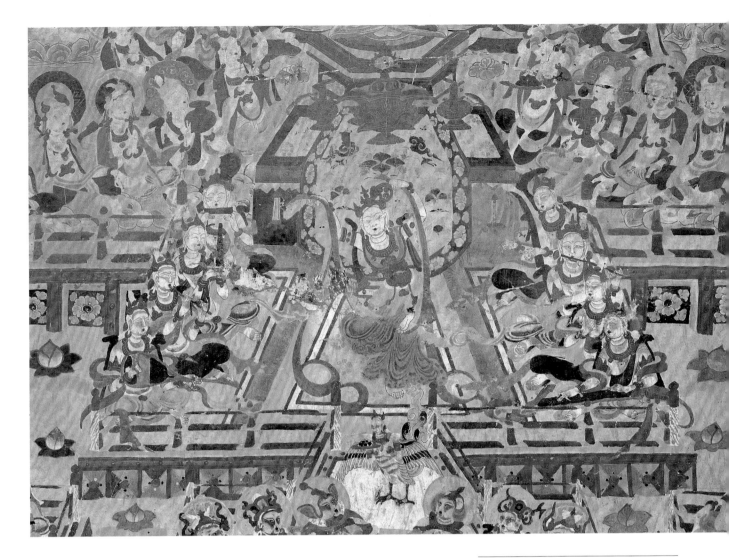

65　阿彌陀經變大型樂隊

樂隊分上下兩層，樂伎均坐於花毯上，
上層兩組十二人面相對分別演奏腰鼓、
琵琶、箏、箜篌、笙、拍板、豎笛、橫
笛、排簫、羯鼓和雞婁鼓等，其中琵琶
形狀似三角形，直項和琴頭一樣寬，方
頭。下層樂隊八人，面向前，演奏樂器
有豎笛（二）、琵琶、拍板（二）、橫
笛、腰鼓和笙。

初唐　莫386　南壁

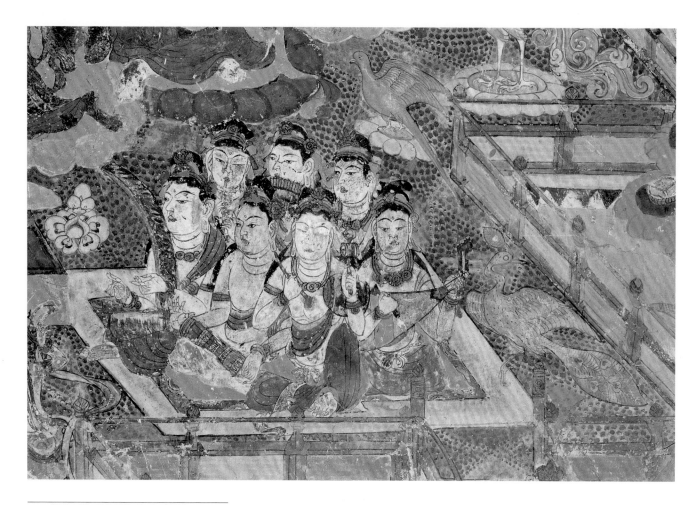

66 觀無量壽經變七人樂隊

樂伎是典型的盛唐人物形象,面部豐
腴,頭戴花冠,飾瓔珞臂釧,斜披天
衣,裙褲寬大,坐方毯上演奏:齹鼓與
雞婁鼓、都曇鼓、箜篌、曲項琵琶、排
簫、篳篥等,此圖十分清楚地展示了古
代齹鼓和雞婁鼓並奏的情形。

盛唐 莫45 北壁

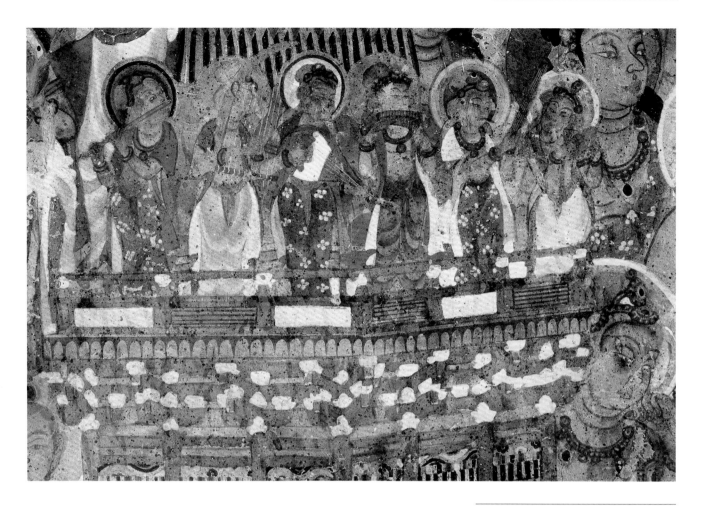

67　阿彌陀經變六人小樂隊

這是左側幢幡式高台上的一組伎樂，與右側一組相對，各六人，立於天宮欄牆內，演奏橫笛、箜篌、直項琵琶、排簫、笙、橫笛，身體隨音樂扭動。這是晚期天宮伎樂的表現形式。

盛唐　莫445　南壁

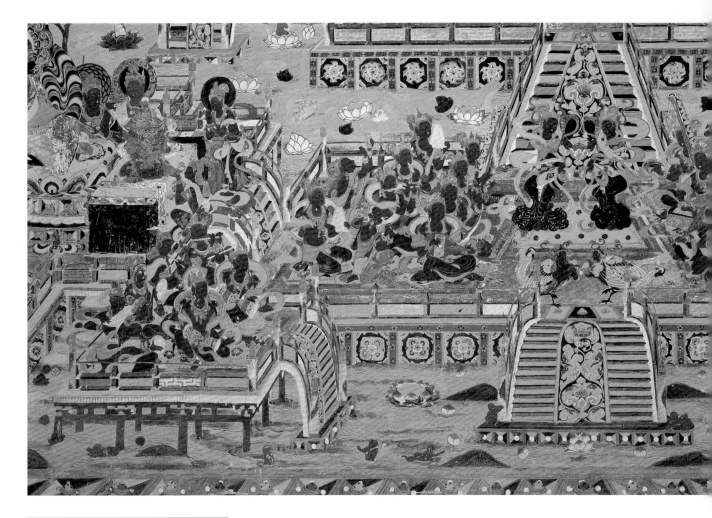

68 藥師經變氣勢宏偉的大樂隊

此圖樂隊，場面之大，人數之多，為敦
煌壁畫經變樂隊之最。人物形象比例準
確，演奏姿態協調，樂器裝飾華麗。下
層兩組樂隊各七人，上層兩組樂隊各九
人，共三十二人。這是當時大型宮廷樂
隊的真實寫照。樂器有：腰鼓、都曇
鼓、雞婁鼓與鼗鼓、羯鼓、鑼、豎笛、
橫笛、排簫、拍板、琵琶、笙、琴、箜
篌、阮、鐃等。寶池台階上還有兩個迦
陵頻伽樂伎奏樂。

盛唐 莫148 東壁北側

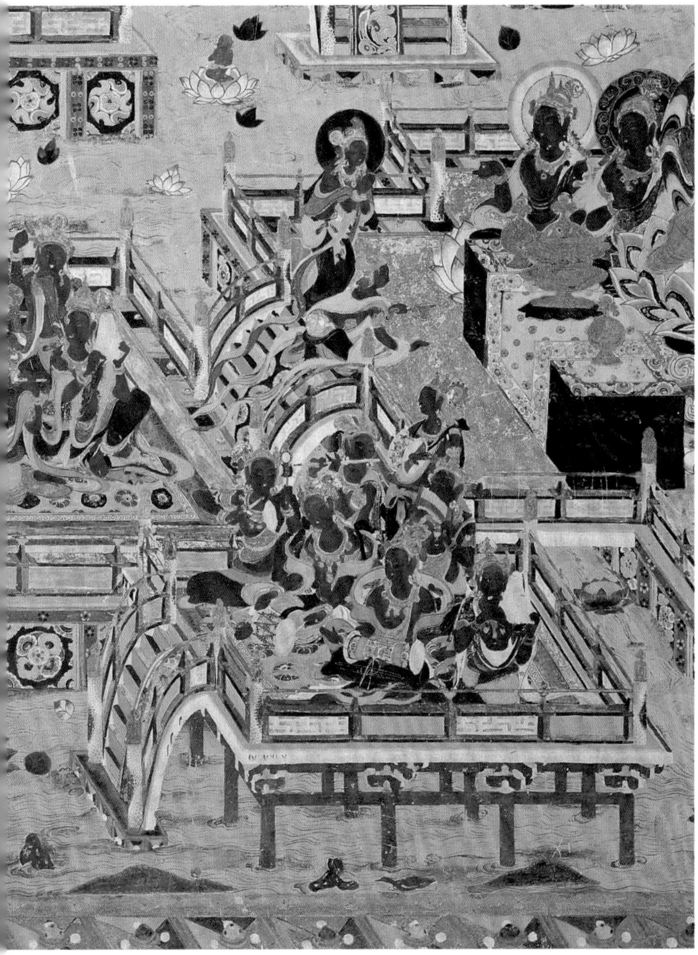

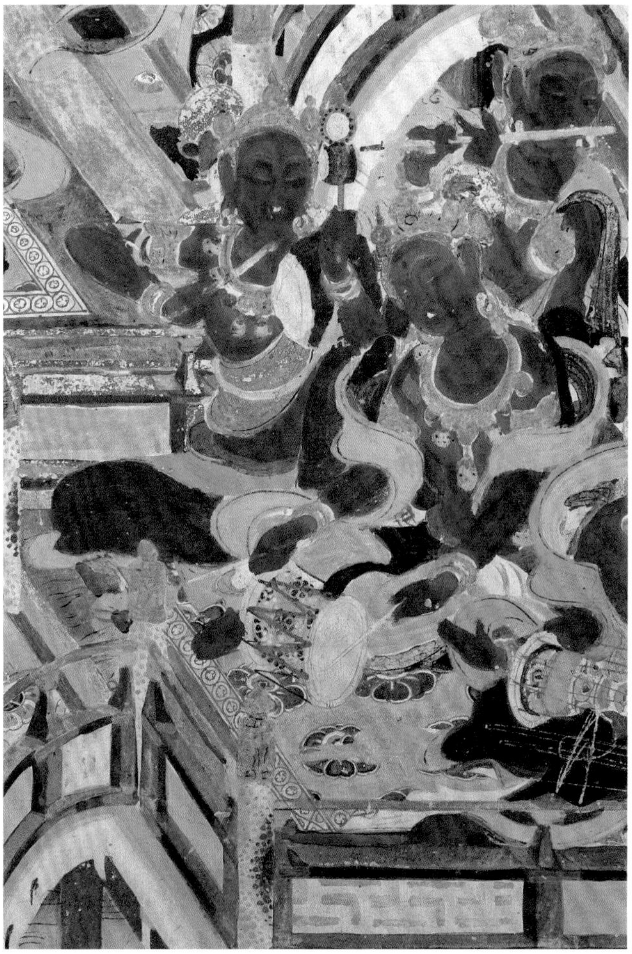

69 **鼓笛合奏**

圖中一樂伎用兩根木槌敲擊橫放於花毯上的羯鼓兩個面。此羯鼓直胴；繩索牽連皮膜，鼓身繪精美的花紋。一樂伎左手舉搖鼗鼓，左臂挾持雞婁鼓，右手持槌敲擊。後一樂伎吹橫笛，笛上好像加了塞子。

盛唐　莫148　東壁北側

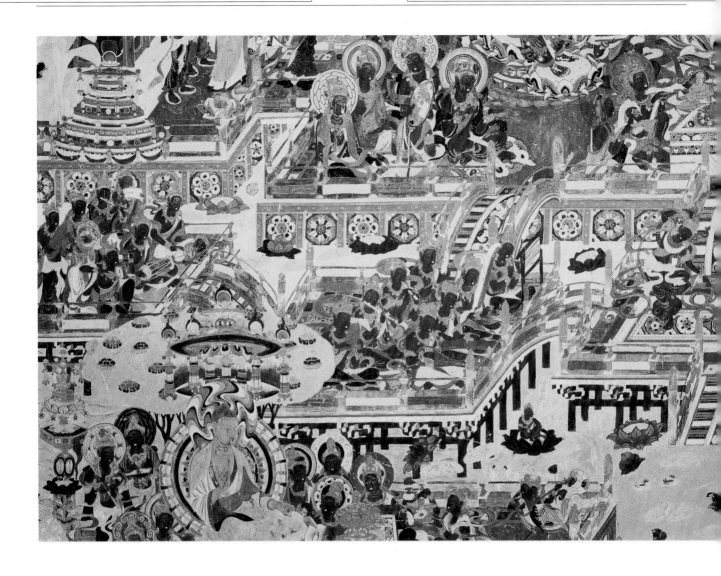

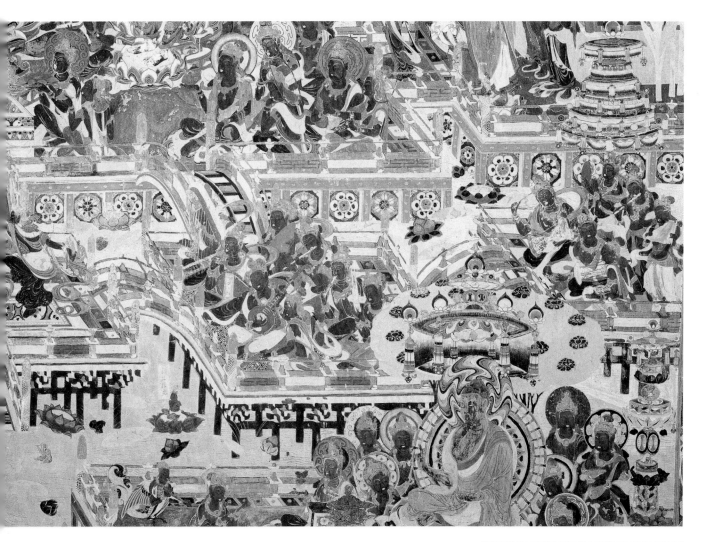

70 觀無量壽經變吹打彈俱全的大型樂隊

正中平台上兩舞伎在圓花紋毯上對舞，
左右兩側平行並列四組樂隊，下方平台
朱欄旁迦陵頻伽和共命鳥相對彈琵琶和
阮。四組樂隊共有三十人，中間兩組前
排為彈撥樂器，後排為吹奏樂和拍板。
側面兩組前排為打擊樂器，後排吹奏樂
器和拍板。樂隊中出現多隻拍板，說明
此樂器在樂隊中可能起領奏指揮作用。
盛唐 莫148 東壁南側

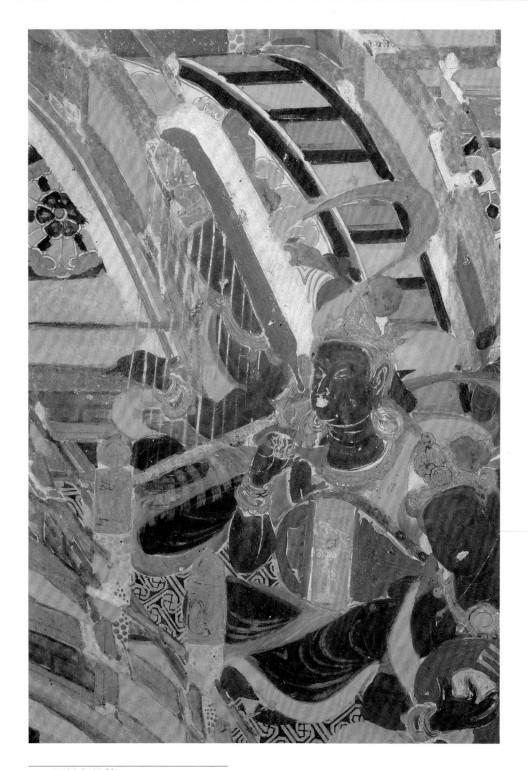

71 琵琶和箜篌

二樂伎彈奏琵琶和箜篌,箜篌為大豎箜
篌,共鳴箱厚大,邊框彩繪,樂伎將其
放置腿上,一手握把,一手彈奏。樂伎
的雍容華貴和樂器的華麗互相映襯。

盛唐 莫148 東壁南側

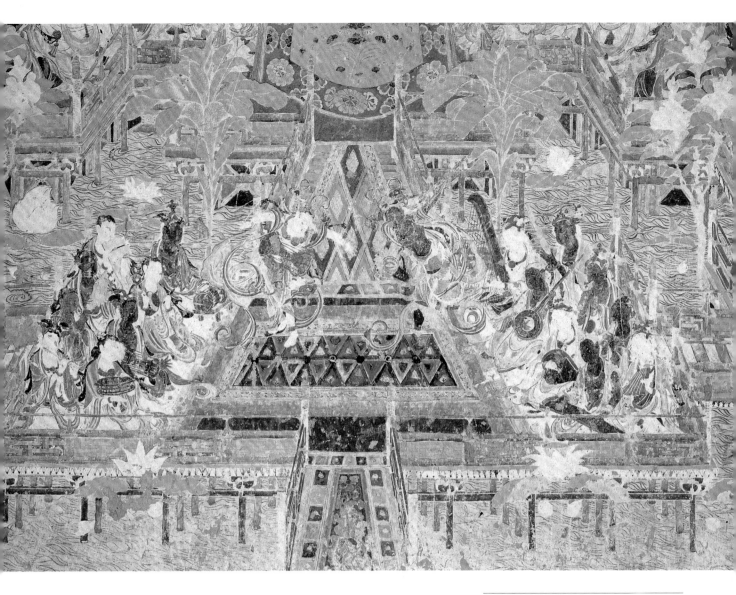

72 觀無量壽經變多民族樂隊

説法圖下方，平台上兩舞伎，一拍腰
鼓，一反彈琵琶，相對而舞；兩側各一
組八人的樂隊。樂伎膚色不同，頗似一
小型多民族樂隊。鼓置於樂隊前排，其
中敲羯鼓的樂伎帽子高聳，與眾不同，
可能有領奏的作用。左側樂器品種有答
臘鼓、腰鼓、雞婁鼓、毊鼓、羯鼓、異
型笛、海螺、拍板和排簫，右側有箏、
琵琶、阮、箜篌、拍板、豎笛、篳篥和
笙。

盛唐 莫172 南壁

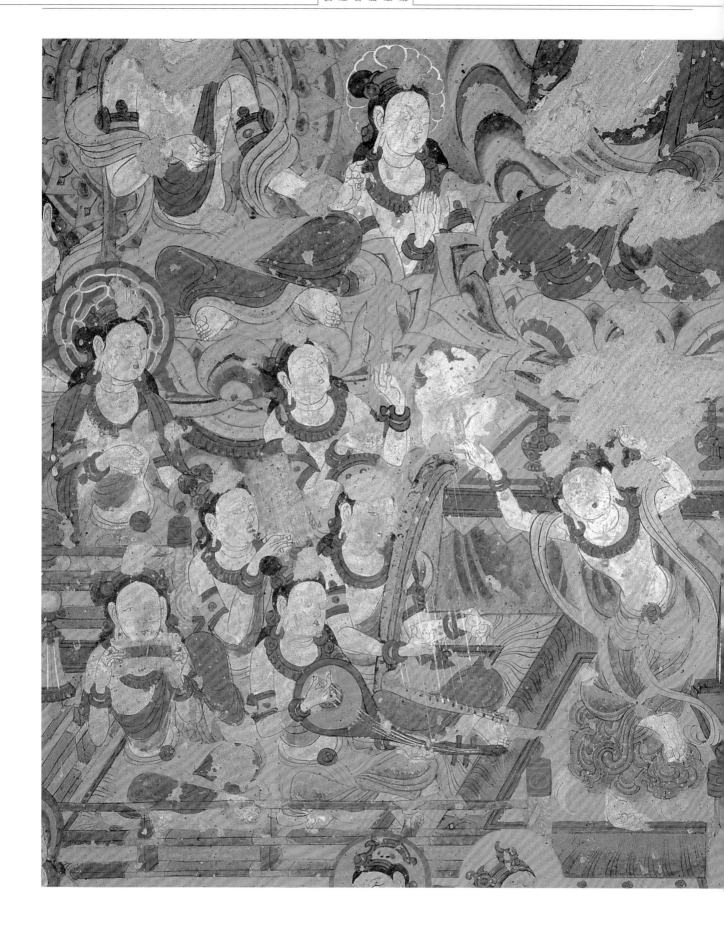

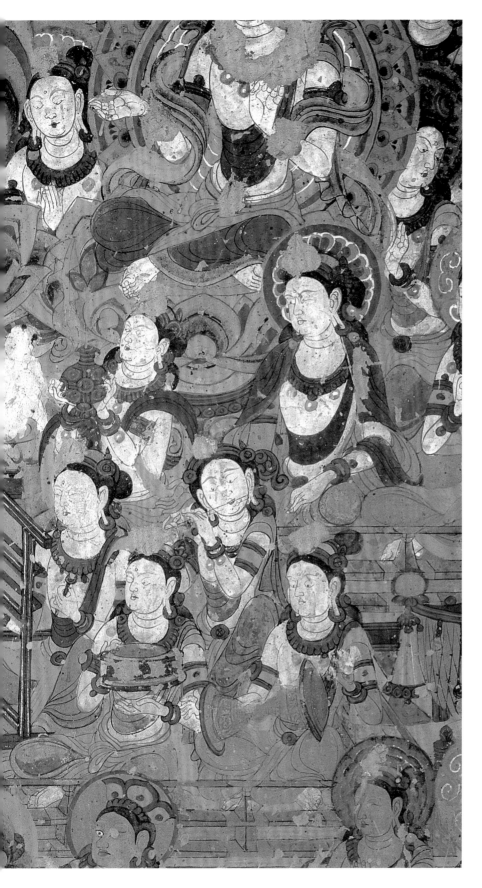

73　藥師經變八人樂隊

第112窟被稱為"音樂窟"，是描繪音樂場面最精細準確的一個特級洞窟，南北兩壁繪有四幅經變畫，都有樂舞場面。圖中是北壁藥師經變中的樂舞場面。在供奉主尊佛案下方，有樂伎八身分左右踞坐毯上奏阮、大箜篌、排簫、拍板、答臘鼓、方響、腰鼓和橫笛，為中間的舞伎伴奏。

中唐　莫112　北壁東側

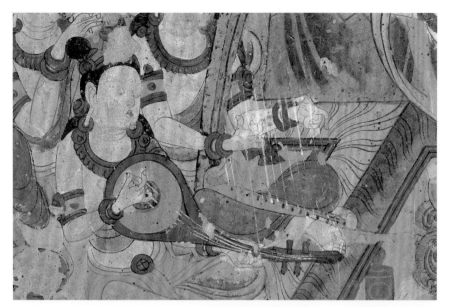

74 彈阮樂伎

所彈之阮的共鳴箱非正圓形，捍撥圓
形，琴直頸，四弦四軫尖頭。

中唐 莫112 北壁東側

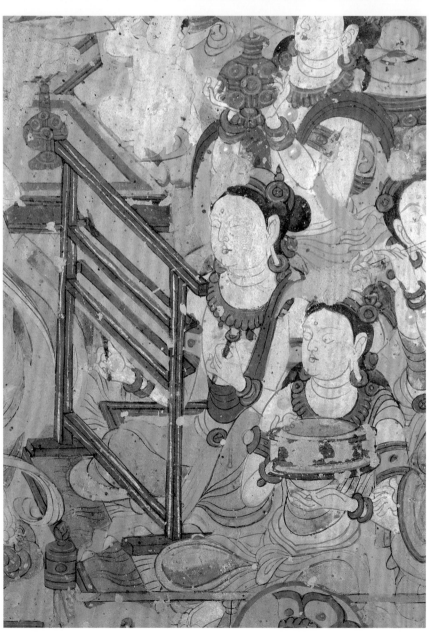

75 答臘鼓與方響

答臘鼓扁平，上下有圈卡住鼓身，鼓面
直徑略大於鼓框。樂伎右手持鼓邊，左
手拍擊。方響框架較大，上有橫檔，音
板斜置，板數不詳，樂伎以兩隻小槌擊
之。

中唐 莫112 北壁東側

76 報恩經變八人樂隊

與藥師經變中樂舞的位置和排列形式幾
乎相同,下方仍為一舞伎輕快起舞,八
身樂伎分坐兩廂伴奏,左側演奏樂器為
箏、琵琶、拍板和笙,右側為腰鼓、雞
婁鼓兼鼗鼓、拍板和橫笛。

中唐 莫112 北壁西側

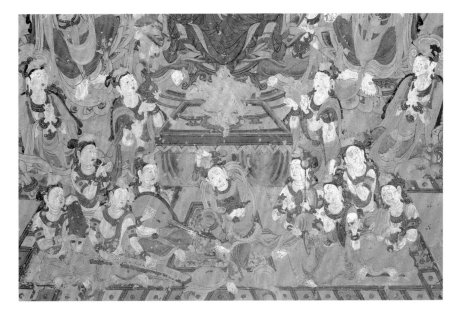

77 三鼓齊鳴

前一身樂伎將腰鼓置腿上,雙手五指張
開、用力拍擊;鼓面突出直徑大,鼓腰
細,鼓身滿飾花紋。後一身樂伎左手握
長桿鼗鼓,臂腕夾雞婁鼓,鼓身不太圓,
近似羯鼓,右手似握鼓槌狀。

中唐 莫112 北壁西側

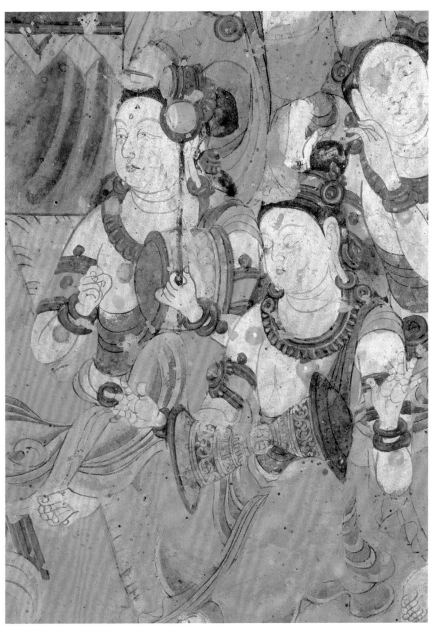

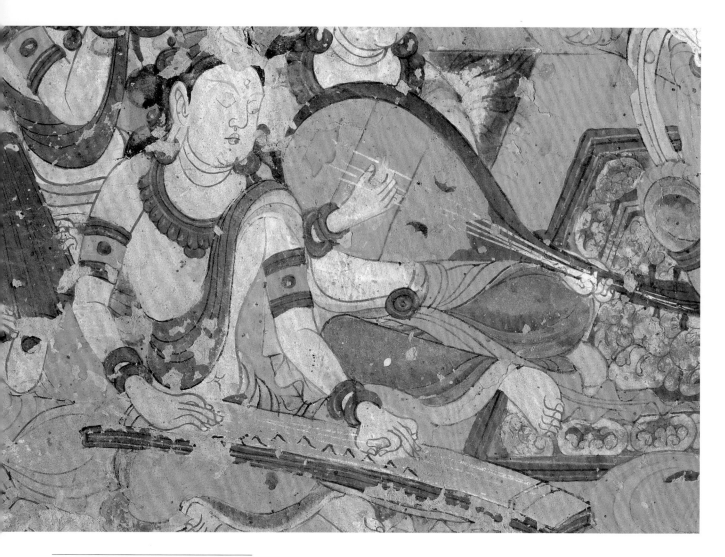

78 琵琶與箏

彈箏樂伎眼睛盯着下方手的動作，神情
專注。箏的面板橫直均呈弧形，上有
弦、柱、嶽山。琵琶直項，形體較大，
梨形方頭，四弦四軫，縛手呈扇形，有
捍撥和月牙形鳳眼，共鳴箱上端有貼片
裝飾。樂伎用撥彈奏。

中唐 莫112 北壁西側

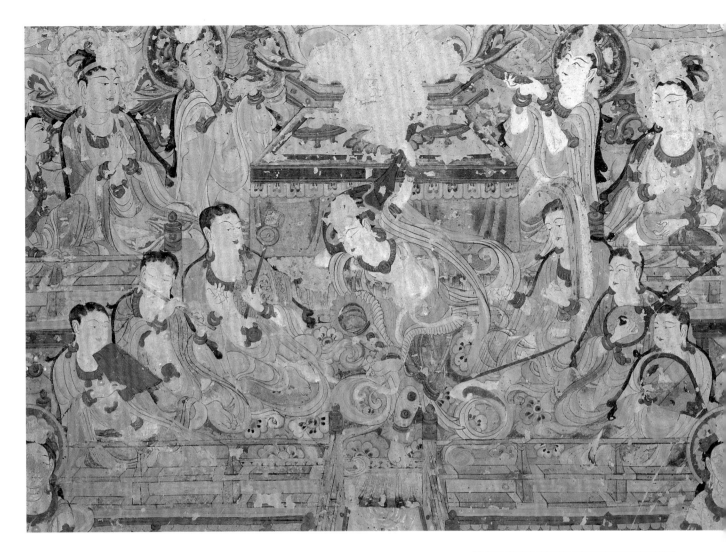

79　觀無量壽經變中反彈琵琶樂舞
舞伎左手舉琵琶反背腦後，右手作反彈
狀，屈身吸腿，動作優美。六樂伎左右
各三人八字形排列。左側演奏拍板、橫
笛、雞婁鼓兼鼗鼓。右側演奏琵琶、長
柄的阮、大箜篌。琵琶和阮有品，琴頸
與面板相連處裝飾貼片，大箜篌成鈍角
三角形。
中唐　莫112　南壁東側

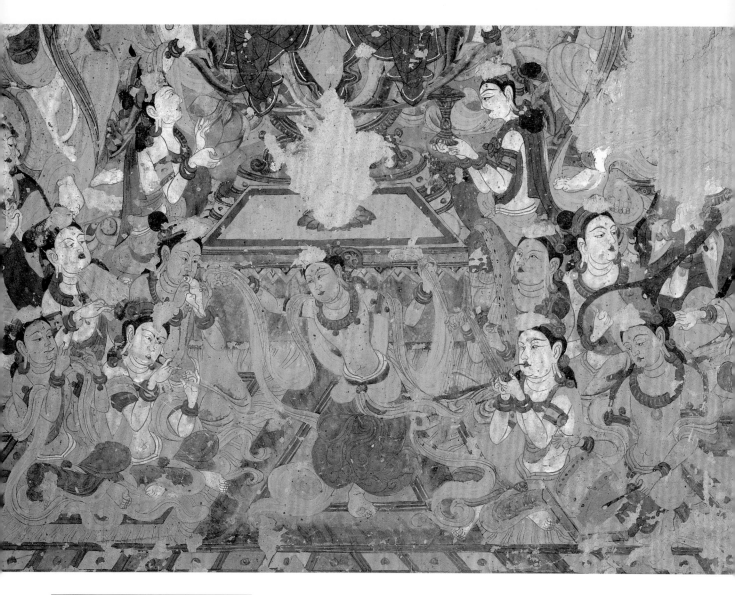

80 金剛經變八人樂隊

此圖是敦煌壁畫中首次出現的金剛經變
中的樂舞。一舞伎翩翩起舞,八身樂伎
分坐兩側方毯上為其伴奏,均裸上身,
着彩裙,佩項圈、耳璫和臂釧,使用樂
器左有異型笛、海螺、篳篥、拍板,右
有笙、箜篌、羯鼓、琵琶。

中唐 莫112 南壁西側

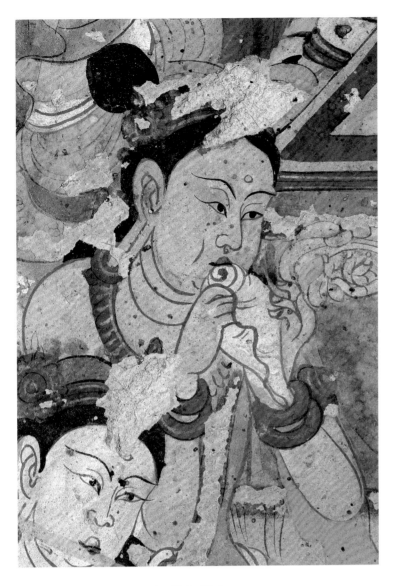

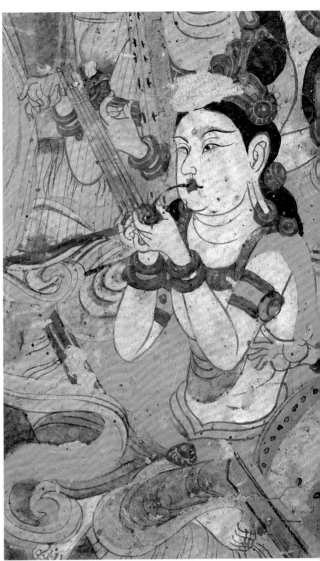

81 吹海螺樂伎

中唐 莫112 南壁西側

82 吹笙樂伎

笙斗小而圓，笙嘴彎且長，笙管長短幾
近相同，畫有竹節和紮匝。

中唐 莫112 南壁西側

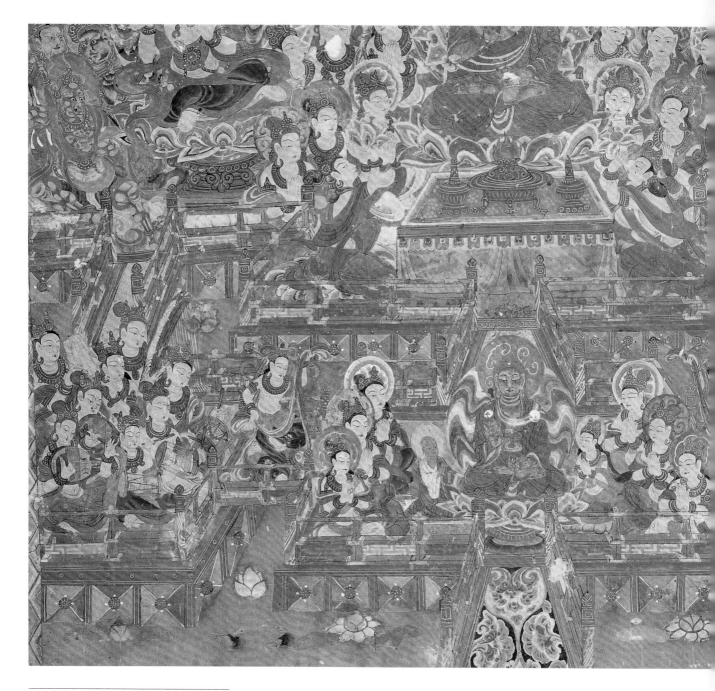

83 報恩經變大型伴奏樂隊

此圖平台間有小橋連接，兩舞伎分別在
兩橋上持巾起舞。樂隊分置於佛和眾菩
薩兩側平台上，每組八人分兩列，踞坐
毯上。左側八身樂伎演奏腰鼓（二）、
羯鼓、琵琶（二）、橫笛、箜篌和拍
板，右側八樂伎演奏笙、豎笛、排簫、
篳篥、異型笛、拍板、鈸和鐃。

中唐 莫154 北壁

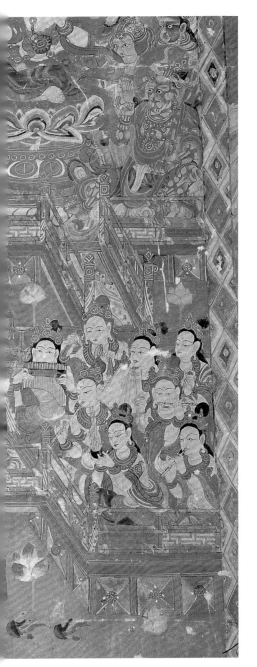

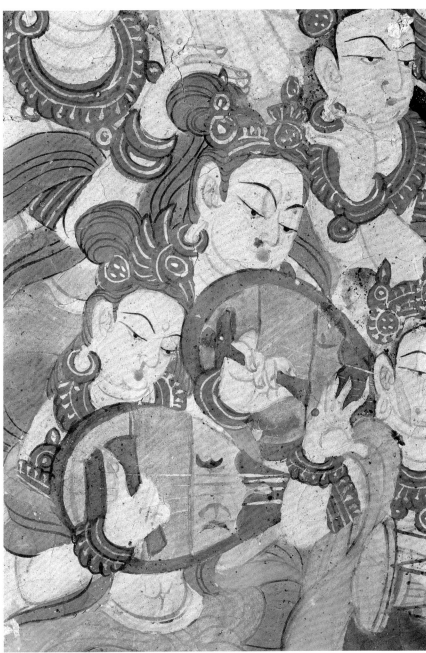

84　彈琵琶的二樂伎

中唐　莫154　北壁

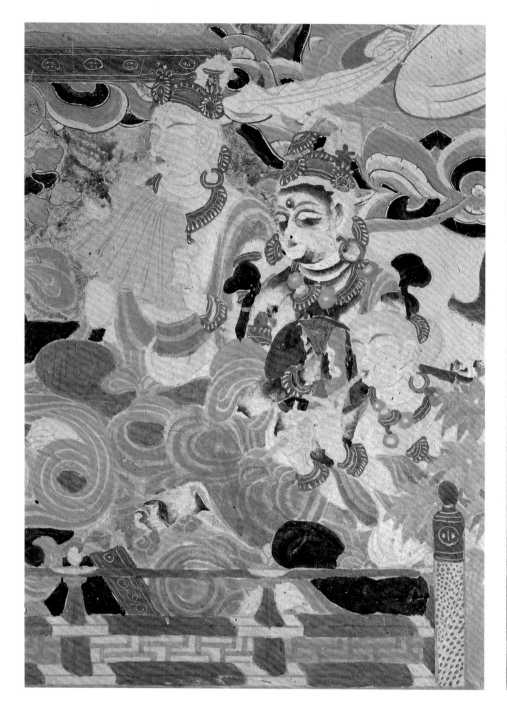
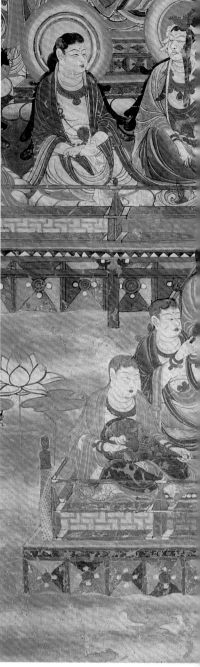

85 金光明最勝王經變的三樂伎

這是兩組樂隊六人中的右側三人，膚色
不同，戴花冠，裹巾帶，坐於毯上演奏
豎笛、琵琶和拍板。

中唐 莫158 東壁北側

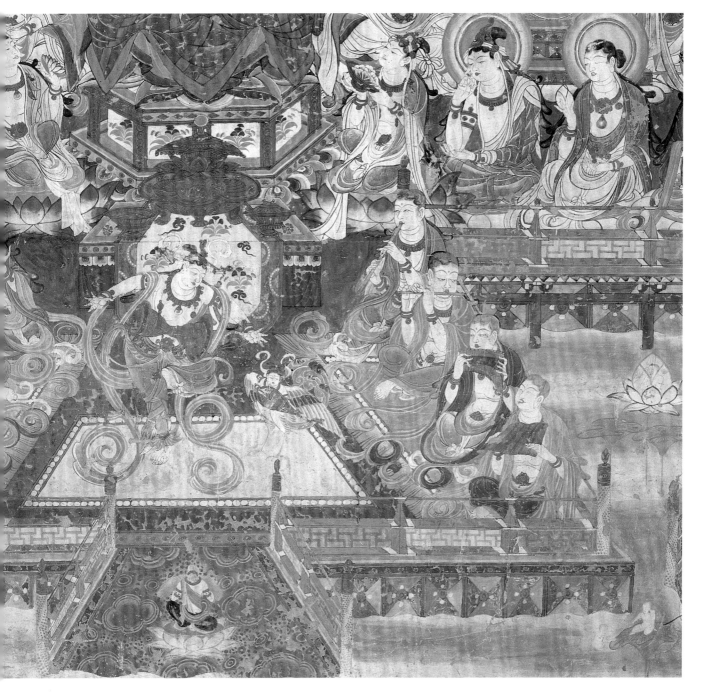

86 觀無量壽經變的八人伴奏小樂隊

圖中一舞伎在聯珠紋方毯上振雙臂擊腰
鼓，踏歌起舞，舞姿雄健激昂，眼睛注
視着身旁彈琵琶的迦陵頻伽樂伎。兩側
各有一組四人樂隊坐毯上面對舞伎伴
奏，使用樂器為直項方頭琵琶、笙、篳
篥、海螺、拍板、排簫、橫笛和豎笛。
中唐 榆25 南壁

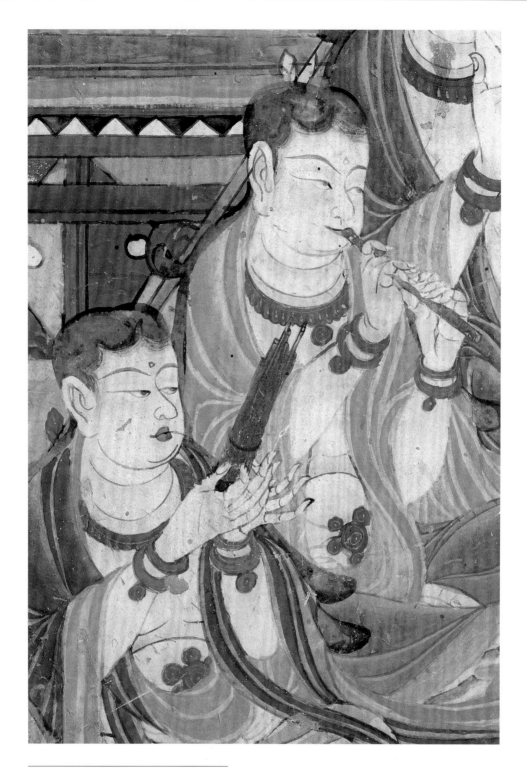

87 吹笙、篳篥樂伎

中唐 榆25 南壁

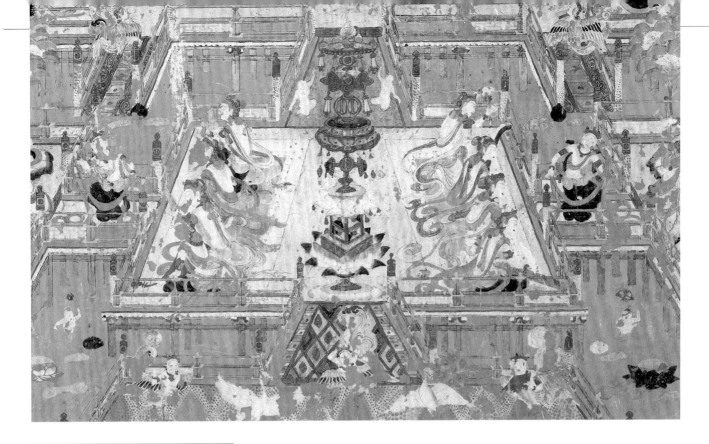

88 觀無量壽經變隊形新穎的樂隊

八身樂伎兩列向背而坐，分別面對舞伎
伴奏，這種別開生面的構圖很新穎。演
奏樂器有曲項琵琶、笙、排簫、拍板、
箏、豎笛、箜篌和鐃。擊鐃樂伎左手在
上，右手在下持鐃上下對擊。

中唐 莫159 南壁

89 觀無量壽經變的雙層樂隊

上層左右兩組每組各六人分兩排面向對
坐長方毯上。中間舞伎反彈琵琶跳舞。
下層樂隊六人分兩排向背而坐左右平台
上。演奏的樂器，上層樂隊有：琵琶、
排簫、笙、拍板、篳篥、橫笛、答臘
鼓、羯鼓等。下層樂隊有：直項琵琶、
篳篥、笙、排簫、橫笛、箜篌等。

中唐 莫231 南壁

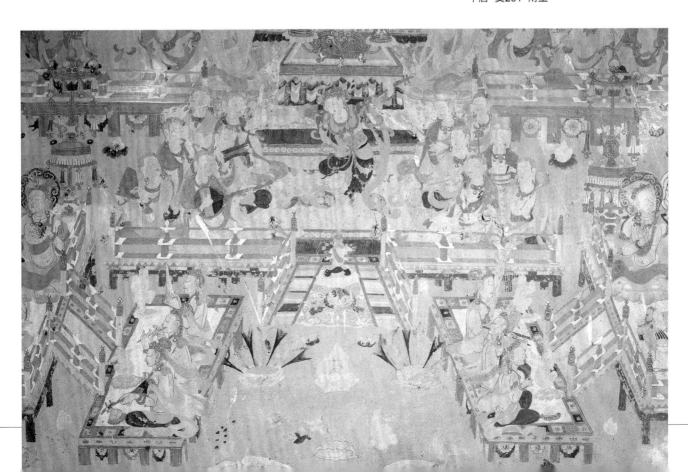

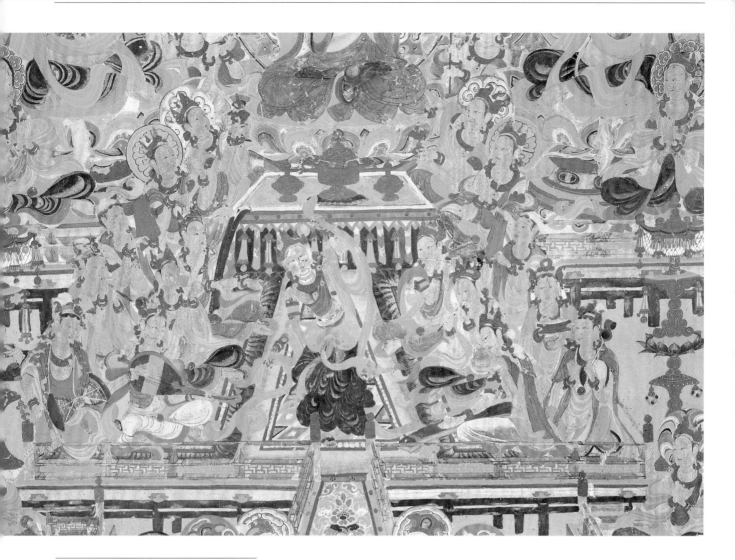

90 藥師經變的伴舞樂隊

圖中燃燈的下方有一舞伎，穿花短衫，
羊腸裙，在菱花紋毯上持長巾舞蹈；左
右兩側各有一組樂隊，每組六人分兩列
坐毯上伴奏。西側樂隊演奏方頭直項琵
琶、笙、箜篌、腰鼓、豎笛和拍板。東
側樂隊演奏箏、豎笛、橫笛、鼗鼓兼雞婁
鼓、答臘鼓和拍板。

晚唐 莫12 北壁

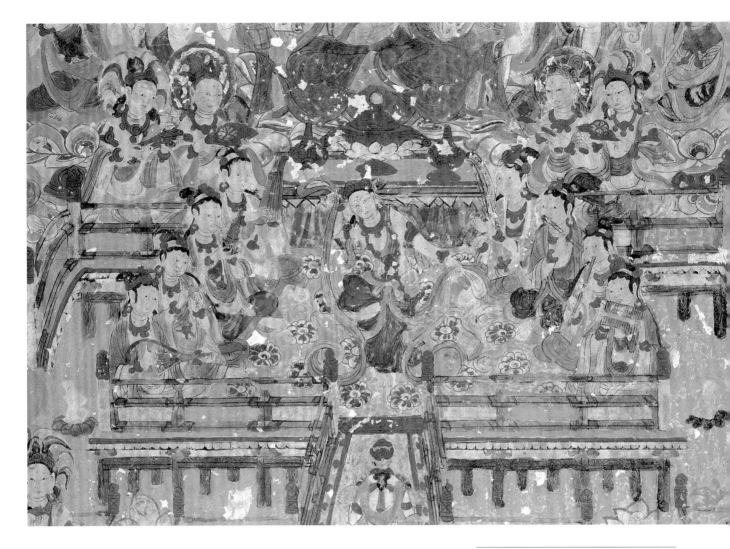

91 藥師經變的八人伴奏樂隊

樂伎為典型的晚唐形象，面豐腴方圓，
頭戴花冠，寬袍大袖。八人在左右兩排
相對坐毯上為中間舞伎伴奏。使用樂器
為琵琶、篳篥、笙、拍板、排簫、豎
笛、橫笛和箜篌。

晚唐 莫18 北壁

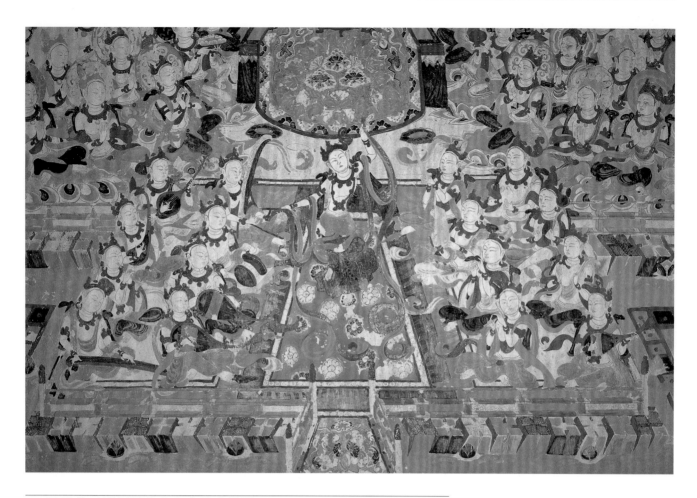

92 思益梵天問經變的十六人伴奏樂隊

圖中樂隊完整緊湊，在說法圖下一舞伎
的東西兩側十六人樂隊相對而坐，每組
八人分兩列，東側兩列演奏曲項五弦、
曲項琵琶、羯鼓、箜篌、箏、豎笛、鳳
首彎琴和小阮，西側樂隊演奏橫笛、篳

篥、拍板、笙、曲項琵琶、鈸、雞婁鼓
兼鼗鼓和海螺。小阮柄長，畫了五軫四
弦。

晚唐 莫85 北壁

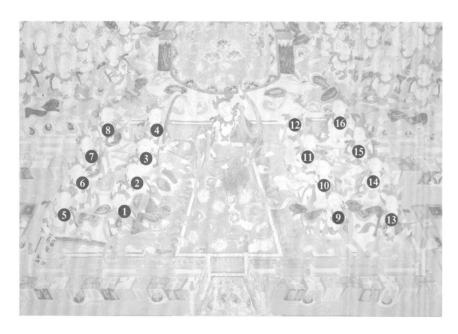

思益梵天問經變的十六人伴奏樂隊

① 曲項五弦
② 曲項琵琶
③ 羯鼓
④ 箜篌
⑤ 箏
⑥ 豎笛
⑦ 鳳首彎琴
⑧ 小阮
⑨ 橫笛
⑩ 篳篥
⑪ 拍板
⑫ 笙
⑬ 曲項琵琶
⑭ 鈸
⑮ 雞婁鼓、鼗鼓
⑯ 海螺

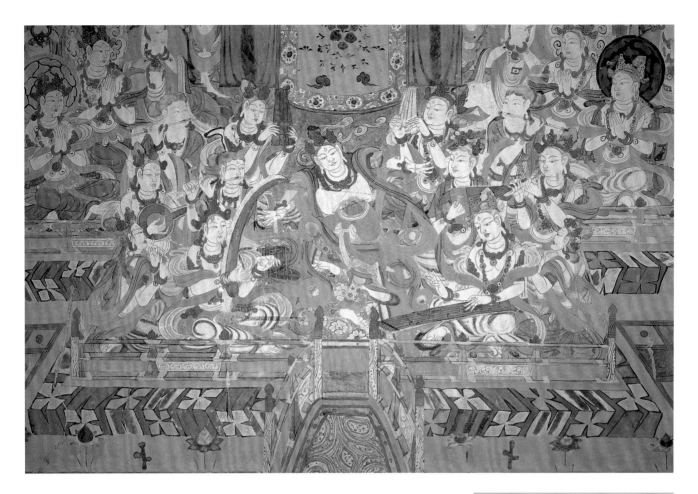

93 報恩經變腰鼓舞的伴奏樂隊

舞伎戴三珠花冠，雙臂伸展，五指張開
拍擊胸前的腰鼓，身體隨鼓點舞動，左
右兩側各有一組六人樂隊，分兩排踞坐
毯上伴奏，左側使用箜篌、橫笛、拍
板、篳篥、阮、橫笛，右側為箏、曲項
琵琶、拍板、橫笛、豎笛，另有一件樂
器不甚清楚。

五代　莫98　南壁

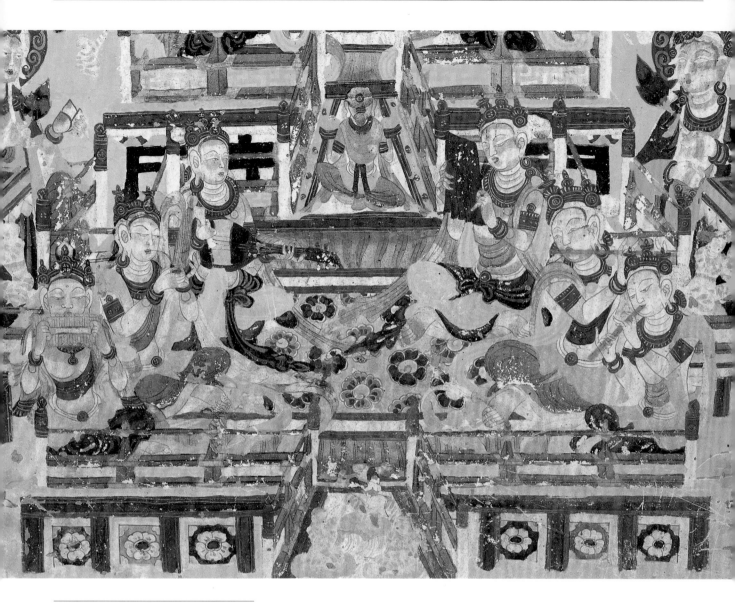

94 觀無量壽經變的六人樂隊

圖中六樂伎相對而坐，演奏排簫、笙、
琵琶、篳篥、橫笛和拍板，排簫和笙的
管數較多。琵琶直項，共鳴箱梨形稍顯
橢圓，琴頸長，琴頭扁平，撥子彈奏。

五代　莫468　南壁

95 文殊經變樂隊

圖中的樂隊已由早期二三人站立演奏，
發展為兩排六人，樂器品種也增加。
五代 榆12 西壁南側

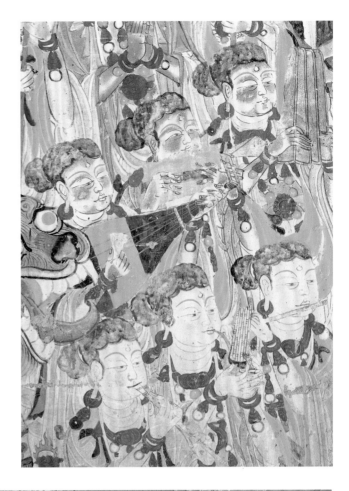

96 觀無量壽經變門屋中的樂隊

此圖有全新的表現，舞樂第一次安排在
"門屋"中，伴奏者明顯減少。圖中為
東側的一組樂舞，一人握巾起舞，兩側
各兩人演奏排簫、鈸、鼗鼓，另一樂伎
所持樂器不甚清楚，似海螺或塤。
西夏 榆3 南壁

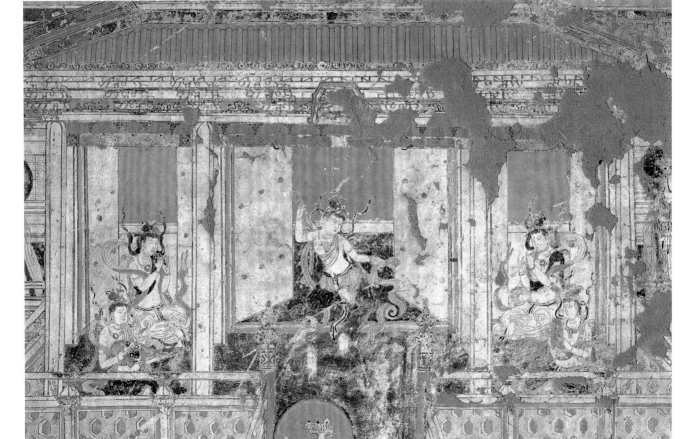

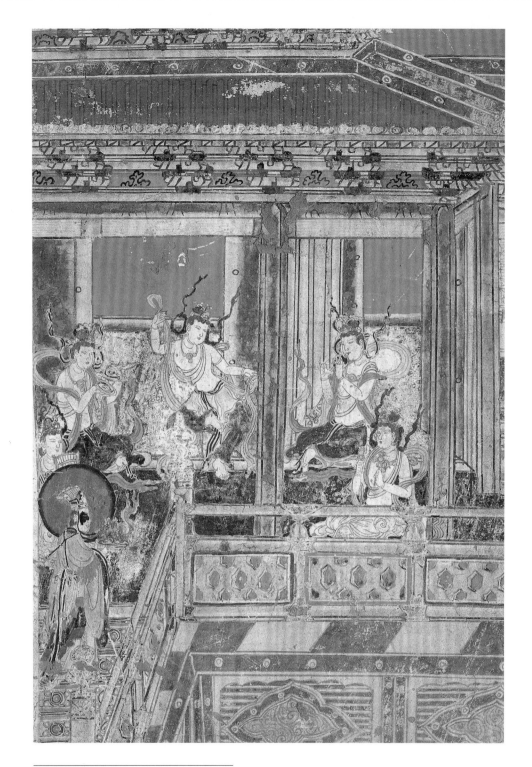

97 門屋中的樂隊

這是西側一組樂舞，也是中間一舞伎，
舞伎主力腿開胯半蹲，姿態腿端跨於主
力腿膝部，舞姿與前代截然不同。四樂
伎分兩側為其伴奏，樂器為曲項琵琶、
海螺、拍板和豎笛。

西夏 榆3 南壁

第三節　化生樂伎和護法神樂伎

敦煌壁畫所描繪的，佛國世界中的主要音樂形象，除專司樂舞供養的飛天樂伎、禮佛樂隊樂伎以外，還有眾多性質、功能不同的神祇，也被賦予了音樂的意義，如寓意極樂世界潔淨歡樂的化生，象徵佛法威嚴的護法神等。這些藝術形象大大豐富了音樂壁畫的題材，有的更成為敦煌佛教藝術的代表。

極樂淨土的化生樂伎

化生一詞，為佛教常用術語，化生為四生之一。四生者，謂人和萬物有四生：一曰胎生，二曰卵生，三曰滋生，四曰化生。化生者謂無所依據，借業力而出現者。具體地說，佛教所指的“化生”，即蓮花所生。“花”、“華”、“化”同義。

在敦煌壁畫中，化生樂伎是表現音樂題材最多的領域之一。化生樂伎分為兩種類型，一為化生菩薩樂伎，二為化生童子樂伎，統稱化生樂伎。在壁畫中表現的形式多樣，變化紛繁，凡是在蓮花中表演的樂伎，都可稱為化生樂伎。

化生樂伎在洞窟中的分佈情況主要有：

1. 佛龕內外，立或坐於蓮花之上的菩薩或童子，手持各種樂器。特別是在龕楣上，在各種花草紋、雲紋中，多繪有數朵蓮花，其上也有立或坐的持樂器的化生樂伎。

2. 在人字坡的兩坡，常畫有化生樂伎，多為身披袈裟的男性，直立腳踏蓮花之上，手持樂器，有西域特徵。蓮花只畫一綠色或黑色圓圈，或畫相聯的五六個圓點，簡單概括，是一種象徵性的寓示。

3. 在經變畫中，禮佛樂隊前面的蓮花池中，常繪有一羣光身的兒童在水中嬉戲，這就是佛經所說的化生童子，表示一種純真無邪的生態現象，一般在這種場合都不持樂器。但也有例外，如莫高窟第9窟，南壁勞度叉鬥聖變下端，畫有兩朵大荷花，花瓣張開，裏面各坐一組童子樂伎，一組持箜篌、琵琶、拍板、豎笛；一組持拍板、豎笛。兩朵荷花並列，生動有趣。

4. 佛龕下方、佛座的下壁，稱為壺門，壺門往往繪有很多方格，每格之內常繪一身樂伎，這種樂伎坐在蓮花上手持各種樂器，也屬於化生樂伎。這種形式，也有稱之為“壺門樂伎”的。宋代畫得特別講究，人物和樂器都描繪得十分精緻。化生樂伎與天宮樂伎、飛天樂伎一樣，都是對佛的禮讚和奉獻。它的特點是比較分散，在任何場合都可能出現。

護法神樂伎

護法神即護持佛法之神，它是佛國的警衛系統，凡護法神中持樂器作舞者，稱為護法神樂伎。敦煌壁畫中的護法神樂伎主要有：

一、天王樂伎

天王原為印度古神話中的神祇，後為佛教所沿用。傳至中國後，天王的形象和職能有所變化和發展，成為手持法器、虎視眈眈、威懾嚇人的神將；他身披中國式的甲冑，守護在佛窟或寺院之中，後在中國被俗稱為四大金剛。

敦煌壁畫中天王很多，最早的為北魏第259窟中心柱龕外北側，存有天王一身。早期天王手中未持任何法器，後逐漸演變持物，五代之後出現手持琵琶天王，多繪在洞窟四角中的一角（一般在東北上角）。在洞窟四隅繪天王，以示鎮窟之意。形體頗巨，勇猛威武。

後世在寺院中，往往在進口處設置有四大天王，手中持塔、琵琶、傘、蛇，寓意“風”、“調”、“雨”、“順”。此亦為以中國傳統思維改造佛教的又一例證。

二、金剛樂伎

金剛，為佛的侍從力士，因手持金剛杵而得名。金剛樂伎，指的是手持樂器的金剛力士。莫高窟所繪金剛力士甚多，特別是晚期，密宗教派興盛，金剛形象愈多，多持金剛鈴。金剛鈴與金剛杵同為法器。在元代第3窟內，千手觀音旁立有金剛樂伎，即手持金剛鈴。

三、藥叉樂伎

藥叉，也稱夜叉，按佛經説，屬於天龍八部之一，是佛國世界的護法神。據説他們勇健兇殘，能啖鬼，是天界的一種小神靈。他們地位卑賤，形態醜陋，但也能作樂跳舞。藥叉樂伎繪於牆壁最下層，與天宮樂伎上下對稱呼應，按理應稱之為“地宮樂伎”；因為其形態醜惡，繪製粗獷、誇張，與上面的天宮樂伎，正好形成對比，是敦煌壁畫中很具特色的一種藝術形式。

壁畫中藥叉伎樂多為一橫排並列繪出，所用顏色比較單調，多是土紅及灰褐色，或兩種顏色相間，深淺顏色對比，構成一種裝飾性效果。藥叉樂伎以舞蹈動態為主，其形態令人可笑，身體短粗、肥胖、光頭，上身赤裸，只穿一短褲，光腿，赤足，一般不能直立，作蹲狀，形若侏儒；但舞蹈動作生動，顯示出一種剽悍、有力、狂熱的運動，頗有生命力，特別是手位變化異常豐富，在其行列中還夾雜着獸頭人身的夜叉。

藥叉伎樂中除具有舞蹈形態的藥叉外，還有一部分手持樂器，邊跳邊奏。藥叉樂伎所用樂器品種不多，多為各種鼓類，間或有琵琶、橫笛、排簫等。

造型獨特的迦陵頻伽樂伎

在護法神樂伎中，還有一種造型獨

特的迦陵頻伽樂伎。

迦陵頻伽鳥原為印度神話中的美音鳥，其典故來自佛經。《正法念經》云："山谷曠野，其中多有迦陵頻伽，出妙音聲，如是美音，若天若人，緊那羅等無能及者，唯聞如來之聲。"傳說當年釋迦牟尼在祇園精舍修行時，迦陵鳥圍繞其間，且歌且舞，妙音王模擬其聲，奏"迦陵頻曲"，阿難傳之，成為"林邑八樂"之一。《阿彌陀經》把兩人首一鳥身者稱作共命鳥，《法華經》則稱之為命命鳥。

迦陵頻伽鳥在壁畫中為人首鳥身的形象，身體類似仙鶴，翅膀張開，兩腿細長有爪，頭為童子，或戴冠的菩薩。其中有很大一部分是持有樂器及作舞蹈者，稱為迦陵鳥樂伎。

作為佛經的典故，凡繪製佛說法、禮佛場面，都繪有迦陵鳥樂伎。壁畫中的迦陵鳥樂伎多出現於：

1. 經變畫、說法圖的下方，樂隊的兩側或前沿，或在水池前曲橋之平台上；一般對稱排列。與禮佛樂隊相似，但規模較小，中間一舞者，兩邊各一二身，手持樂器伴奏。有些大型經變畫，還有兩層伽陵頻伽鳥樂隊的。也有不持樂器，作舞蹈飛躍姿勢的。

2. 經變說法圖佛的左右，或在壁畫的兩側邊沿處，一般也是對稱的。

3. 藻井或佛龕之內。

伽陵鳥樂伎在壁畫中出現得較晚，始見於隋代，即經變畫的初創時期，愈後愈多。根據造型及其在壁畫創作中的用意，它是中國佛教藝術富有浪漫色彩的創造，寓意天界和祥瑞。

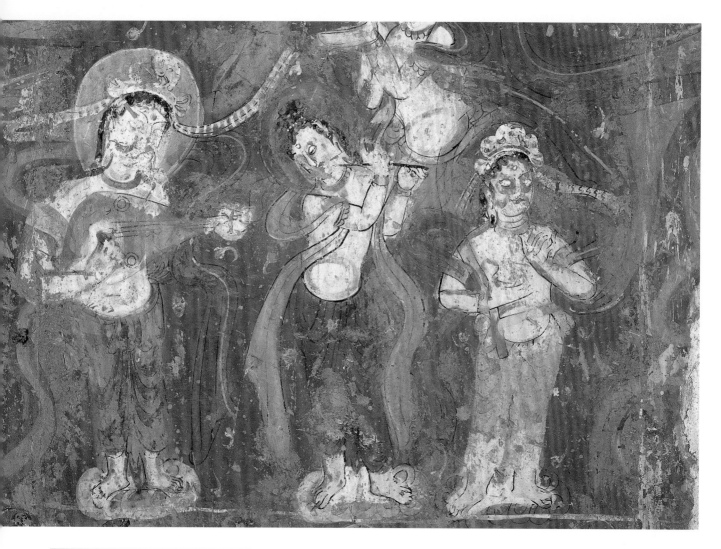

98 三菩薩樂伎合奏

圖中三身菩薩，赤足，上身袒露，下着
長裙，立於蓮台之上。自左向右，第一
身戴寶冠，長髮披肩，右手彈奏直項四
弦琵琶。琵琶面皮上有兩個圓形音孔。
第二身梳高髻束珠環，飾瓔珞臂釧，頭
右側吹橫笛。第三身戴花冠，項圈臂
釧，雙手擘箜篌。

北涼　莫275　南壁

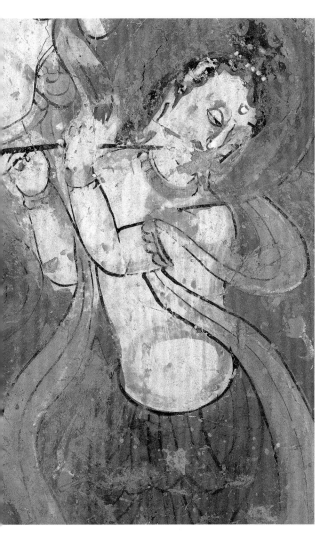

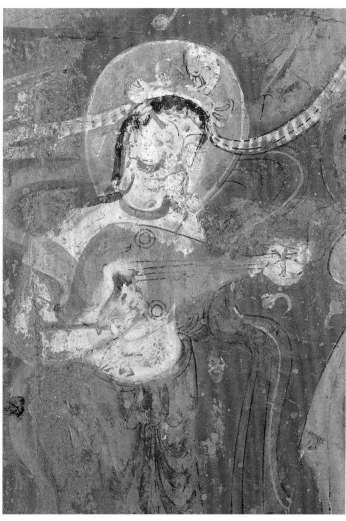

99 菩薩吹橫笛特寫

北涼 莫275 南壁

100 菩薩彈琵琶特寫

北涼 莫275 南壁

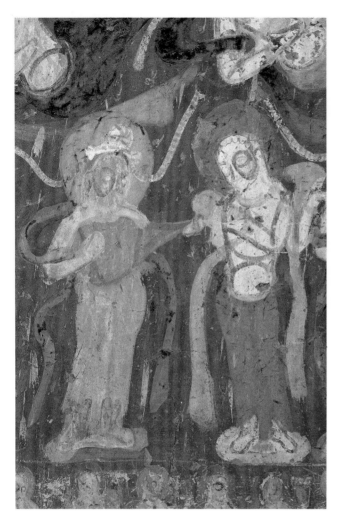

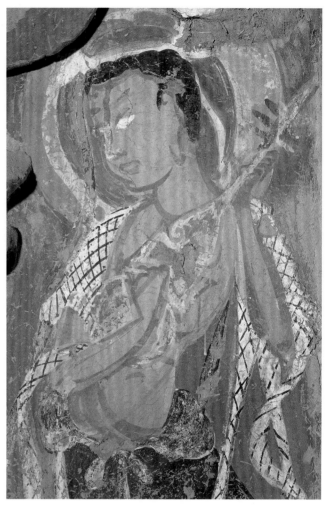

101 琵琶橫笛合奏

此為佛傳故事悉達多太子出遊圖中的供
養菩薩樂伎,一彈琵琶,一吹橫笛。

北涼 莫275 南壁

102 彈葫蘆琴菩薩

此身菩薩樂伎,正彈着五弦葫蘆琴,右
手持撥,左手按弦。葫蘆琴是敦煌壁畫
中隋代出現的樂器新品種。這隻直項葫
蘆琴造型奇特,琴身較長,共鳴箱在細
腰部分非窄反寬,形成與底圓等寬的長
方形,琴頸較細,琴頭呈三角形。

隋 莫262 西壁龕外

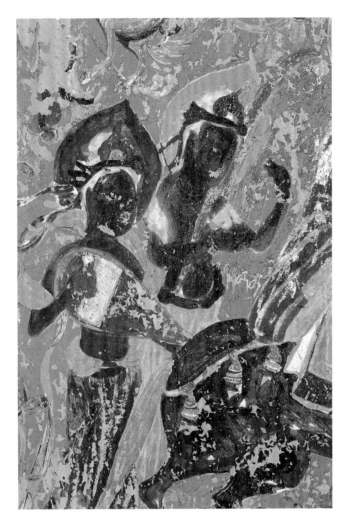

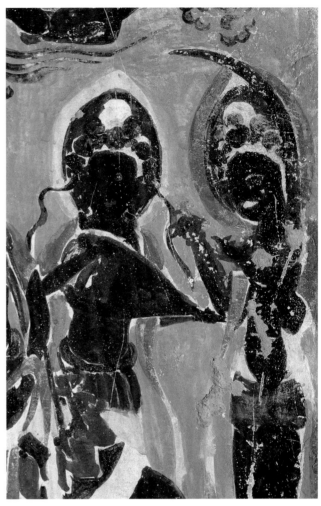

103 夜半逾城伎樂

此圖是佛傳故事逾城出家的情節,表現悉達多太子立志出家,夜半騎馬出城修行,有天王托馬蹄,飛天引導散花供養,伎樂天奏樂護送。兩身伎樂天彈琵琶擘箜篌跟隨馬後。

隋 莫397 西壁龕頂

104 琵琶箜篌合奏

這是佛傳故事"乘象入胎"中的情節。菩薩樂伎上身裸,下着裙,飾瓔珞,演奏琵琶和箜篌。

初唐 莫375 西壁

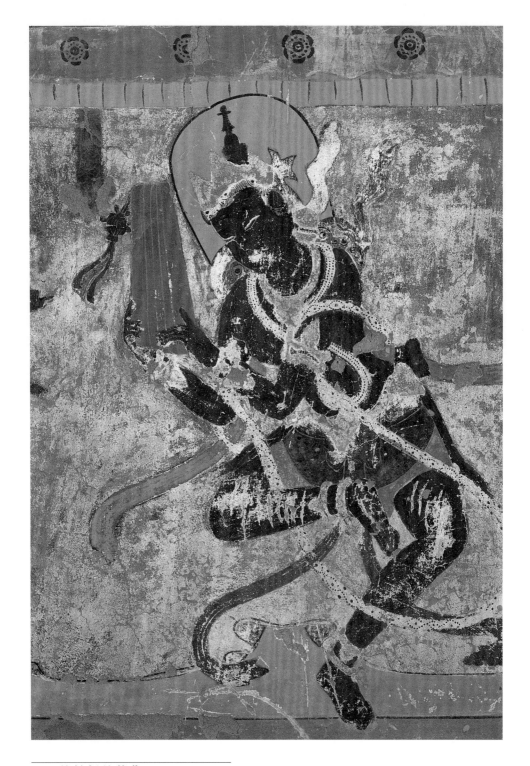

105 持拍板的菩薩

這身在曼陀羅下方的菩薩樂伎，雙手持
拍板。身體的扭動似藏密菩薩的動作，
耳璫巾帶隨之飄動。

西夏 榆3 南壁

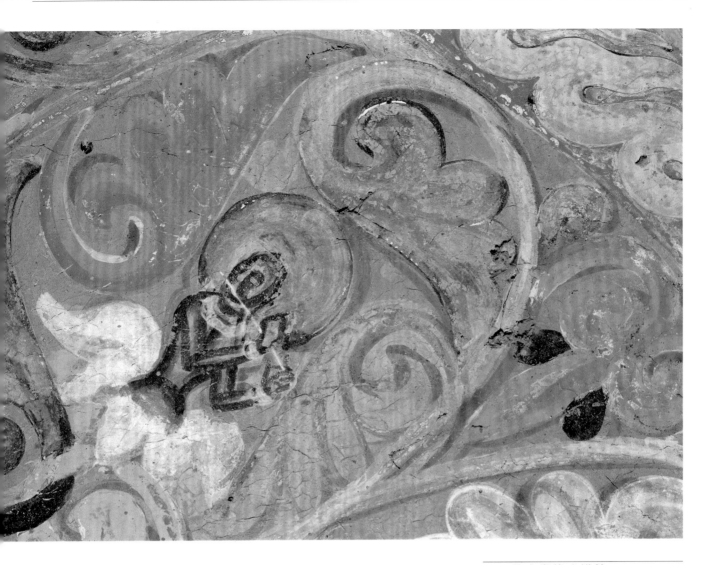

106 化生樂伎吹橫笛

化生樂伎是敦煌壁畫伎樂天之一,指立
或坐於蓮花上的菩薩或童子奏樂形象。
多繪於龕楣和佛光中,佛龕下和佛座下
邊也時有繪製。這身化生菩薩樂伎正在
吹橫笛。

北魏 莫257 中心柱東向龕龕楣

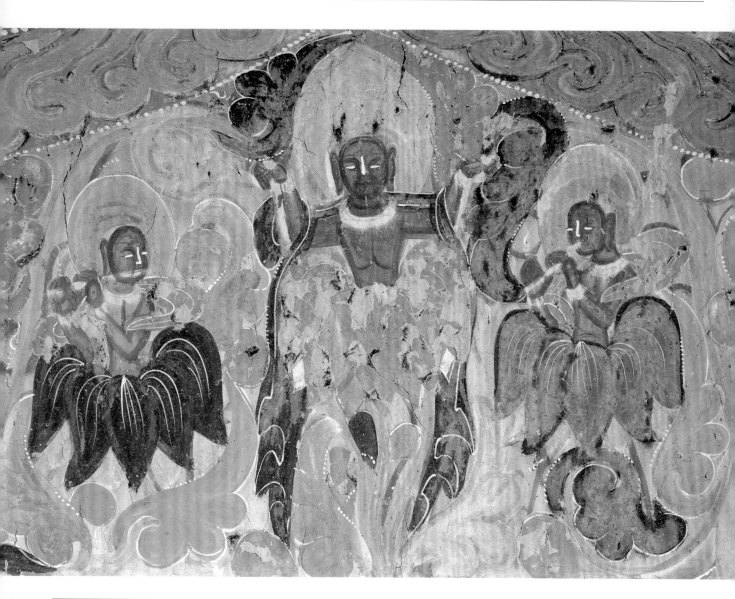

107 橫笛豎笛齊吹的化生樂伎

三身坐於蓮花上的化生菩薩樂伎，均裸
上身，小字臉，有頭光。左邊一身吹橫
笛，中間一身持花舞蹈，右邊一身吹豎
笛。

西魏 莫249 西壁龕楣

108 吹篳篥的化生樂伎

西魏 莫285 西壁龕楣

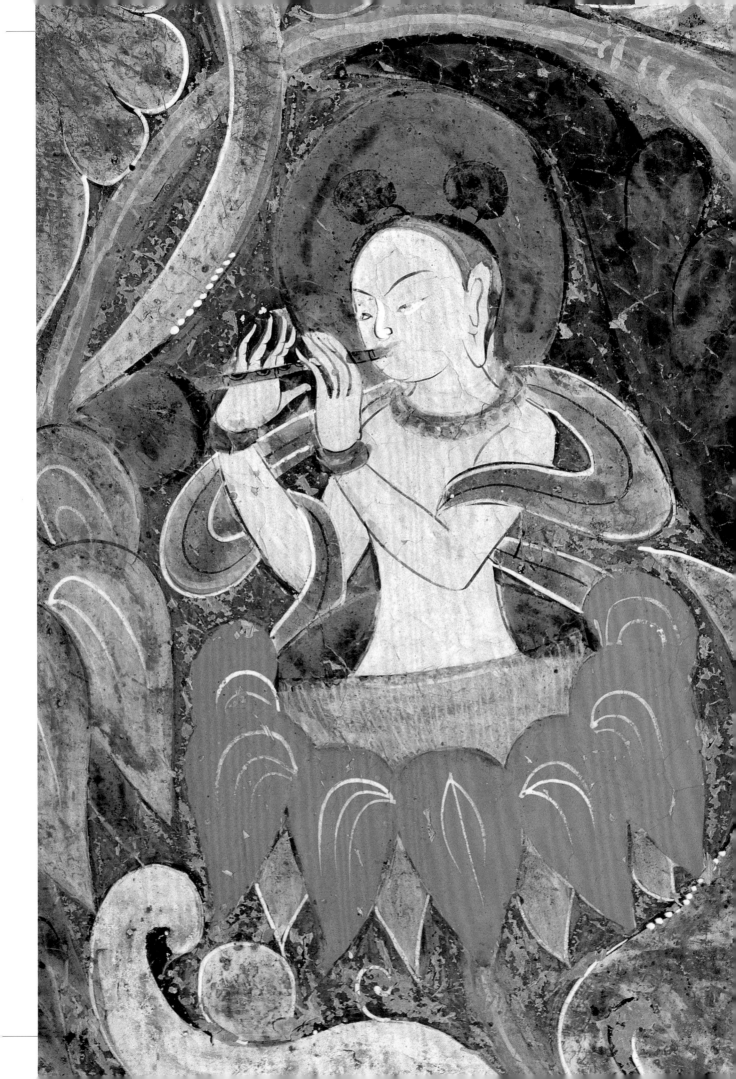

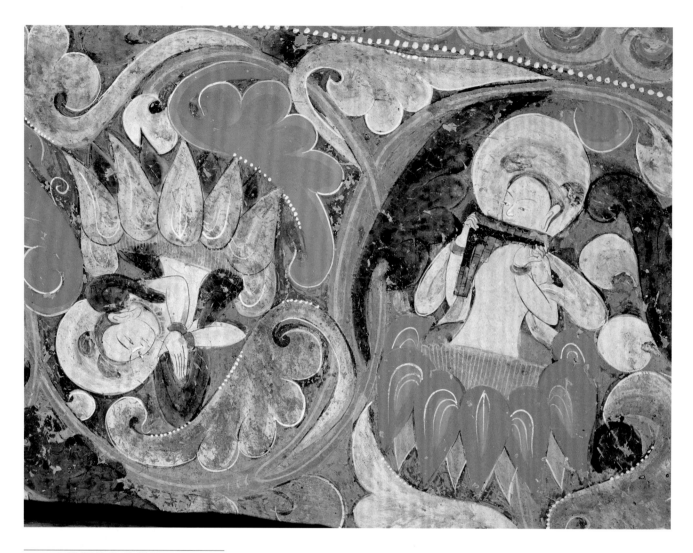

109　吹排簫的化生樂伎

龕楣的蓮花隨纏枝忍冬捲曲而間隔顛
倒，童子隨之顛倒，生動有趣。兩童子
樂伎一吹排簫，一雙手合十。

西魏　莫285　西壁龕楣

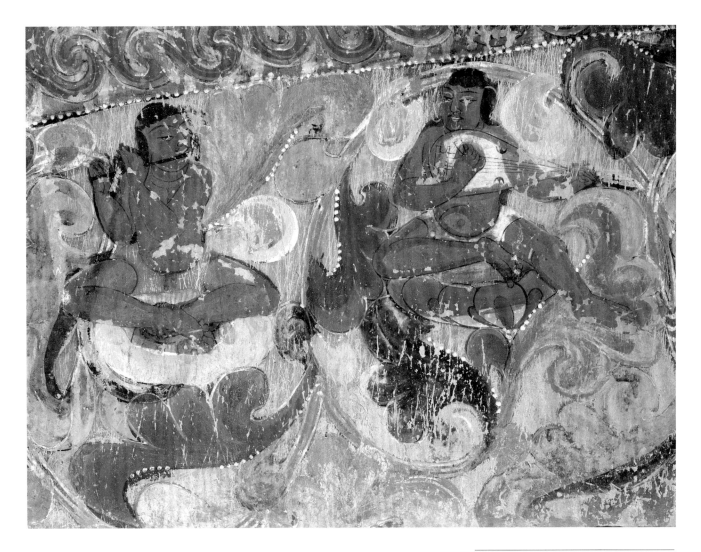

110 化生菩薩吹橫笛彈五弦

這兩身化生菩薩樂伎左一身結跏趺坐吹橫笛，右一身坐彈五弦。由於輪廓線加暈染，人物更覺肥碩。樂器畫得十分細緻準確，五弦梨形直項方頭，面板上有兩半月形鳳眼，縛手與今日琵琶的縛手相似。用撥彈奏。

北周 莫428 中心柱南向龕龕楣

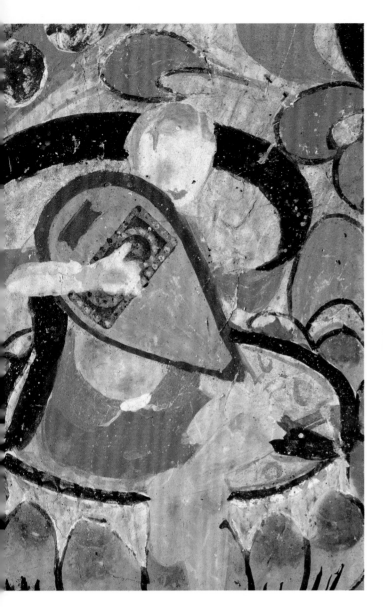

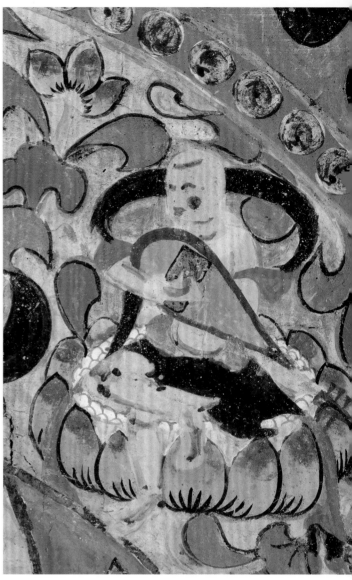

111 化生樂伎彈琵琶

這是外層龕頂南側的一身化生樂伎,正
用手彈奏曲項梨形琵琶,四弦、縛手和
捍撥畫得十分清楚,捍撥上繪聯珠紋。

隋 莫398 西壁龕楣

112 化生樂伎彈五弦

這身化生樂伎用撥子彈奏瘦長梨形直項
五弦。捍撥和五個軫子十分清晰,縛手
和弦數卻畫得比較模糊。

隋 莫398 西壁龕楣

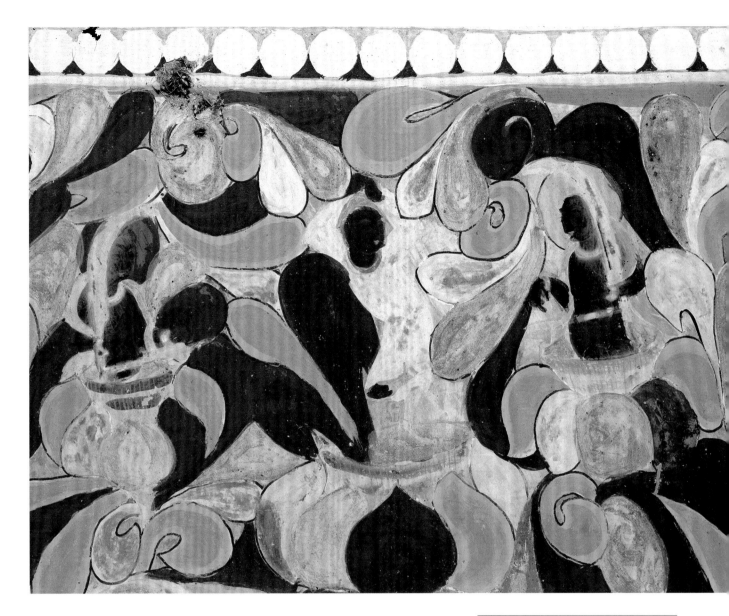

113 化生樂伎擘箜篌

蓮花上這三身化生童子樂伎，兩側兩身
對擘箜篌，中間一身在吸腿收腰雙手上
舉交叉，隨着音樂跳舞。滿佈的忍冬紋
和蓮花紋，使整個畫面頗具裝飾效果。
隋 莫420 西壁龕楣

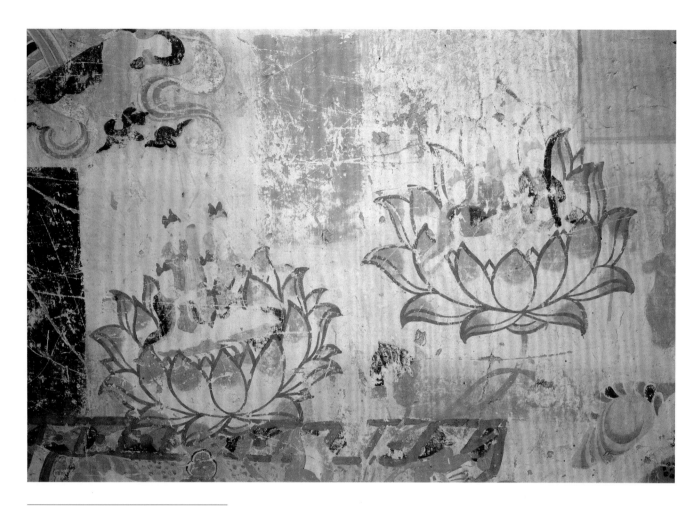

114 蓮花中的童子樂隊

勞度叉鬥聖變下部的七寶蓮池中，兩朵
蓮花綻開，內各有一組化生童子伎樂，
每組四人兩立兩坐，梳雙髻，穿寬袍，
形象生動可愛；左邊一組演奏笙、琵
琶、拍板和豎笛，右邊一組演奏琵琶、
鐃、箜篌和拍板。

晚唐 莫9 南壁

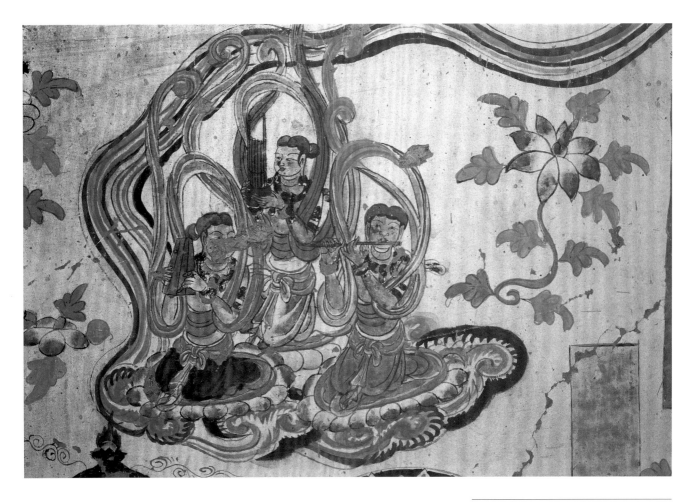

115 三蓮花童子樂伎

赴會的三個童子樂伎,各跪在蓮台上,
祥雲托着蓮台在虛空中。飄帶飛揚,有
乘風而下的感覺。童子正演奏拍板、橫
笛和笙。

五代 榆16 前室西壁

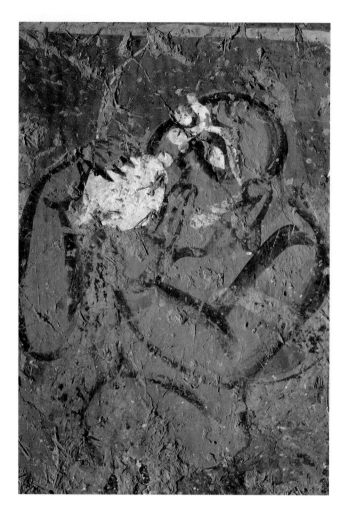

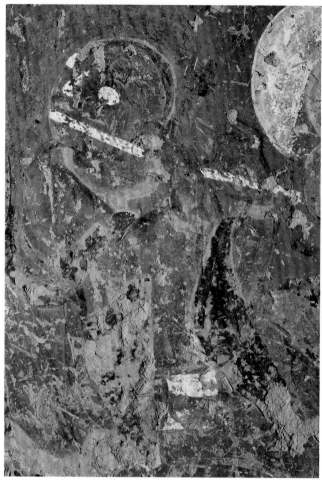

116 藥叉樂伎吹海螺

在敦煌早期石窟中,藥叉多出現於四壁
和中心柱的下部。持樂器的藥叉又稱藥
叉樂伎,是敦煌壁畫伎樂天之一。此窟
內南北西三壁和中心柱四面壁的下部均
畫一排藥叉。有的演奏樂器,有的手舞
足蹈,體格健壯,動作粗獷。此身吹海
螺藥叉,雙手捧海螺,正運氣吹奏。光
頭裸體,白鼻,白眉,白眼珠,十分突
出。

北魏　莫254　南壁

117 藥叉樂伎吹橫笛

雖因年代久遠,壁畫漫漶不清,但藥叉
樂伎雙手橫握笛子,歪頭吹奏的姿態清
晰可辨。

北魏　莫254　南壁

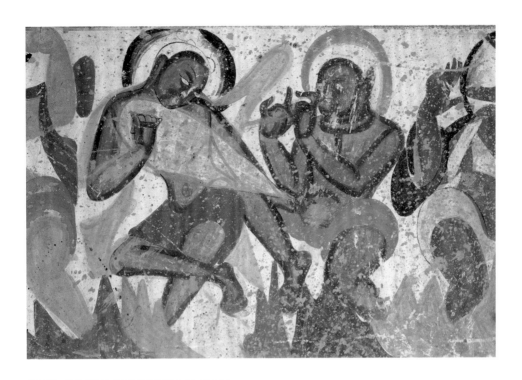

118 兩藥叉樂伎

窟壁下部的藥叉伎樂與上部的天宮伎樂
形成對比和呼應。藥叉多繪於山嶽間,
人大於山。其狀短體健,赤身穿短褲赤
足,一般不作直立,成半蹲狀,動作誇
張。有的手舞足蹈,有的演奏樂器。此
兩身藥叉樂伎,一吹篳篥,一彈琵琶。

西魏 莫249 北壁

119 藥叉樂伎彈琵琶

中心柱四面龕下塔座均繪藥叉,有的奏
樂,有的舞蹈,有的角力,有的相撲。
這是一身彈琵琶藥叉樂伎,雖然形象粗
壯怪異醜陋,但是不失生動。相貌、形
體動作與整體氣氛構圖十分協調。

北周 莫428 中心柱東向龕下

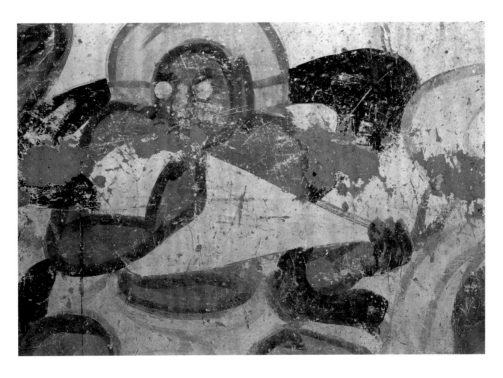

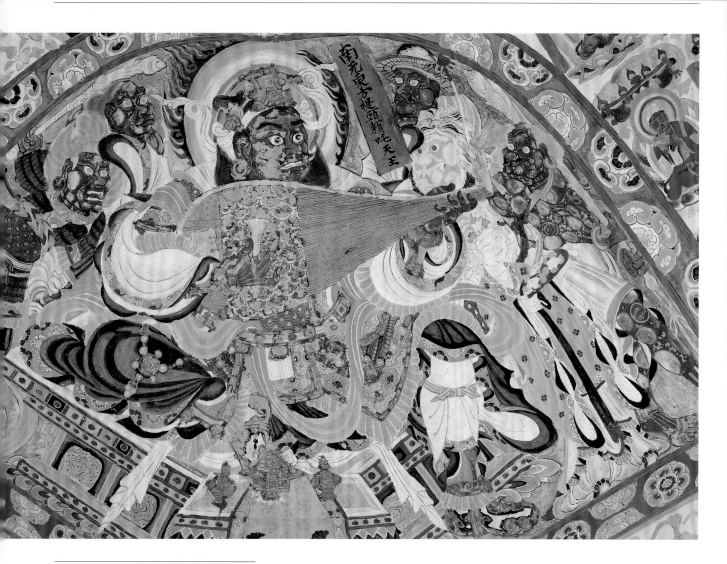

120 東方提頭賴吒天王彈琵琶

石窟四角畫四天王,只有東方提頭賴吒
天王以琵琶當法器。高大威武的東方提
頭賴吒天王,手持法器琵琶,長1米多,
是敦煌壁畫中最大的琵琶圖像。琵琶梨
形,曲項,四軫,有彈奏用的撥,面板
和部件上均彩繪花紋。天王所持琵琶,
象徵佛法的威力,有威攝鎮壓之意。
五代 莫146 窟頂東北角

121 東方提頭賴吒天王彈琵琶

此圖顯然繼承五代,與第146窟天王如出
一個粉本,十分相似。琵琶形狀和彩繪
花紋也幾乎同,只是天王部從增加了持
樂器拍板和橫笛者。
宋 莫55 窟頂東北角

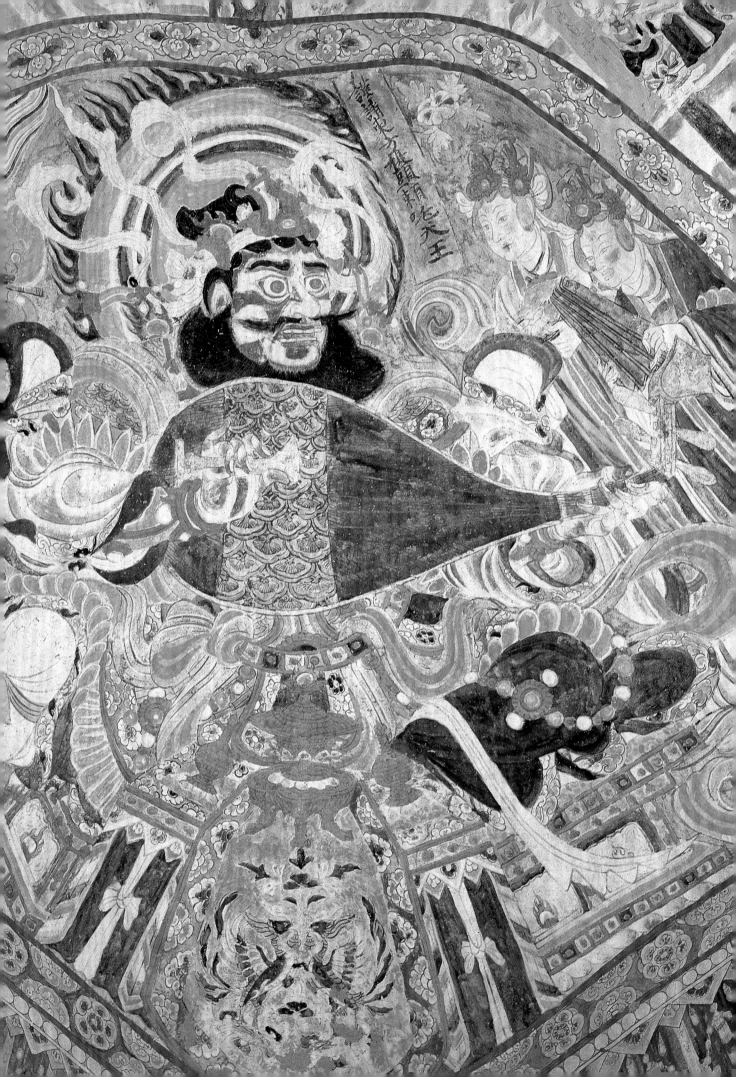

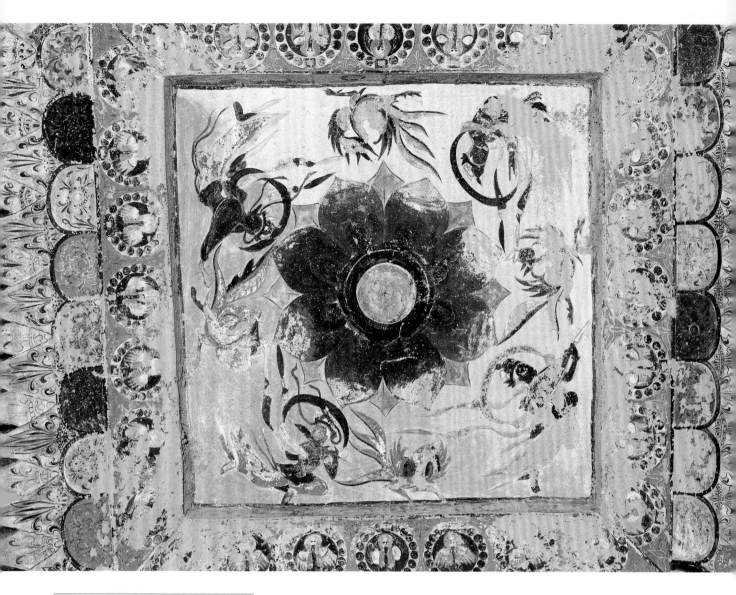

122 最早的迦陵頻伽伎樂

圖中四飛天和四鳳相間繞大蓮花飛翔，
氣氛熱烈。鳳鳥中有一身為人首鳥身，
是目前莫高窟發現迦陵頻伽鳥最早的圖
形。四飛天分別演奏直項五弦、橫笛、
曲項五弦和笙。

隋 莫401 窟頂藻井

123　迦陵頻伽彈琵琶

唐代開始，壁畫中的迦陵頻伽逐漸增多。這身彈琵琶迦陵頻伽，頭戴寶冠，有頭光，臂生美麗的雙翅，鳳爪鳳尾，橫抱琵琶，一手用撥彈奏，一手在琴頸處按弦。琵琶梨形直項，有縛手、捍撥和月牙形鳳眼。

初唐　莫372　南壁

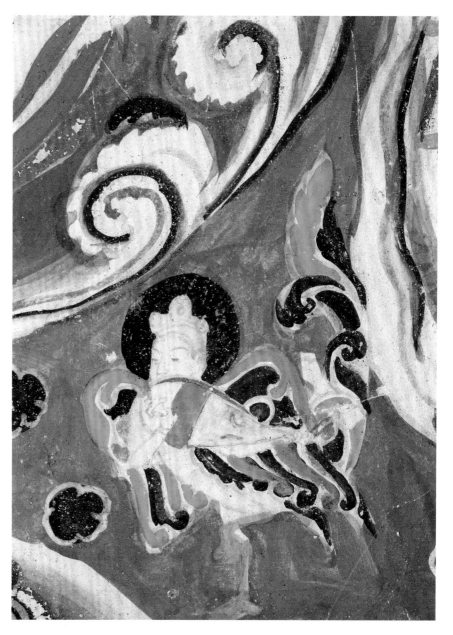

124　迦陵頻伽吹排簫

圖中迦陵頻伽在演奏排簫，鳥身成 "V" 字形，似在飛翔，排簫寬大，管數多，中間有匜。

初唐　莫372　南壁

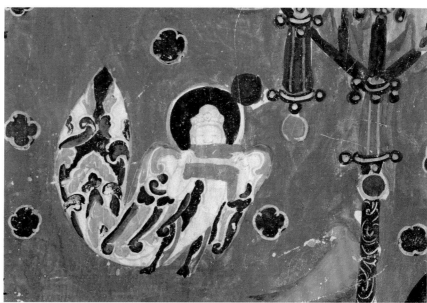

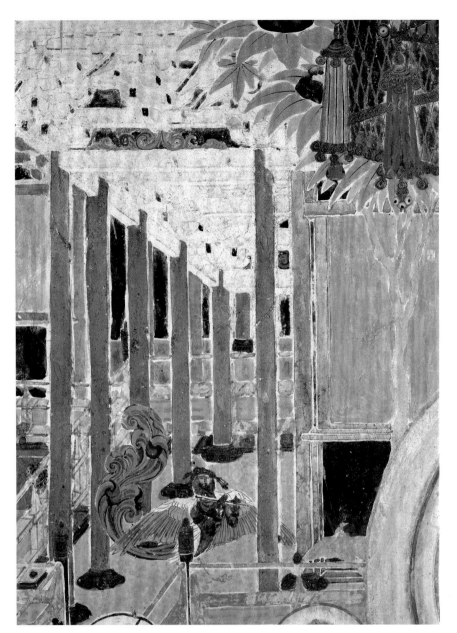

125 迦陵頻伽吹橫笛

唐代經變畫中所繪迦陵頻伽經常出現在說法圖樂隊的前方或兩側。這身迦陵頻伽鳥樂伎立於左側的大殿迴廊中,正吹奏橫笛,展開的雙翅和豎起的鳥尾似在和着音樂舞動。

盛唐 莫172 南壁

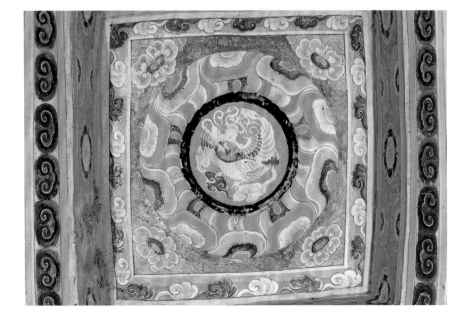

126 藻井中的迦陵頻伽彈琵琶

此窟藻井心為一朵大捲瓣蓮花。花心圓圈內一迦陵頻伽鳥頭戴寶冠展雙翅,正在彈奏曲項琵琶。藻井四周邊飾有荼花紋、雲紋、團花捲草紋、雲頭紋等。裝飾圖案不乏音樂內容是敦煌壁畫石窟的主要特徵之一。

中唐 莫360 窟頂藻井

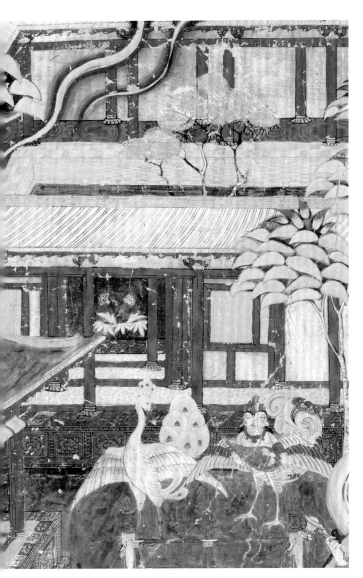

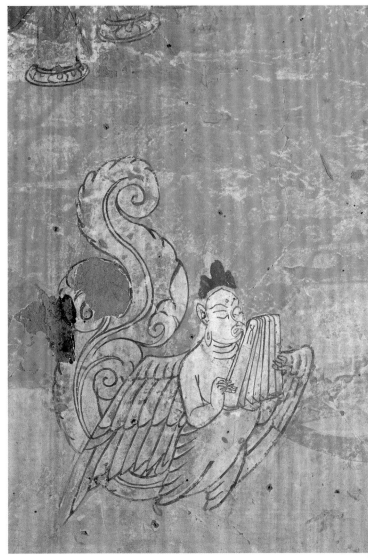

127 共命鳥彈鳳首彎琴

側廊中站立着雙人首的共命鳥和孔雀，
分別彈鳳首彎琴和振翅作舞。這種充滿
美妙想像力的創作，表現了極樂世界
"常有種種奇妙雜色之鳥⋯⋯晝夜六時出
和雅音⋯⋯"的情景。從鳳首彎琴的構
造看，不具備弦樂器發音的條件，可能
未必有實物存在。

中唐 榆25 南壁

128 迦陵頻伽擊拍板

此身迦陵頻伽樂伎，人首人身，鳥翅鳥
尾，雙手持拍板對擊。拍板有大小一樣
的七枚長條板塊，上端以繩索繫連。

中唐 莫180 南壁

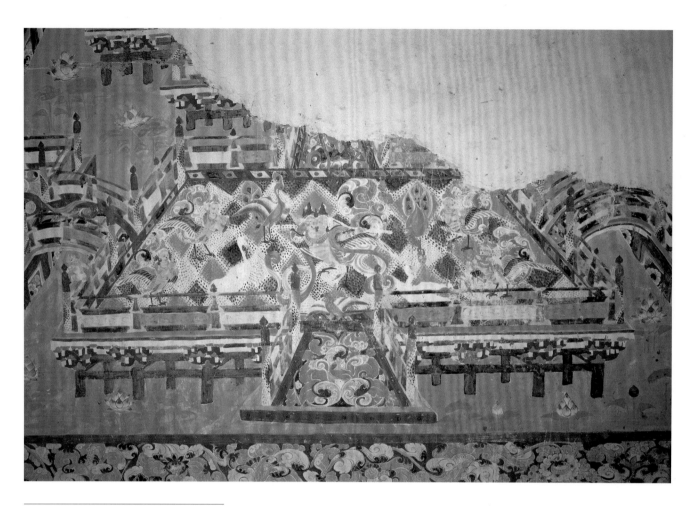

129 迦陵頻伽反彈葫蘆琴

在小平台上，迦陵頻伽樂伎展翅張臂，
反彈葫蘆琴。琴直項方頭，共鳴箱很
長，背面彩繪花紋。

晚唐 莫192 南壁

世俗的樂工——伎樂人

　　敦煌石窟中的塑像、壁畫是為了宣傳佛教、弘揚佛法而創作的。然而，這些反映佛國世界的壁畫，其藝術形象無一不來自人間現實生活，創作敦煌壁畫的畫工也來自民間，因此，從根本上說，敦煌壁畫屬於民間創作。在敦煌壁畫中除了數量眾多的反映神佛世界歡樂祥和的天宮樂舞之外，還有一些表現人間各種場合的世俗樂舞。在這些世俗樂舞活動中奏樂、起舞者稱為伎樂人，也稱供養人樂伎。敦煌壁畫中的俗樂大多為民間生活小景，主要出現於某幾種大幅經變畫或佛傳故事畫中，此外還有出行圖中的供養人樂舞。就數量而言，伎樂人遠不及伎樂天多，但它直接描繪了當時現實社會的音樂生活，具有較強的寫實性。

　　樂器是敦煌壁畫樂舞場面的重要標誌。出現於俗樂場面中的樂器帶有濃厚的民俗特徵。壁畫中如百戲圖、嫁娶圖、宴飲圖等反映社會生活的樂舞場面中的樂器表演，為研究敦煌以至西北地區音樂發展情況提供了寶貴資料，極具借鑒價值。

莫高窟壁畫伎樂人統計表

種類	數量（身）	起止年代	位置	特徵
供養人樂伎	54	北涼～西夏	四壁下，世俗畫中	寫實
故事畫樂伎	15	北周～初唐	窟頂，屏風畫，經變畫中	零散演奏及家伎
百戲樂伎	21	唐	經變世俗畫中	為頂竿雜技伴奏
嫁娶樂伎	5	唐	經變世俗畫中	彌勒經變中嫁娶婚禮伴奏
宴飲樂伎	3	中唐，五代	經變世俗畫中	維摩詰經變民間宴飲圖中為舞伎伴奏
出行圖樂伎	47	晚唐，五代	南北壁下部	軍樂及營伎

第一節　經變畫及故事畫的伎樂人

隋唐時期出現的大鋪經變畫中，除有體現佛國世界歡樂祥和的天宮樂舞之外，還有一些反映世俗生活的樂舞場面。這些樂舞場面比較零散，規模不大，形式多為兩人或三人表演的小型民間歌舞，多似日常生活中的即興演出，比較真實地體現出當時民間樂器演奏的情況。從唐代敦煌經變畫及佛傳故事畫中的俗樂場面看，大致可分為嫁娶圖樂伎、民間宴飲樂伎和百戲圖樂伎等。

俗樂中的樂伎類型

佛傳畫和經變畫中，許多人們熟悉的佛教故事，都有一些程式性的構圖；其中的樂舞場面，則是這些故事情節的代表性構圖。

法華經變——多繪火宅圖，繪有樂舞。

彌勒經變——常繪嫁娶圖，有民俗樂舞。

藥師經變——畫九橫死圖，繪一女子彈琵琶。

報恩經變——畫樹下彈琴圖，繪善友太子故事。

嫁娶圖是敦煌壁畫中彌勒經變裏常見的一個情節。有的繪得複雜，有的簡單，其中以莫高窟第495窟與榆林窟第38窟嫁娶圖的最為精緻，獨具特色，這是反映民俗的一個題材。圖中描繪出舉行婚禮時的場面，以及有來賓祝賀，表演樂舞的歡樂情景。樂舞助興是嫁娶圖中不可或缺的內容，其中的伴奏樂隊，比較真實地反映出當時當地民間音樂的發展情況。

宴飲圖亦為壁畫表示樂舞的一種形式，如第360窟，晚唐時期所繪維摩詰經變的宴飲樂舞圖，有一長桌，兩側坐兩排人宴飲聚會，同時為舞伎伴奏觀賞。桌前下方一舞伎翩翩起舞，說明古代聚餐是有歌舞伎樂來助興的。

"百戲"是中國古代的一種表演藝術，包括雜技及歌舞說唱等形式。敦煌壁畫中有許多百戲圖，如第156窟"宋國夫人出行圖"中的頂竿表演和第72窟、61窟等。百戲圖中一般都有小型樂隊在旁邊伴奏，多為排列兩行，站立演奏各種樂器。

濃厚的民俗特徵

民俗在壁畫裏的反映是多方面的，包括農耕、節令、服飾、樂舞、飲食、商貿、婚喪等等。民間美術家往往就巧妙地抓住這些情景，用繪畫的形式反映出來。在壁畫中，反映古代民俗的畫面非常多。音樂舞蹈活動也是一種民俗內容，它除了表現宮廷、天界之外，還有大量反映社會生活的音樂表演場面，如百戲圖、嫁娶圖、宴飲圖中的樂器表演等，就非常生動地反映了中國古代的社會生活，特別是西北地區的音樂實況。

　　壁畫中的樂器圖形，也反映了濃厚的民間特色，它造型、裝飾的紋樣變化多樣，有民間創作的情趣。很多樂器都是彩繪髹漆精工雕鏤，常以龍和鳳的圖形，或其他花卉裝飾，特別具有西北地區民俗風貌。

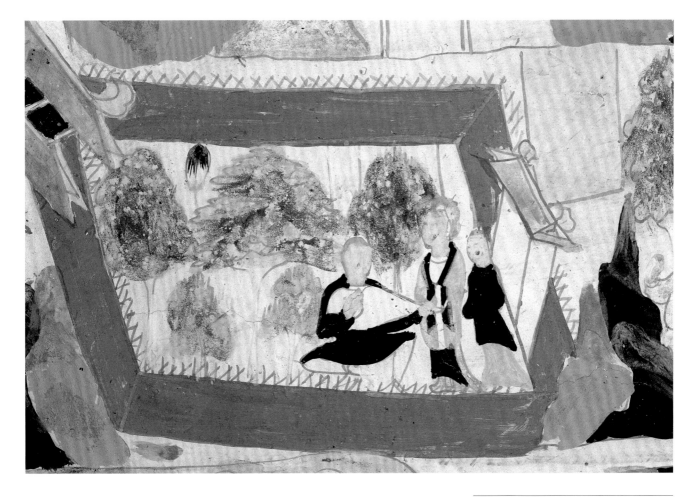

130 樹下彈琵琶

這是"善事太子入海品"故事畫中的情
景。莫高窟有"善事太子入海品"六
鋪,都繪樹下彈琴的情節,樂器多為琴
或箏。此圖彈的是琵琶,狀為梨形,曲
項。側面兩人是公主和侍者,正在傾
聽。

北周 莫296 窟頂東坡

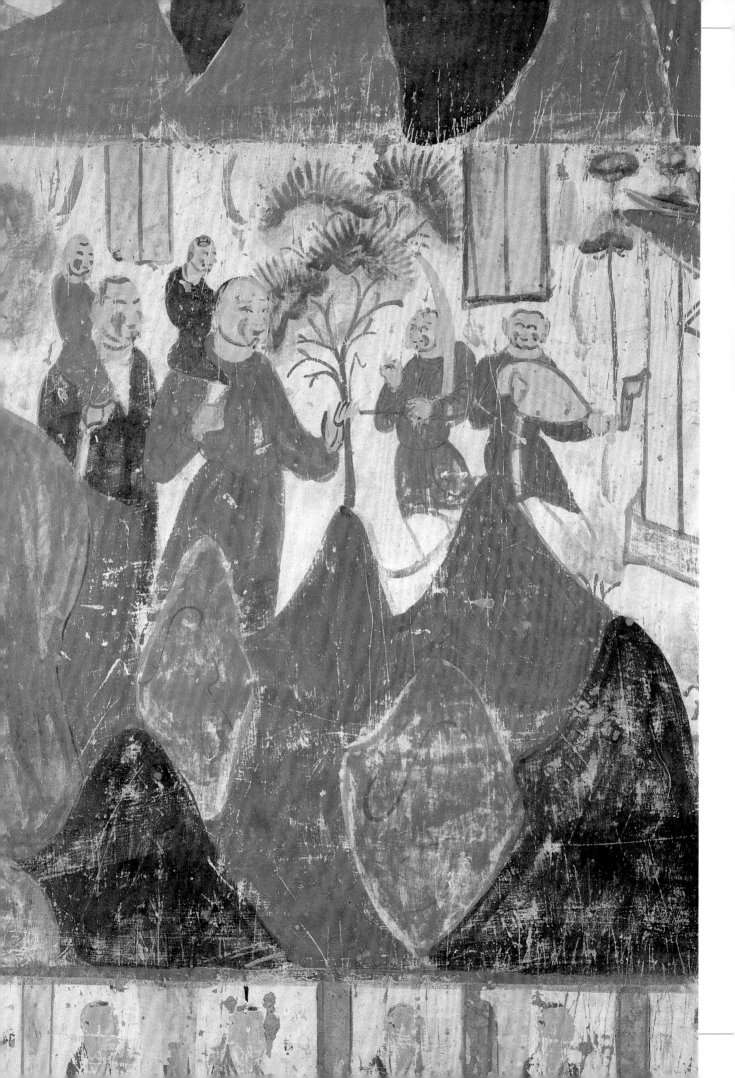

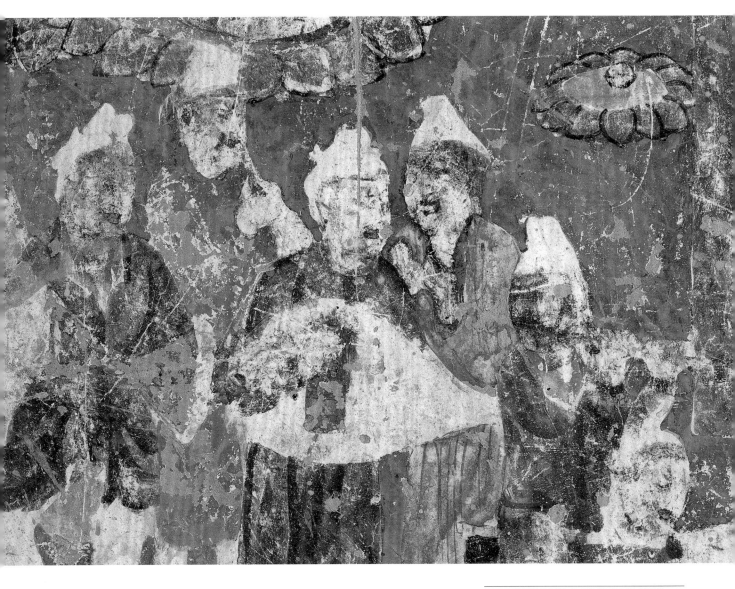

132 彌勒經變中男性胡裝樂隊

圖中一組男性樂伎，頭戴尖頂帽，穿大
袖寬袍，胡人裝。前排三人演奏腰鼓、
琵琶和橫笛。腰鼓腰細，兩頭鼓面直徑
大，鼓身較長，裝飾花紋。琵琶共鳴箱
較大，面板上有縛手和捍撥。後排兩人
一吹號筒，號筒上小下大，喇叭口。另
一人演奏的樂器不可辨認。

初唐 莫341 北壁

131 彈奏琵琶、箜篌歡迎須達拏
太子

須達拏太子本生是北朝石窟繪畫常見的
本生故事。說的是葉波國太子須達拏樂
善好施，一次竟把戰象施給了敵國，父
王震怒，將其逐出國。忉利天化出城
廓，並有眾人迎接他們夫妻。畫面上就
是這一情節，兩樂人彈奏琵琶和箜篌以
示迎接。

北周 莫428 東壁

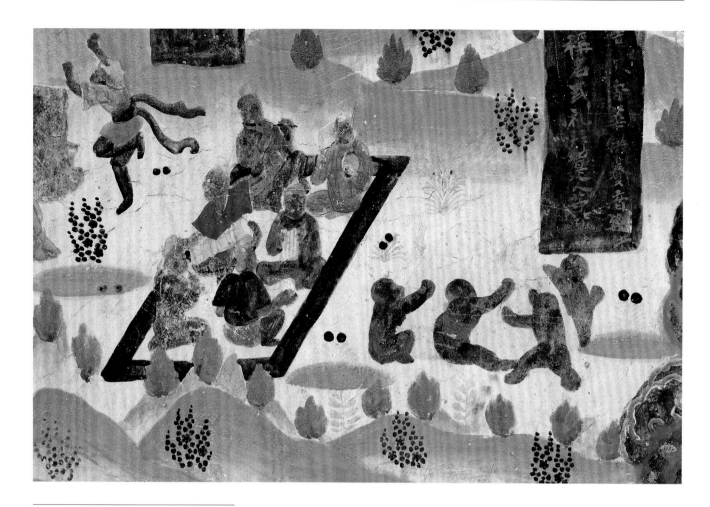

133 民間樂隊

這是法華經變方便品的畫面,田間地頭
禾木茂盛,其中有聚沙成塔、禮拜、音
樂供養等情節。在長方形毯上坐有樂伎
六人,演奏橫笛、鈸、拍板、腰鼓
(二)、篳篥。畫面反映了民間世俗音
樂,是一幅生動的農村遊春圖。

盛唐 莫23 北壁

134 四童子合奏

四童子分立兩側,正演奏排簫、腰鼓、
豎笛和笙,中間兩隻白鶴翩翩起舞。兩
兩相對的童子,身着背帶褲,活潑可
愛,充滿童稚,是唐代兒童的真實寫
照。

盛唐 莫148 東壁

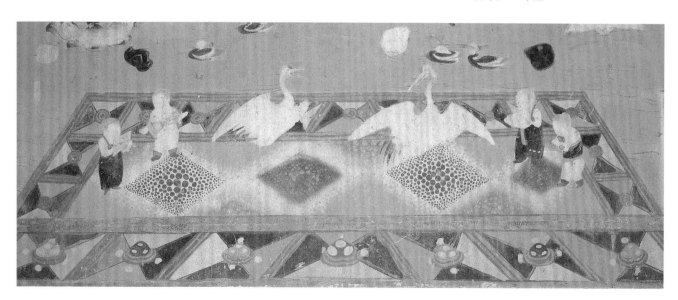

135 彈箏圖

這是維摩詰經變下方一幅充滿生活氣息的彈箏圖，二人坐毯上，一人腿上斜放着箏，右手彈，左手按弦。

晚唐 莫9 北壁

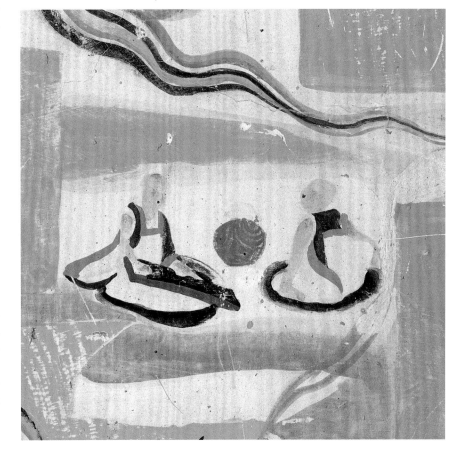

136 彈琵琶為跳神者伴奏

敦煌晚唐時期經變畫，世俗性增強，生活氣息濃，從本窟屏風畫可看出。此圖為東起第五扇，在藥師經變下方，是九橫死中一場景，一婦人為跳神的人彈琵琶伴奏。

晚唐 莫12 北壁

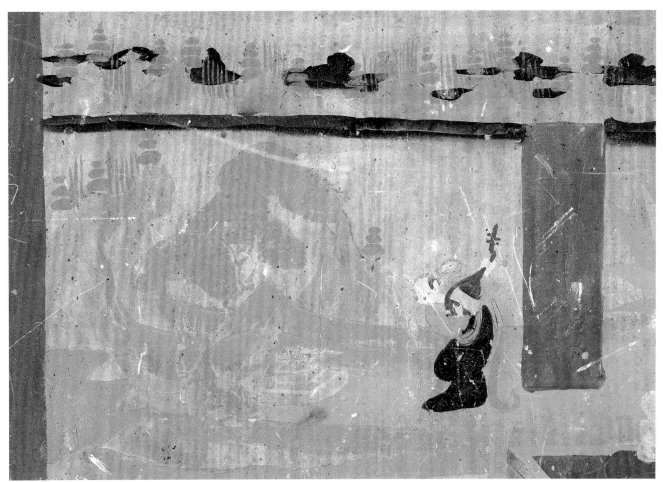

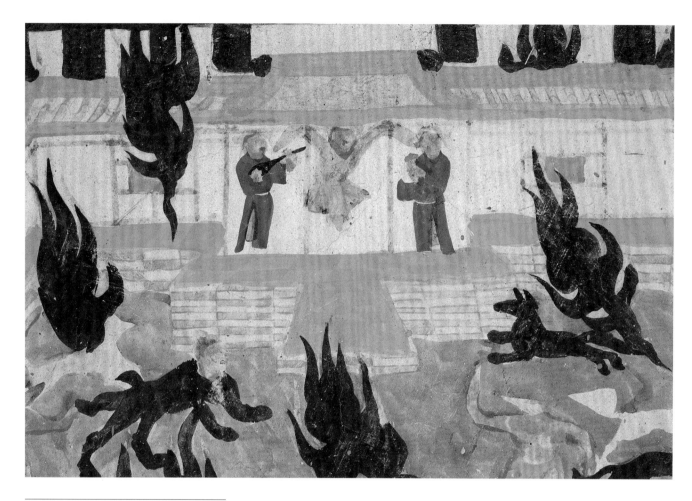

137 火宅童子樂舞

"火宅"為法華經變常見的故事情節，
寓意整日耽於聲色歌舞，有如置身火宅
之中。這一情節在壁畫中有固定模式，
成為該經變的一種情節符號。

五代 莫146 南壁

第二節　地方權貴的真實寫照──供養人樂伎

供養人是佛教信徒對自己虔誠的稱謂。建窟的人為了表示功德，得到佛的福祉，往往把自己和眷屬的姓名繪在壁畫中，以求雋永。供養人畫像主要有窟主及其家族的畫像及出行圖。在供養人畫像中，往往繪有樂伎，即供養人樂伎。

供養人樂伎在早期的洞窟就有，如北涼第275窟北壁西隅下方，就有一隊吹管樂器的供養人樂伎，開頭兩人以大角引路。在隋代第390窟的東南隅，有一小型女子儀仗樂隊，前面三人為舞伎，後有8人，全部為女性，站立表演，是一幅造型十分優美的樂伎圖。舞者長裙曳地，腰帶高束，披有巾帶，形體修長娟好，巾帶飄垂。所用樂器，最前奏方響、箜篌，有兩隻琵琶並列；後排為排簫、橫笛等，十分瀟灑自然。另有第297窟北周供養人樂伎 5 人，於樹下奏樂起舞，其服飾具有河西走廊少數民族的風貌。

出行圖是中國古代繪畫傳統形式，秦漢時期即有，多見於貴族墓室。敦煌壁畫繼承了這種傳統藝術，從唐代開始，各個時期的敦煌地方行政長官，均為有權勢的窟主，為了給自己樹碑立傳，大都曾大篇幅地繪製出行圖。晚唐以後此風更盛，供養人以其畫像題名，以炫耀家世、官位。這些出行圖的樂舞場面，也可窺見當時敦煌地區的樂舞形態、樂器特色的發展演變，是研究敦煌音樂發展的重要史料。

現存敦煌壁畫中的大型出行圖計有：

張議潮出行圖 宋國夫人出行圖	莫高窟第 156 窟
曹議金統軍圖 回鶻公主出行圖	莫高窟第 100 窟
張淮深出行圖 張淮深夫人出行圖	莫高窟第 94 窟
慕容歸盈出行圖 慕容公主出行圖	榆林窟第 12 窟

以上諸出行圖，以張議潮夫婦出行圖最為完美。整個張議潮出行圖為非佛教性質的世俗壁畫，其中音樂舞蹈篇幅很大，有大型儀仗軍樂和世俗的歌舞、百戲。為後代留存了當時營伎、鹵簿、樂舞、百戲的實況。

張議潮是晚唐沙州歸義軍節度使，因其收復河西，受到朝廷的誥封。創作這兩幅出行圖，就是表示其出行威武、熱烈的盛況。壁畫呈長卷形式，壁畫首尾都繪有樂舞場面。前面為騎兵樂隊演奏軍樂，鼓角齊鳴，氣勢威嚴雄壯；軍樂為古代鼓吹鐃歌之屬，一般在儀仗隊的前方鼓吹開路，樂工八人，四個吹畫角，四個擊大鼓。出行圖軍樂之後有一組歌舞伎表演，舞者男女兩隊，似為吐蕃舞蹈，這些舞者應屬"營伎"。

宋國夫人即張議潮夫人，其出行圖
與張議潮出行圖相對。以歌舞百戲為先
導，後有肩輿和一輛極為豪華的馬車，
另有衣箱輜重。此圖有兩組樂隊，一為
百戲伴奏，一為舞蹈伴奏。

張議潮出行圖，是中國美術史上一
件重要作品，在音樂史上也尤為重要，

是當時軍樂儀仗的形象資料。敦煌遺書
"凡節度使新受旌節儀"寫卷(P. 3773)正
是此出行圖的文字依據，可證實此出行
圖是出之有據的。

除張議潮出行圖外，曹議金出行圖
中也有一些音樂圖像。其他的出行圖多
已漫漶不清。

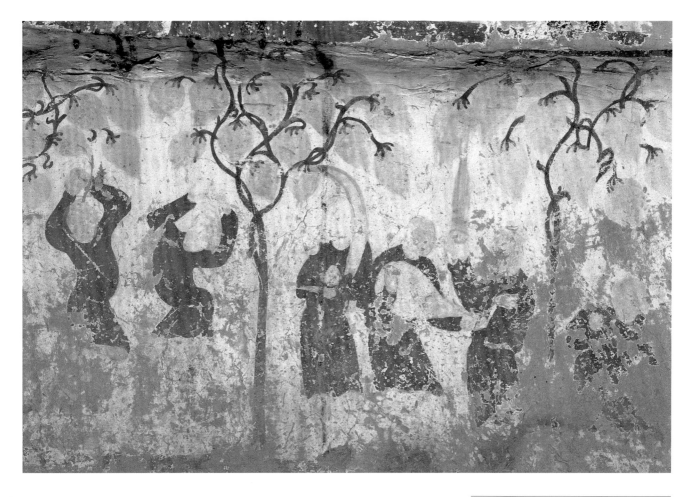

138 樹下樂舞

這是一幅典型的供養人樂舞，人物服飾
具有河西走廊少數民族風格。兩舞者舉
臂揮袖，樹蔭下三樂伎站立伴奏，一擘
箜篌，一用撥彈梨形曲項琵琶，一吹
笙，氣氛熱烈，它所反映的應是古代西
北地區民間樂舞的風貌。

北周 莫297 西壁

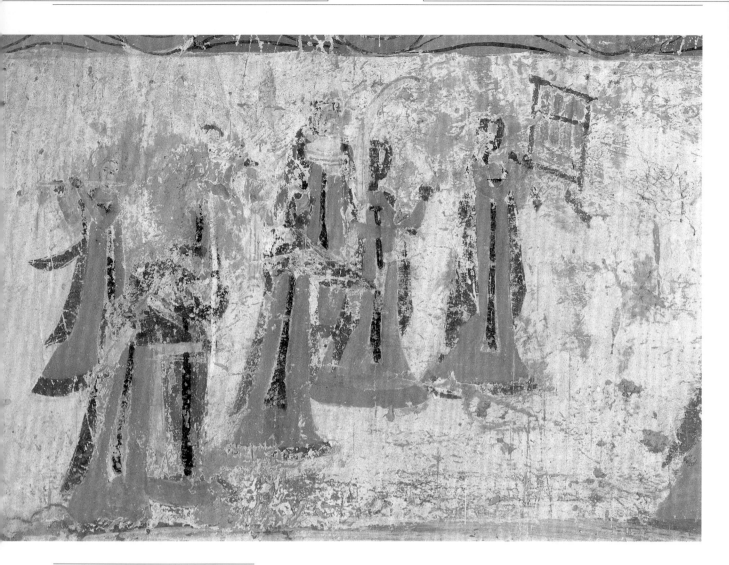

139 女供養人伎樂

此窟四壁下方繪供養人,共二百四十餘
位。此圖在女供養人隊尾,是典型的女
供養人樂隊。八身樂伎在緩緩行進中,
梳高髻,穿窄袖緊身小衫,繫長裙,披
巾從雙肩垂下,身體修長,舉止優雅端
莊。分別演奏方響、琵琶、箜篌、排簫
和橫笛。方響尚清晰,八塊長方形板塊
分上下二排懸繫於方架上,被高舉過
頭。小箜篌被抱在胸前,一手擘彈,琴
身較高大。

隋 莫390 南壁

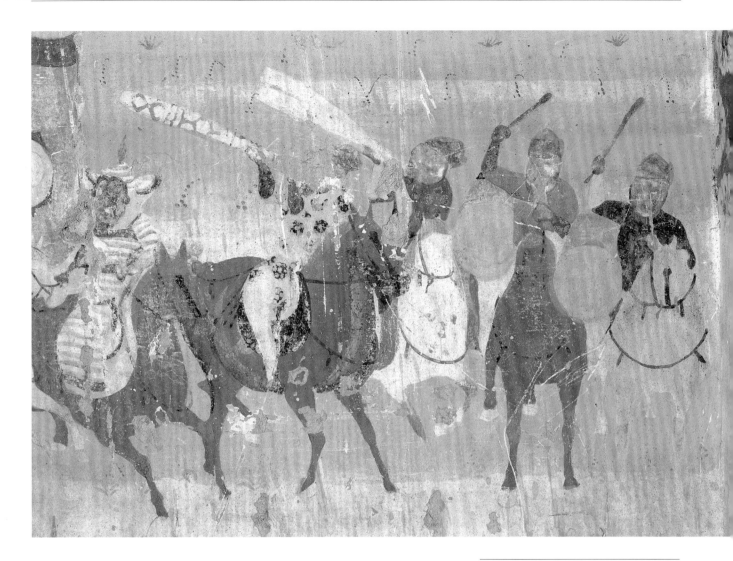

140 張議潮統軍出行圖中的軍樂

這是張議潮出行圖中作為前導的軍樂歌
舞儀仗隊的局部。出行隊伍的軍樂前導
八人分兩列，騎高頭大馬，頭戴氈帽，
身穿團花缺胯衫，橫挎箭囊，每列兩人
吹畫角，兩人打鼓，這種鼓吹樂器組合
是唐代軍營音樂的寫照。此圖為其中一
列。

晚唐 莫156 南壁

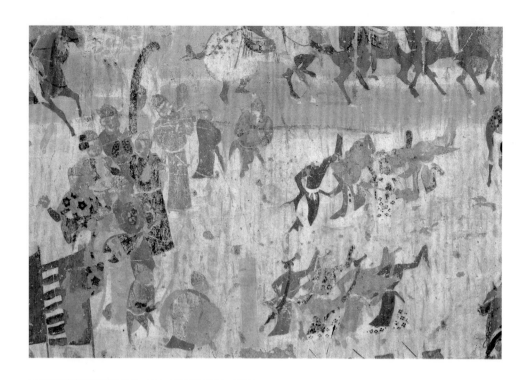

141 張議潮統軍出行圖中的樂舞

這是出行隊伍後半部分的歌舞場景。舞伎四
男四女分兩行，邊行邊舞，其後為兩排樂
隊。十身男樂伎均着繡帽長袍，一人背馱大
鼓，另一人在其側雙手持長槌敲擊，其餘人
演奏琵琶、豎笛、橫笛、拍板、腰鼓、雞婁
鼓兼鼗鼓、笙和箜篌。這是研究敦煌地區音樂
發展的珍貴資料。

晚唐 莫156 南壁

142 宋國夫人出行圖中的樂隊

宋國夫人出行圖以百戲歌舞為前導。百
戲後四舞伎，揮長袖跳方舞；後立兩排
前四後三共七名男樂伎為其伴奏，演奏
樂器有豎笛、琵琶、橫笛、笙、腰鼓、
雞婁鼓兼鼗鼓和拍板。

晚唐 莫156 北壁

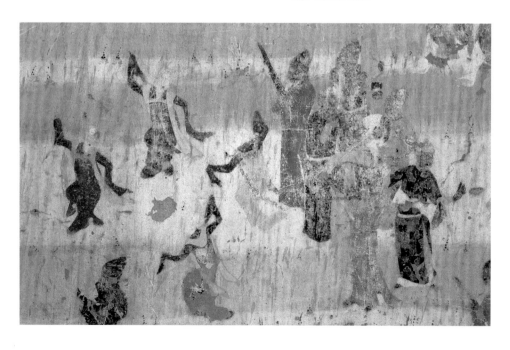

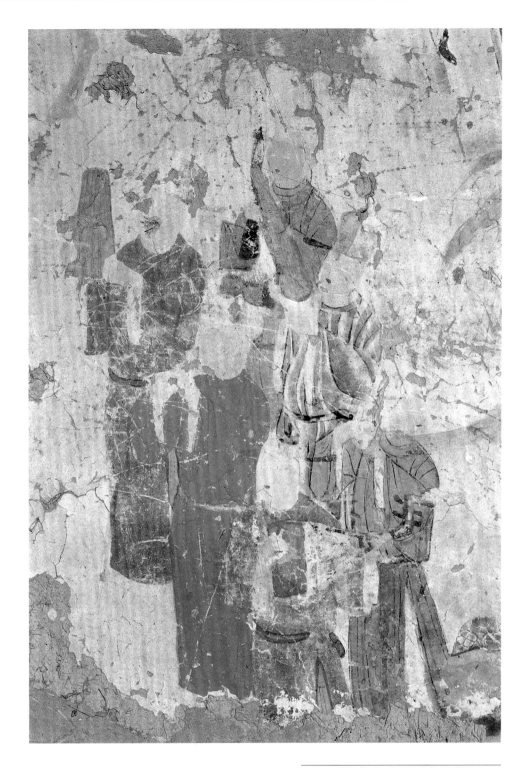

143 回鶻公主出行圖中的樂隊

曹議金的回鶻夫人號聖天公主，出行圖
也是長卷式橫幅，圖中是出行圖前部的
樂伎，穿圓領長衫，站兩排，用琵琶、
篳篥、拍板、橫笛、笙、箜篌為舞伎伴
奏。

五代 莫100 北壁

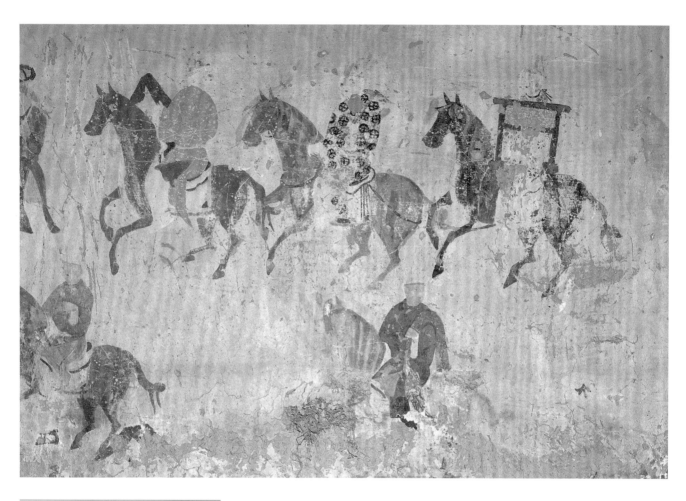

144 回鶻公主出行圖中的馬上樂隊

跟隨樂舞後面的是馬上樂隊，樂人穿團
花圖案的華服，有的手扶樂器，有的轉
身後顧。可見樂器有箜篌、方響、鼗鼓
等。

五代 莫100 北壁

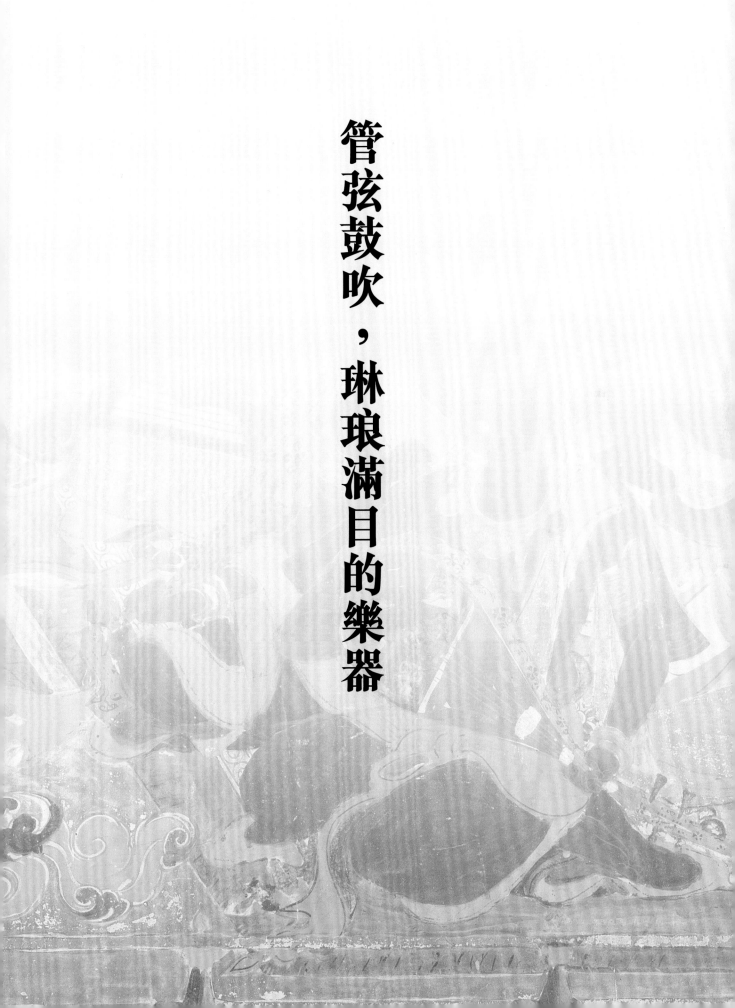

管弦鼓吹，琳琅滿目的樂器

中國民族樂器形態獨特、音色和音響獨具一格、組合形式多種多樣,是民族音樂的重要組成部分。敦煌音樂壁畫連綿千年,各類樂器圖形繪製不斷,這些時代不同、造型各異的樂器圖形像一幅宏偉的樂器圖譜,詳盡展現出中國樂器的發展演變歷程,因而備受學術界矚目。

中國民族樂器體系的系列性和多樣性、以及樂器形制多變的特點在壁畫中得到充分體現。

首先,每一種樂器圖形並非孤立存在,而是多種多樣,互相關聯,有羣體、族類、派生的特徵,如: 琵琶類、琴類、笙類、笛管類等。這些相類的樂器,既有自己的形態、音質和音色特性,也有彼此之間可以融合過渡的特性。

其次,不同時期壁畫中的樂器造型都有新的發展變化,沿着歷史的順序,不難看出,即使同一時期,同一種類的樂器亦不盡相同,似乎沒有完全相同的樣式。尤其打擊樂器,鼓的種類和造型都極為豐富。

第三,敦煌的樂器圖形極富裝飾性。古人視樂器為藝術品,特別是宮廷,更把製作樂器看作是一項高雅、精緻的藝術,每件樂器都精雕細刻,金漆彩繪。敦煌壁畫中所繪各類樂器,也都繪有圖案紋樣,而且圖案精細逼真,阮、磬、箏,都有固定的彩繪形式,就連琵琶的捍撥和吹管樂器,都繪有花紋。

敦煌壁畫樂器,基本是以寫實的手法描繪的,比較準確地反映了各時期的樂器形態、質感和細部以及使用狀態。但是,它畢竟是美術作品,往往在寫實的基礎上,出現一定的想像、誇張、變形和虛構的成分,其形制相對於現實的樂器,也有一定的差異。

第一節 種類繁多的氣鳴樂器

氣鳴樂器是樂器的主要類別之一，發聲以空氣為振動力。氣鳴樂器在中國有悠久的發展歷史，早在新石器時代就出現了最早的吹孔樂器——陶塤。敦煌壁畫中保存了豐富的氣鳴樂器圖像，主要分管類和胴腔類兩大類。

管類樂器

一、橫管類

1. 橫笛　即今日流行之竹笛，為吹管樂器中主要樂器。壁畫中的橫笛始見於北涼，歷代沿續直至宋元。笛，古字為篴，也稱橫吹，在中國源遠流長。河南舞陽曾出土了八千年前的骨笛。浙江河姆渡出土有五六千年以前的骨笛，湖北隨州市出土過戰國時期的竹製律管。笛子主要用天然竹管製成，有一吹孔，數個按孔。歷代橫笛上按孔數目不盡相同。敦煌所繪橫笛，從形制、挖孔及演奏方法看，都與今日之橫笛無甚差異。壁畫中的橫笛主要特徵是不用笛膜。早期洞窟中的橫笛繪製簡單，少數繪有彩色花紋；在規格上，長短粗細及挖孔數很不一致，大多為六孔。橫笛在樂隊中居重要的領奏地位，樂隊中一般都繪有，有時一組樂隊連用數支橫笛，顯然是為了增加音量，突出高音聲部的音響效果。

與橫笛連類，有一種稱為篪的橫管樂器，周代已有記載和流傳。篪與笛的分別在於：篪六孔，兩端封閉，全身髹漆；而笛不髹漆，也不封口。敦煌所繪均為笛。但在中唐第159窟繪有一隻帶花紋橫笛，一端堵一塞狀物，是否稱此為篪尚待研究。只此一例而已。

2. 鳳笛　為橫笛的一種，即在笛的兩端，裝飾有鳳頭鳳尾，並加以彩繪。見諸於榆林窟元代第10窟，是敦煌壁畫笛的一種變形。元史《禮樂志》載有："龍笛，七孔，橫吹之，管首製龍頭，御同心結帶。"龍與鳳相對是古時宮廷樂器的裝飾，是漢族文化意識的反映。

3. 異型笛　為敦煌特有的一種帶鈎管狀的橫笛。其形態與普通橫笛相似，唯在吹口一端，多出一小段支杈狀物，似竹節留存的一小段支條。與發音無關，推測為一種裝飾掛鈎，便於攜帶或懸掛。這種異型笛初中期洞窟均未見，晚唐出現，延及五代、宋，與普通橫笛並存於壁畫中。何故多此一小支條，此笛名稱是何，未見古籍載述。

敦煌壁畫中出現的此類樂器圖像，現有稱其為"義嘴笛"者，也有稱其為"七星管"者，皆不妥。義嘴笛唐書有載，謂"橫笛加嘴"。何謂嘴？橫笛吹口處加一口托，高於吹口，似今日長笛。此圖形又見於雲岡石雕伎樂。七星管為陳暘《樂書》所繪橫笛一種，在橫面一端加一環狀小管。上述都不符合壁畫中的形態。唯日本奈良正倉院藏有與此類同者，那裏的橫笛、石雕玉笛，都在竹節處多出三條支杈，敦煌僅有一條。估計正倉院所藏者是古時這種形制橫笛的外傳遺物。為區別於以上各種，故暫名異型笛。

二、豎笛

古時豎吹的笛名稱甚多，有：直笛、豎吹、單管、中管、幢簫、尺八等。現代稱為洞簫。壁畫中豎笛甚多，與橫笛相對，二者是同時出現的姊妹樂器；其形制與今日洞簫不同，與今日福建民間的尺八也不同，按孔均在一面，也無斜面或豁口形吹口，類似今日"滿口簫"，按孔為六個，粗細與橫笛相仿。

豎笛與篳篥在壁畫中很容易混淆，仔細分辨可以區別：豎笛較長，有吹口，吹奏時兩手靠下；篳篥較短，稍細，在一端插有哨嘴，按指靠上。

三、篳篥

篳篥文獻中亦稱觱篥、悲篥，或笳管，即今日北方流行的管子。敦煌所繪篳篥，較今日管子稍長，其長度有時和豎笛相似，哨嘴也較大，管體較笛粗壯。篳篥出現在敦煌壁畫的中期以後。

四、排簫

竹製編管類樂器。始於秦漢時代，文獻中也稱籥、參差、比竹、胡直等。敦煌壁畫中的排簫位置顯著，造型華麗，極富仙樂幻覺的意境。莫高窟繪有

300餘隻，形態不盡相同，主要為兩種形制：一為單排兩端同樣長度的竹管，二為一邊長，一邊短。這兩種排簫史籍中都有明確的記載，前者稱為底簫，後者稱為洞簫。壁畫中的排簫自北魏始，一直到元代。早期所繪多為洞簫。唐以後特別是五代至宋元，多為兩邊管長相等之底簫。由於畫工的寫意，早期所繪較模糊，有的僅畫一方杠，常塗以綠色，或畫幾條線，表示竹管，無法分辨細部結構。唐以後畫得比較細緻，但大小、長短、管數不相同。從其數量、形態以及花紋、裝飾的發展來看，排簫在古代是較重要的樂器。壁畫中迦陵頻伽鳥奏樂圖中，多為手持排簫。排簫具有音樂的象徵意義。

五、笙

竹製簧管類樂器。始於春秋戰國時期，由斗子、簧管、吹嘴三部分組成。敦煌所繪的笙，這三個部位差異很大，基本形態是：圓形笙斗，木製或匏製；簧管數量及圍匝的形式類似今日的笙，都有茶壺嘴狀的吹嘴，但長短及彎曲的形式很不相同。笙在壁畫中很普遍，莫高窟共繪300餘隻，從北魏出現一直延續到最後。壁畫上，早期只具輪廓，不易辨別細部，唐以後逐漸具體，大小長短比例和管數甚懸殊，但形制趨向一致。莫高窟第159窟西壁中唐所繪《文殊變》中，有一吹笙樂伎，神態極為逼真。他

的演奏進入競技狀態,全身用力,大腳趾高翹,宛若擊拍應節,沉浸在一種美妙的音樂氣氛中。

胴腔類樂器

一、角

是一種最簡單的原始樂器,以獸角製成,多為牛角,故以角命名。其發音高亢凌厲,適於遠傳聲音,所以為古代軍營所使用。角的來源,古人說法不一。它最先出現於遊牧民族,由邊疆傳入中原內地,由北方擴至南方,再引入漢族的軍營,成為古時軍營樂器。從古代遺存來看,它的分佈是全國性的,至今許多少數民族仍在使用。角最初取材於自然的獸角,後來改用竹木皮革等材料,最後發展為銅製。

角是敦煌壁畫中最早出現的角類樂器。 從敦煌壁畫中可以很清晰地看出角的演變過程,即角—畫角—銅角。角在敦煌壁畫開始時就有繪製,如最早洞窟北魏第275窟北壁有兩個吹大角的供養樂伎。圖像顯示的角已非獸角,而為畫角的形態,可能由竹、木等材料所製,未畫花紋。獸角所製的小型角,早期天宮伎樂、藥叉伎樂也多有所見,如北魏第431、435窟。此後,角之所以逐漸消失,大概是因為發音單調粗獷,只能發一音,不適於參加樂隊。

畫角即繪有花紋的角。古時樂器常彩繪花紋裝飾。據文獻記載,花紋、顏色標誌着封建社會的等級,特別是在軍營中,畫角是區別官職等級的標誌之一。諸州鎮戍,各給鼓吹、青角;中州以下諸橫戍,皆給黑鼓、黑角,樂器皆有衣並同鼓色。晚唐第156窟"張議潮統軍出行圖"中,有一組軍樂,四名騎士鼓手前導,後有四名騎士引頸吹奏大畫角。畫角花紋清晰,軍樂隊氣勢威嚴、雄壯,是極為珍貴的中國古代軍樂陣容圖像。

銅角是敦煌壁畫後期出現的樂器,由畫角演變而來,見諸於肅北五個廟西夏石窟及榆林窟元代第10窟。這兩處的圖像,對研究世界銅管樂器的歷史,可能有重大的意義。筆者所知,西方也有類似圖像,但已是16、17世紀的事了,中國的此種圖像早於西方數個世紀。

據《舊唐書》記載:"西戎有吹金者,銅角是也,長二尺,形如牛角。"後世軍樂帶喇叭口的銅管樂相繼發現,可見在中國有相當長的醞釀過程。敦煌這種銅角,後來流行至全國各地,各少數民族對其有所發展,有的分兩三截套裝演奏,如蒙藏族寺院音樂中的大號、筒欽。此外,彝族今日的長號,則與敦煌所繪一模一樣。令人費解的是今日漢族民間卻已失傳。

二、貝

也稱海螺、蠡、梵貝。係將天然的

海螺磨穿作吹口，吹氣後螺腔發音，音量甚大，嗚嗚長鳴，但無固定音高。敦煌壁畫中，貝有三種用途：一作樂器，用於天宮伎樂、飛天伎樂或經變樂隊之中。二作法器，護法神手持，作為儀軌、禮器的象徵。三作供品，是對佛的供奉禮品。貝在早期洞窟所見甚多，為早期印度佛教東傳之原貌；後來佛教逐漸民族化，所見則少。這種樂器與角一樣，發音簡單，演奏效果不佳，因此逐漸被淘汰，在後期壁畫中多用作供品。

三、塤

是中國最古老的吹奏樂器，用陶土燒製而成。始見於新石器時期，周代已列入八音之"土部"。塤的形狀為上銳底平，狀如雞蛋，古時形制大小、音孔多少並不一致；殷代以後，塤一直為五音孔；到漢代發展為六音孔。塤的形狀還有桃形、魚形等。這種樂器上古時曾為雅樂必用樂器，後來俗樂也用，但未被正式列入樂隊。後瀕於失傳，但生命力很強，至今仍作為兒童玩具在許多民族流傳。藏族的扎令，彝族的布里拉、笛志挪，回族的泥哇嗚都是塤的後裔。漢族民間也有流傳。敦煌壁畫中，塤的圖像見於第220窟南壁阿彌陀經變的樂隊，初唐繪製，其中一樂伎雙手捧塤，只有二音孔，其他音孔為手指所按，不易辨清孔數，此塤甚大，大小似手掌，莫高窟壁畫中唯此一件。

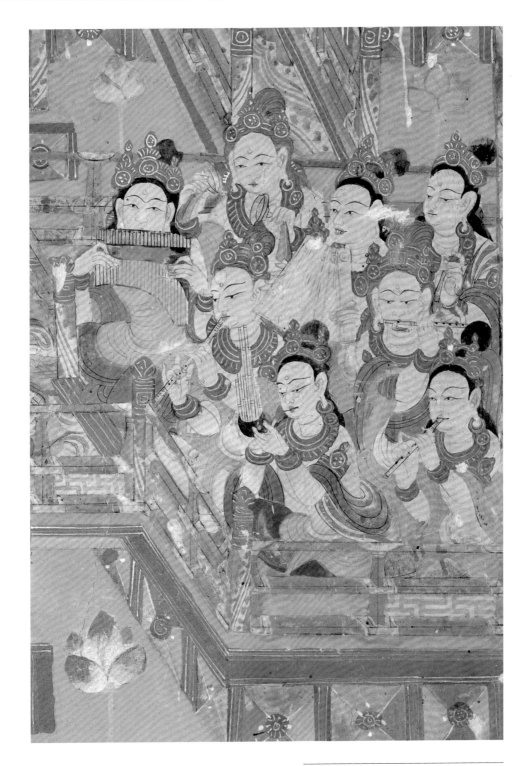

145 管樂和打擊樂

圖中是報恩經變樂舞場面西側樂隊中的
管樂和打擊樂，現實生活中的各類樂器
圖像有機組合出現在壁畫中，説明當時
的音樂和樂器製作已經相當發達。樂器
畫得精緻寫實，如笙管長短不齊，上有
竹節；笛子的音孔，篳篥的哨嘴等。是
研究古代樂器的珍貴資料。

中唐　莫154　北壁

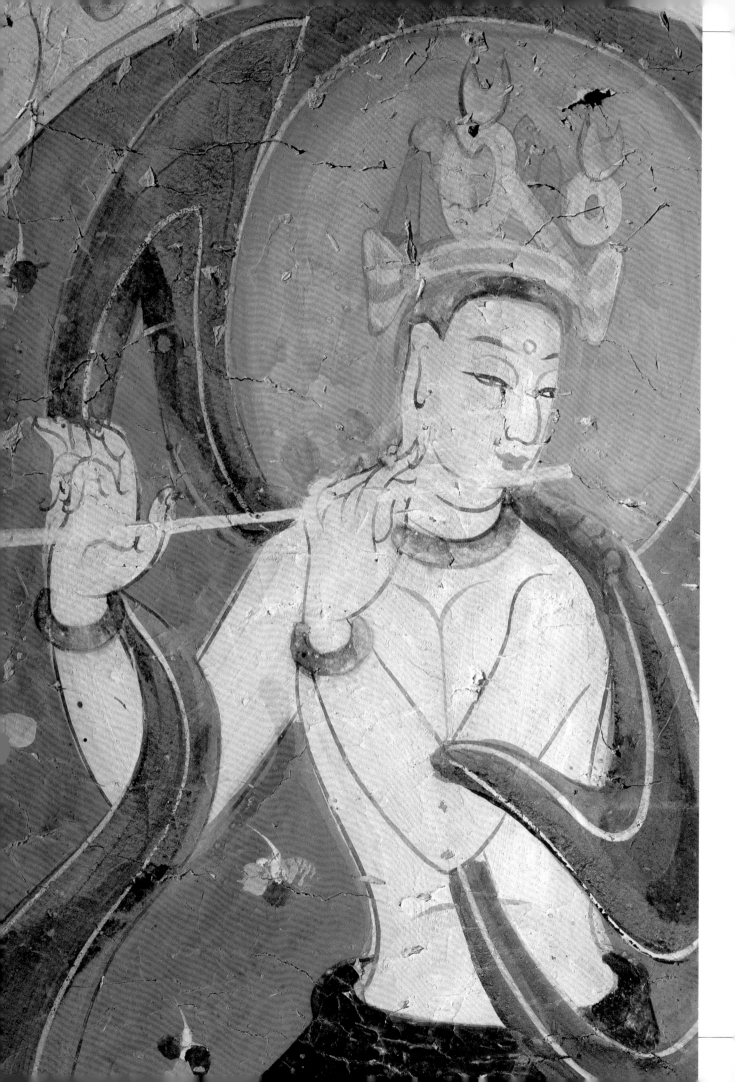

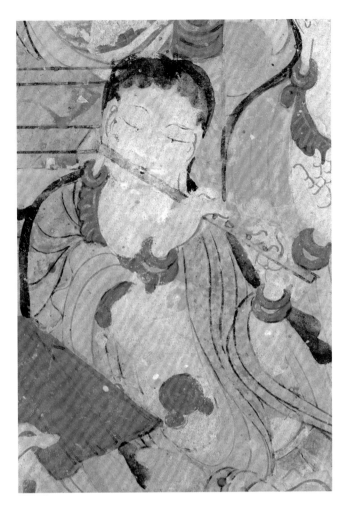

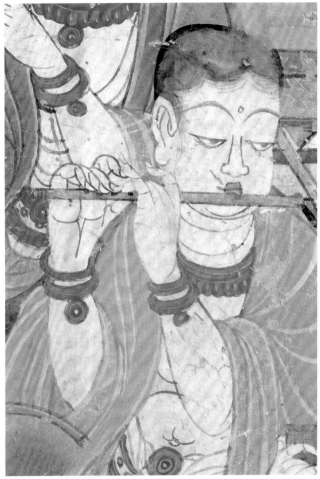

147 演奏橫笛

橫笛是敦煌音樂壁畫中最常見的樂器之一，經變畫樂舞場面的樂隊中一般都繪有橫笛。圖中吹笛樂伎神態安詳，動作自然逼真。橫笛繪製寫實，吹孔和按孔清晰可見。

中唐 莫112 南壁

148 繪製逼真的橫笛

樂伎將橫笛平放嘴邊吹奏，與上圖斜吹橫笛不同。樂器描繪更加逼真，特別是樂伎吹奏時指部動作宛若真人，是研究當時橫笛演奏技巧的珍貴資料。

中唐 榆25 南壁

146 吹橫笛樂伎

這身天宮樂伎所吹橫笛，繪製簡略，僅用細長白條表示，笛孔等均不可見。這種繪製寫意的橫笛多出現於早期壁畫中。

西魏 莫288 北壁

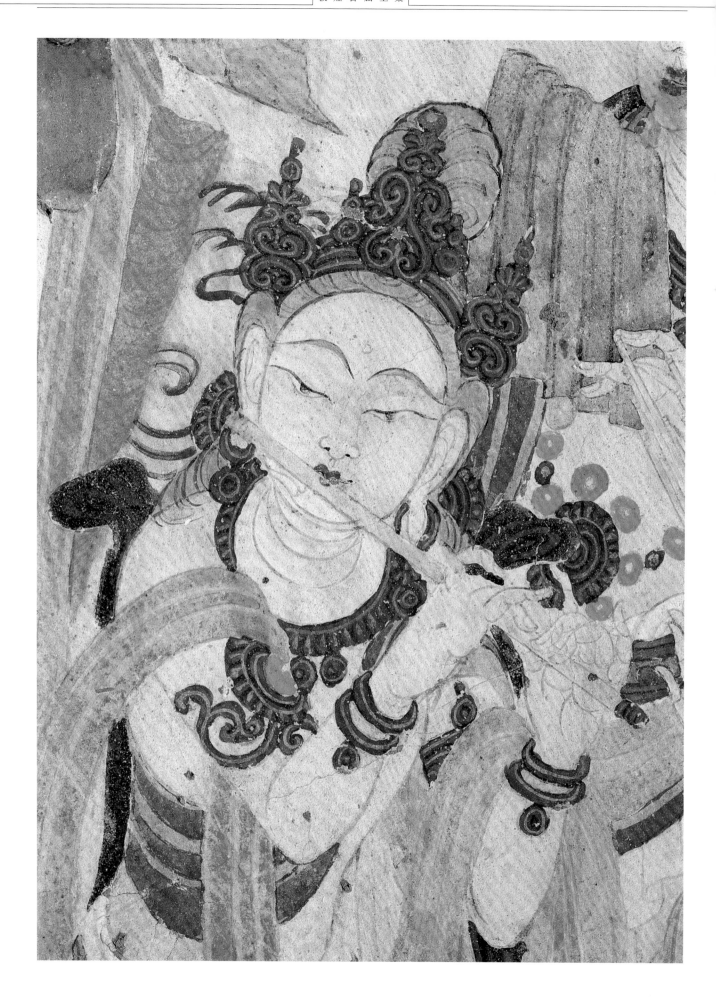

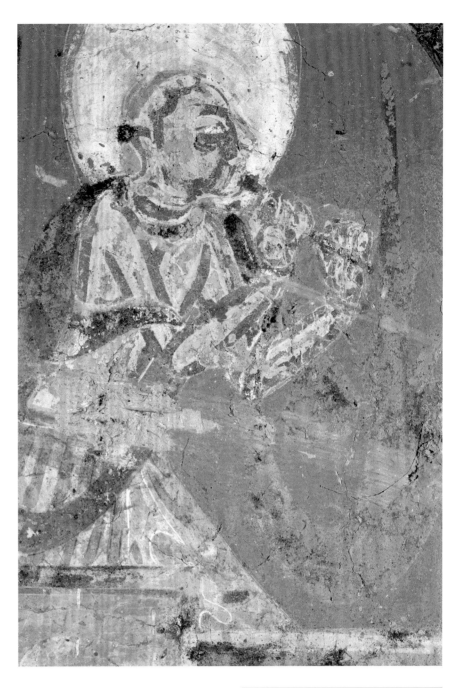

150　篳篥圖

篳篥是北方地區流行的一種樂器,在敦
煌壁畫中始見於北魏,中期以後經常出
現,在樂隊中居前沿領奏地位。圖中樂
伎雙手握篳篥吹奏,手指似在按音,高
高低低,十分形象。篳篥哨嘴清晰可
見。

北魏　莫257　北壁

149　仙人吹笛

此圖為文殊變中天人吹橫笛情景。比較
特別的是橫笛笛身繪有花紋,一端堵一
塞狀物,這是否就是史籍所記載的篴,
仍有待進一步研究。

中唐　莫159　西壁

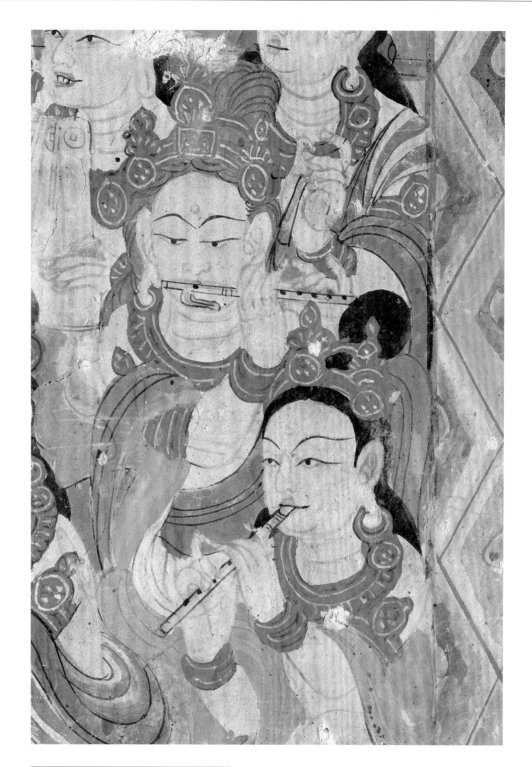

151 經變樂隊中的篳篥和異型笛

圖中異型笛吹口處的枝杈清晰可見。敦
煌壁畫唐代後期此種形狀的笛子增多，
看來與發音無關，僅起裝飾作用。篳篥
管體較粗，哨嘴較高。在同一樂隊中各
類管樂器經常同時出現，說明管樂是當
時樂隊中重要的一個樂部。

中唐 莫154 北壁

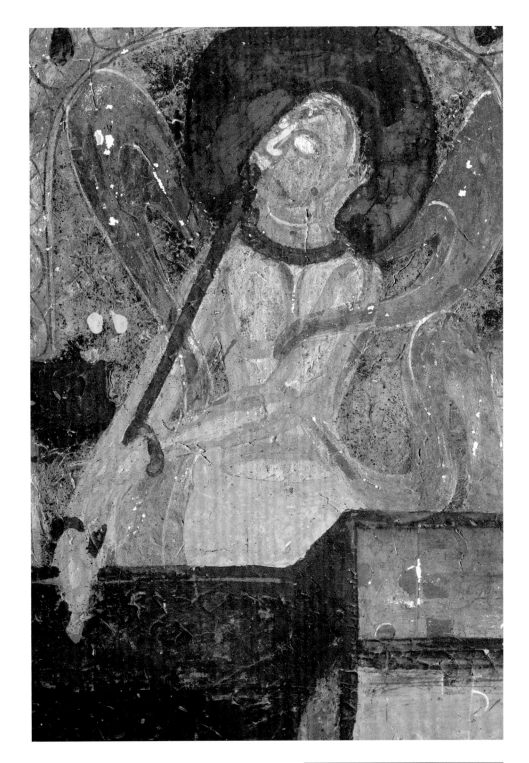

152　昂首吹豎笛

立於欄牆內的天宮樂伎正昂首吹豎笛。
樂伎身體修長，小字臉，圓項光，兩手
在下方持笛，按音孔，演奏姿態很舒
展。豎笛與篳篥在壁畫中很容易混淆，
圖中豎笛繪製雖然比較粗糙，但仍可看
出笛身比篳篥長，有吹口，吹奏時樂伎
兩手靠下，不同於吹奏篳篥時按指靠上
的技法。

北魏　莫254　南壁

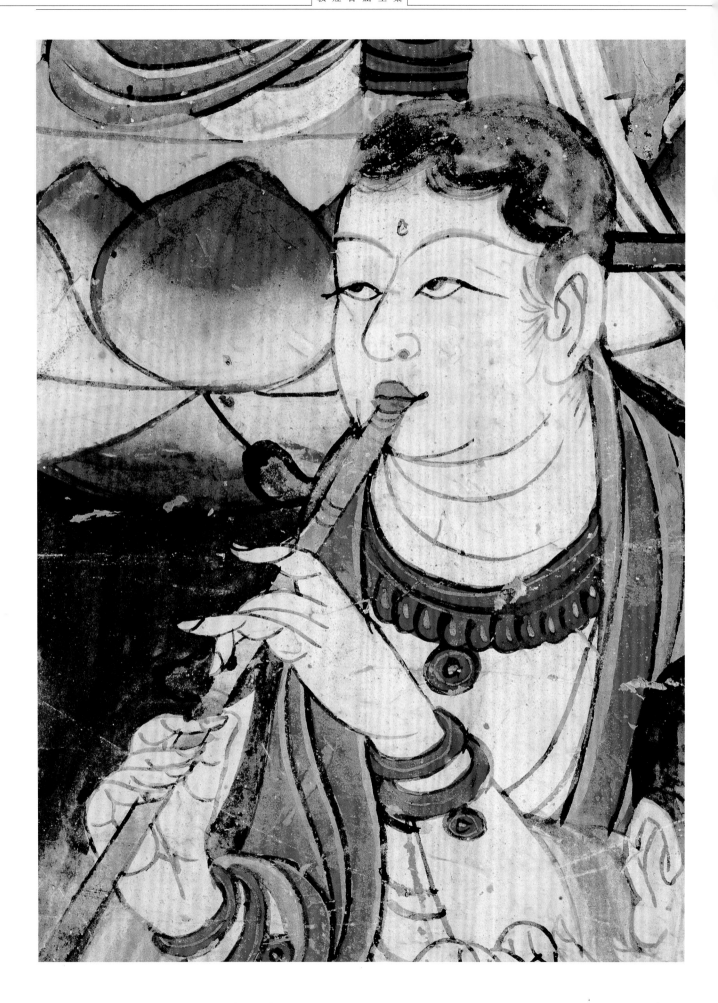

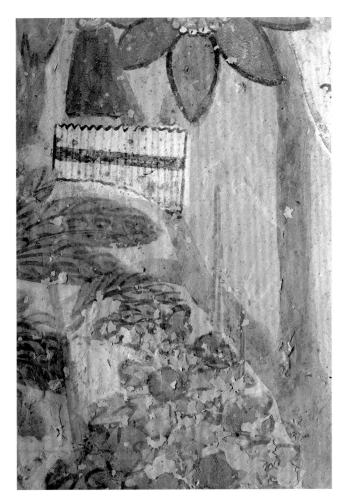

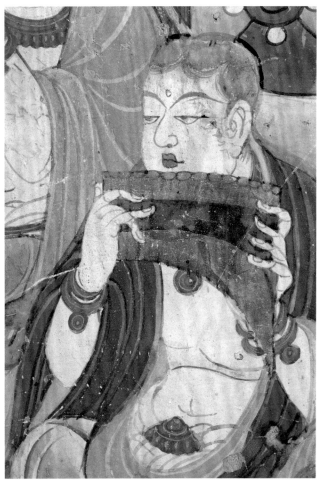

154 不鼓自鳴的排簫

排簫由來甚久，戰國時期即已出現。敦煌壁畫中排簫圖像始見於北魏，唐代以後逐漸增多，多見於不鼓自鳴及迦陵頻伽伎樂中。

初唐 莫322 北壁

155 吹排簫樂伎

中唐 榆25 南壁

153 經變樂隊中的吹豎笛樂伎

這是大型經變樂隊中吹奏豎笛的樂伎，神態安然，豎笛描繪細緻。敦煌壁畫中豎笛甚多，而且，經常同橫笛同時出現，在這一經變畫樂隊中就既有豎笛，也有橫笛。

中唐 榆25 南壁

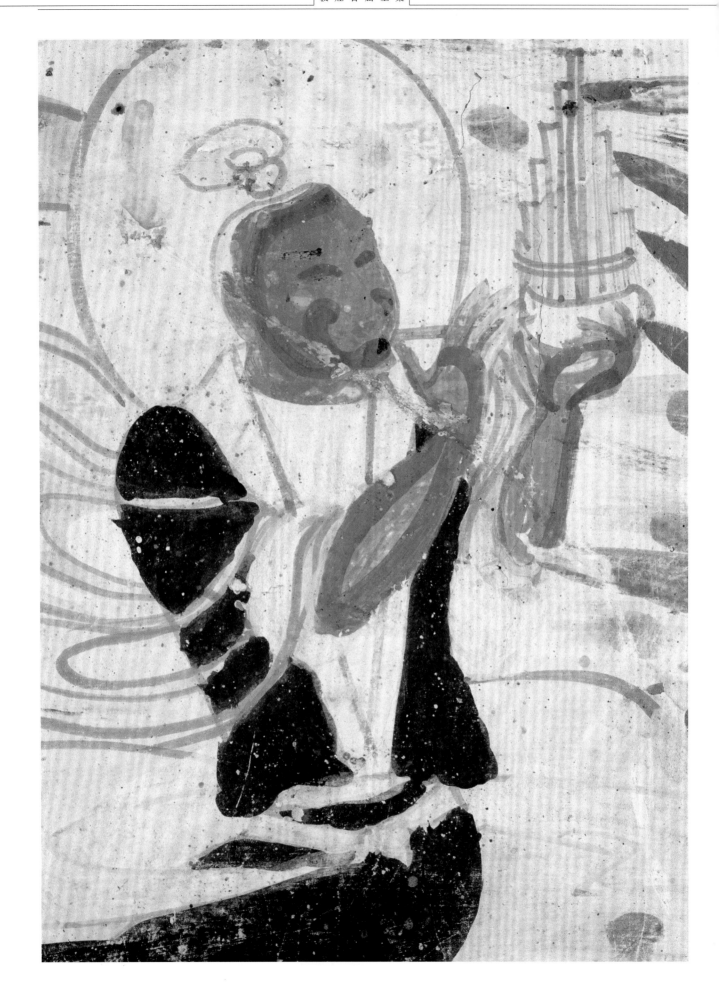

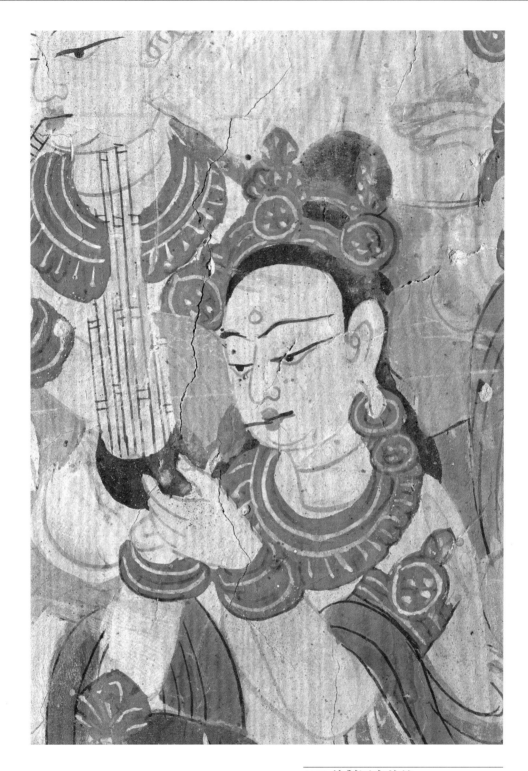

157 繪製逼真的笙

此圖為報恩經變樂隊中吹笙樂伎特寫。
笙的三部分：簧管、斗子、吹嘴均描繪
得精緻寫實，簧管長短不齊，上面的竹
節清晰可見。到唐代，壁畫中笙的形制
基本趨於一致，說明笙在唐代的發展已
經很成熟。

中唐 莫154 北壁

156 吹笙圖

飛天樂伎所吹的笙，繪得很具體。扁圓
形的笙斗，簧管較短，管數多，有圍
匝，吹嘴管直。這種短粗形的笙，不太
多見。

北周 莫290 東壁

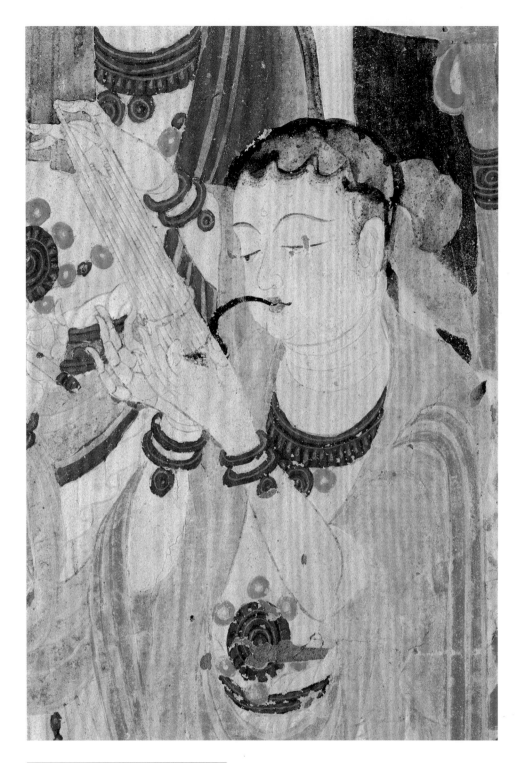

158 吹笙樂伎

圖中樂伎雙眼微合，手指按音孔，完全
進入演奏狀態。

中唐 莫159 西壁

159 吹大角供養人伎樂

這是兩身吹大角的供養人樂伎。大角輪
廓清晰,有花紋,瓔珞裝飾,疑為革木
製成。

北涼 莫275 北壁

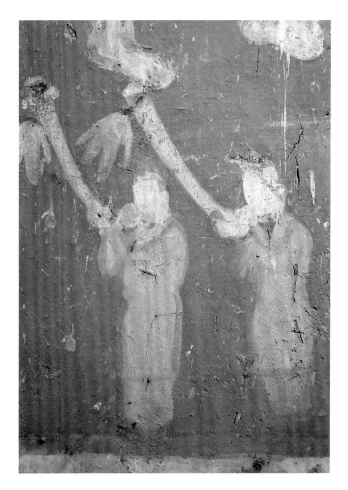

160 飛天吹銅角

此身飛天被天宮欄牆遮擋,只見裙角和
飄帶飛舞,雙手持長長節銅角(又稱號
筒),筒管直形,上銳下寬。

隋 莫302 東壁

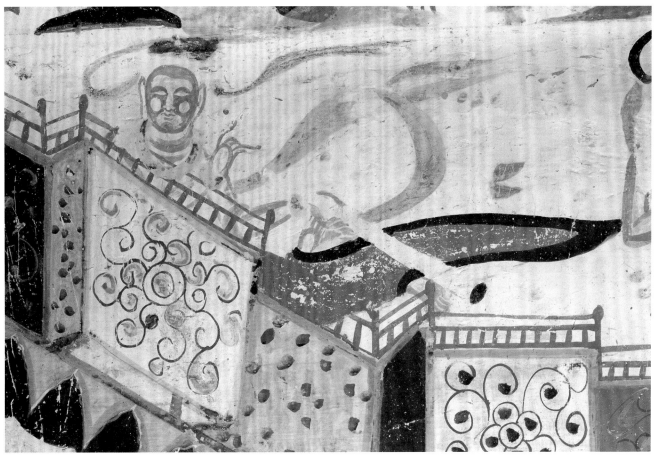

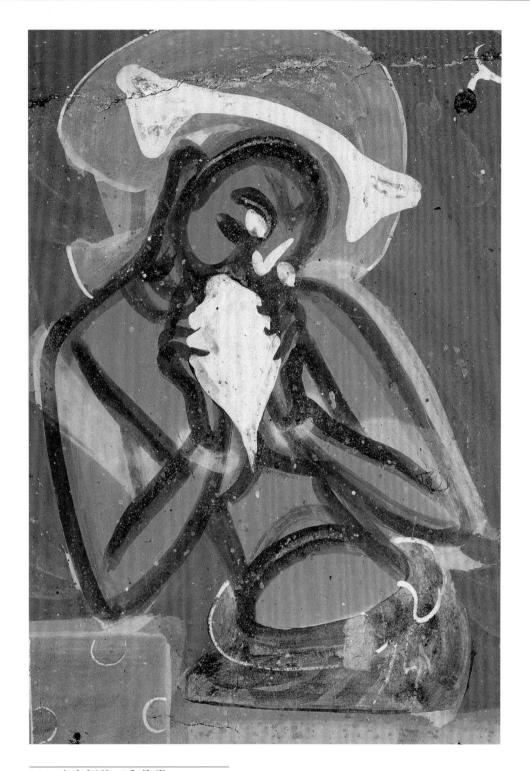

161 吹海螺的天宮伎樂

敦煌壁畫中出現的海螺除用作樂器外，
還可作為法器和禮器。作為樂器，主要
出現在早期洞窟的天宮伎樂中。

西魏 莫249 南壁

162 經變樂隊中的海螺

海螺作為樂器發音簡單，演奏效果不
佳，所以經變樂隊中吹奏海螺的樂伎並
不多見，這也說明敦煌音樂壁畫是現實
音樂發展的反映。此圖就是比較少見的
一幅。

中唐 榆25 南壁

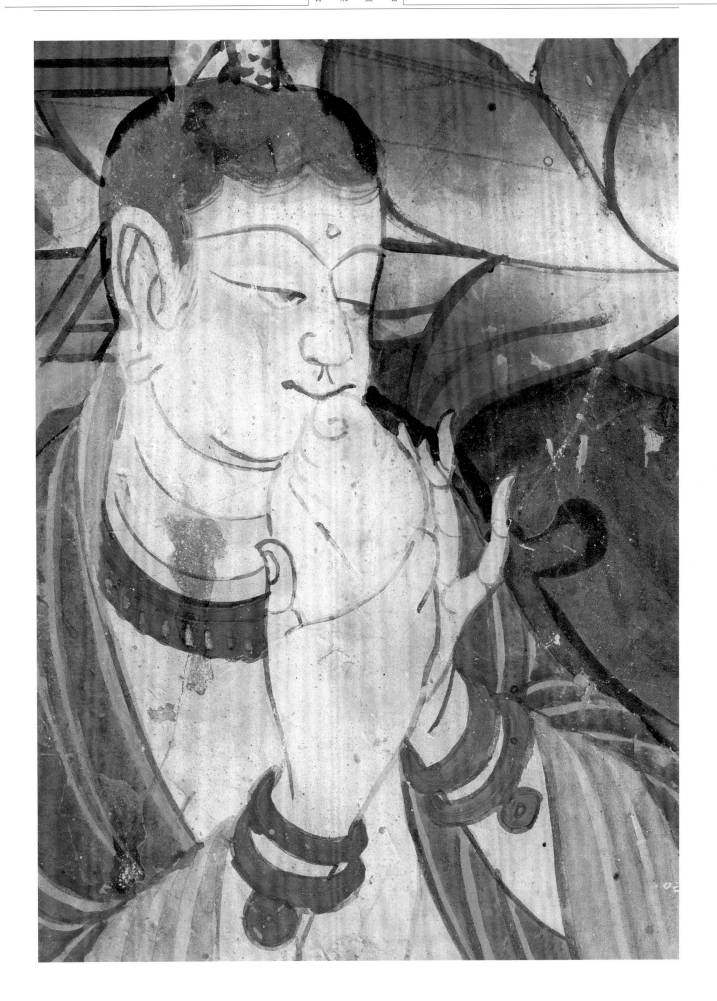

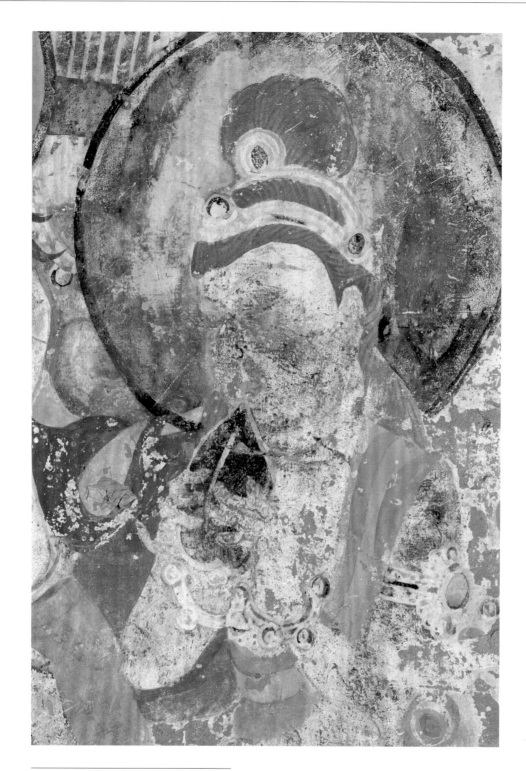

163 吹塤圖

此吹塤圖十分珍貴。塤的圖像，敦煌壁
畫僅見此一例。樂伎雙手捧塤，塤體呈
大桃形，圓底，只見二音孔，其他音孔
為手指所按，孔數不詳。

初唐 莫220 南壁

第二節　連類派生的弦鳴樂器

弦鳴樂器是樂器主要類別之一，均以賦予張力的弦為發聲的振動源。在敦煌壁畫中，弦鳴樂是最具匠心的樂器圖像，不僅數量眾多，而且造型別致，出現了許多敦煌獨有的藝術創造。壁畫中的弦鳴樂器主要分彈弦類和拉弦類。

彈弦類樂器

一、琵琶

敦煌壁畫中最重要的彈弦樂器。其特點是共鳴箱為梨形、四弦，頭部曲項或直項。弦的兩端設山口及縛手。古時初設四相，後來設品柱。古時面板上還裝飾有捍撥，並在面板上左右挖傳音孔，稱為鳳眼。演奏姿勢早期為橫抱，明代以後，隨着技巧的發展，才演變為豎抱，演奏手法用指彈，或撥彈。

琵琶二字始自漢代，最早寫作枇杷或批把，後在字形上與琴瑟連類，故書為琵琶。古時琵琶為廣義詞，文獻上將漢族和少數民族的各種彈撥樂器都泛稱為琵琶。漢代琵琶，指的是圓形的阮，東漢晚期已出現梨形的樣式，魏晉南北朝以後趨向定型，但稱謂逐漸混亂，直到唐代，琵琶之名始固定，圓形的稱為阮咸，梨形的稱為琵琶。

敦煌壁畫中，琵琶的圖形最多，僅莫高窟就繪有700餘隻，居所繪樂的首位，凡畫有音樂樂器形象處必有琵琶，具有音樂的象徵意義，從建窟開始，從未間斷。在壁畫中，可看出琵琶有如下特徵：

1. 形式並不規範，一千年間持續描繪，變異甚多，其原因：一是畫工創作時出於想像，因而在形態上有所出入。二是琵琶在漫長歷史歲月中，有自身演變改革的過程，不同地區、不同時期差別確實較大。這説明它一直處在改革發展中，具有持續發展、相對穩定的特點。

2. 早期琵琶繪製得較小，狹長、窄瘦型居多（如北涼第172窟及北魏天宮樂伎），隋代以後逐漸朝寬、圓形發展。唐代以後基本穩定在寬圓型。南唐名畫《韓熙載夜宴圖》所繪琵琶正與敦煌後期壁畫相符，這種形態的曲項琵琶正是那個時代的標準形制。

3. 曲項和直項兼而有之。從壁畫的實際情況來看，古時並不一定都是曲項琵琶，為數更多的還是直項。唐以後曲項稍多，估計可能宮廷多用曲項，民間直項居多。

4. 早期所繪琵琶，只有四相及縛手，共鳴箱及面板上並無其他裝飾，唐以後出現鳳眼及捍撥，隨後發展到通身彩繪髹漆。在腹板及背後繪有花紋圖案的琵琶，其工藝性尤為突出。

5. 在演奏形式上，除少數反彈琵琶作為舞蹈造型外，大部為踞坐、橫抱的演奏形式。琵琶發展緩慢，相當漫長的歲月是橫抱演奏階段，因其只具四相，只可發音10餘個，僅左手把住按弦，演奏時橫抱足可適應。

6. 用撥，還是手彈，一直是研究琵琶學者所關注的問題。從敦煌歷代壁畫所見，似乎手彈用撥長期並存，唐以後用撥彈是主流，手彈是少數。

7. 敦煌所繪琵琶，均為四相，未見有加設品位者。敦煌絹畫遺畫中，有一幅《熾盛光佛五星圖》卻有所不同。該圖畫一仕女演奏琵琶，此琵琶形制寬大，梨形，有四個相，在四相之下，附有三個品，二短一長，連同四相，即為七柱。此畫題為唐昭宗乾寧四年（公元897年），可證唐代琵琶已有設品的萌芽，音域已有發展。據推測，敦煌壁畫中阮及鳳首彎琴，都設有品位，琵琶自然亦會增設品位，這是必然的發展趨勢。

二、五弦

亦稱五弦琵琶，比普通琵琶多一條弦。五弦與琵琶同時在壁畫中出現，為姊妹樂器。文獻記載，五弦出現於北朝後期，隋唐時期盛行。唐代詩文記事中屢見描述，隋唐燕樂的多部樂中，五弦被列為正式編制。唐後期壁畫中五弦偶然在大型樂隊中，與琵琶相對出現。可見當時社會上確實有實物流傳。五弦與琵琶的區別，文獻有所記載，《唐書‧音樂志》："五弦琵琶稍小，蓋北國所出。"它的形制特點是五弦、直項、稍小，從敦煌壁畫的實況來看，有如下表現：

1. 形體與琵琶相同，只是多一軸一弦而已。小樂隊及零散伎樂不繪五弦，有時繪在"不鼓自鳴"圖中；大型樂隊往往五弦與琵琶並列，大小一般也與琵琶一樣，如繪兩隻，往往其一即為五弦。

2. 五弦的圖形數量不多，莫高窟只見40餘個，與琵琶相比，為數甚微。這種樂器看來歷代並未形成完備的獨立的演奏體系。從敦煌壁畫中可看出歷史上琵琶是主流。

3. 五弦的形態，壁畫中是曲項、直項均有，並非有些學者所說的直項模式。新疆石窟，甚至印度石窟中，五弦四弦也相兼並存，直項、曲項兼而有之。

4. 演奏方式及手法亦同琵琶。壁畫中手彈撥彈兼而有之，未見有特殊演奏方法。

根據以上情況，筆者認為，五弦實際上是在琵琶的基礎上派生出的一種樂器，如今日的二胡與中胡。有的學者說五弦與琵琶是兩種來路絕然不同的樂器，說五弦出自印度，琵琶出自波斯，而且形態各異。這種看法是值得商榷的。

三、葫蘆琴

敦煌特有的一種樂器圖形，屬於琵琶類，可能由琵琶演變而來。史書中未見這種樂器的記載，其他地區石窟也未見描繪，只莫高窟五處，榆林窟一處。葫蘆琴有兩種形制：隋代第423窟繪有彌勒上生經變，其中説法圖繪一樓閣，有數伎樂演奏樂器，其一持葫蘆琴。這是見到的最早一幅樂器小型合奏圖。葫蘆琴在面板上還繪有一對稱的"S"形紋樣，類似小提琴腹板上的"F"音孔。還有一種形態，初唐第322窟藻井北坡中一飛天樂伎持葫蘆琴，上小，下大，輪廓清晰，呈葫蘆形，設四軫四弦，但相位不可辨。還有一幅五弦葫蘆琴（第262窟）。上述幾種圖形都不相同，筆者都認為是畫工偶然的藝術創造，其造型根據就是琵琶。古時是否有用植物葫蘆（匏類）製彈弦樂器，尚待考察。

四、阮

又稱阮咸。緣自晉代竹林七賢之一阮咸善彈此樂器而得名。唐代武則天以後，才正式有阮的名稱。其形態為正圓形共鳴箱，長柄，十二品柱，四弦（或五弦）。阮的歷史久遠，漢代畫像石刻、晉代墓葬中有圖形可尋；文獻記載比琵琶的歷史還早，最初也稱作琵琶（秦琵琶或漢琵琶）。漢末傅玄《琵琶賦》描述的實際是阮。阮一直沿續至現代，現今的月琴、秦琴等，都是阮的發展。敦煌壁畫中阮的特點是：

1. 始自北魏，以後歷代均有描繪。

2. 阮在樂隊中居次要位置，繪製不多，莫高窟共繪近百隻。見之於天宮伎樂及不鼓自鳴中。

3. 形態不統一，表現在共鳴箱的大小、琴柄的長短比例、琴頭的樣式、弦的多少均有懸殊。

4. 後期共鳴箱面板上也設有圓形捍撥，有的也挖有兩隻鳳眼為出音孔，顯然是受琵琶造型影響所致。

5. 演奏姿勢為橫抱，手法為用手彈或撥彈。

6. 阮與琵琶常繪製得十分近似，除共鳴箱為圓形外，常借用琵琶各種部件畫法，也有琴體飾以花紋重彩，有時形狀似圓非圓，接近琵琶；也有頸部彎曲狀似彎頸琴者。

在阮的族類中，有一種花邊阮，是敦煌壁畫中極具特色的樂器，頗引人注目。莫高窟僅繪有二隻，出現於初唐第220窟北壁東方藥師變大型樂隊中及盛唐第217窟北壁觀無量壽經變樂舞圖中，尤以220窟繪製得最為精細。這是一種阮與琵琶造型合成的樂器，古時文獻及其他石窟中均未見此種形狀，因此可能是當地畫家的藝術構想，當然也可能存在此種實物，觀其結構，倒很合乎樂器原理，故也可能當時是一種改革性樂器。這種樂器應屬於低音的彈弦樂器，其特徵為形體較大，扁平圓體共鳴箱，周圍呈花瓣形，琴頭為曲項琵琶式樣，折向後方設五軫五弦，有較短的指板，上銳下寬，設四相，下有半圓形縛手繫弦，演奏者橫抱於胸前，用手指彈奏，這比較接近今日大阮的造型特點。花邊形共鳴箱，在中國民間至今有所流傳，廣東、福建的秦琴、月琴，即有此種形制。敦煌所出花邊阮，可以證實這種花邊型樂器由來已久。

五、彎頸琴

敦煌特異彈弦樂器，為琵琶與箜篌相結合的樂器造型，有人稱之為鳳首箜篌，其實不妥。鳳首箜篌在陳暘《樂書》中已有圖樣。這種彎頸琴，在敦煌也有未飾鳳首的，它的琵琶成分更多一些，因此不能稱為箜篌，姑且名為彎頸琴。這種圖形出現在中晚唐以後，五代、宋、元一直沿襲繪製。其形狀為：共鳴箱全如琵琶，面板上還有鳳眼、捍撥、縛手，頭部裝飾有鳳首，個別還有品柱，大都無弦；有的繃直一條弦，也有沿彎曲的琴頸畫四弦者。主要特點為頸部細長且彎曲成弓狀。一弦者，是將弦空繃直於山口至縛手間，因其琴頸彎曲，弦不可能貼至琴頸及板面，所以不能按音演奏。畫四條弦彎曲者，更屬不合理，弦未能直張，彎曲何能發音演奏？此琴大小也與琵琶相仿，橫抱胸前，以手指彈奏。查歷史文獻並無此樂器的記載，中原地區亦無此種圖像。（唯新疆石窟中曾有此圓形，繪製時間在敦煌之後，顯然是流傳摹擬。）

敦煌出現的彎頸琴圖像並不多，莫高窟繪有27隻。筆者將全部圖樣集中，對比研究，認為此彎頸琴是畫家的一種藝術構思，是想像中的樂器，因為它根本不具備弦樂器的發音構造條件。但為甚麼又流傳了幾代，甚至傳到其他石窟壁畫中呢？大概是因為這種造型比較華麗，富有突出的美術效果，因此為畫家所讚賞。筆者認為，壁畫圖像的流傳，不等於樂器的實際流傳。這實屬畫工創造的美術造型。

六、琴

亦名七弦琴，今稱古琴，中國最古老的弦樂器。傳說由伏羲氏及神農氏創造。二千年來延綿未絕，具有中國文化的象徵意義。琴是所有古樂器中文獻記載最豐富的一種。在古代無論雅樂或俗樂，琴都列為樂隊編制，但俗樂用得不多。敦煌壁畫中，有一些琴的圖像，但為數甚少，顯然是俗樂樂隊嫌其音量窄小，在眾樂器中，不易發揮音響效果。敦煌壁畫樂隊主流是俗樂，多見的還是箏，也有些壁畫，選用了琴。琴的特徵還是明顯的：黑色、七弦、較窄小，無碼有徽。但因畫工寫意，這裏的琴繪製得均不甚明確，多處只是畫一黑色長方框形物，其徽位、弦數、局部構件，均難辨認。僅從輪廓認定是琴的有20餘隻。莫高窟第463窟北壁有一西魏所繪琴圖，長方形共鳴箱，一端有一半圓形缺口、形態怪異。琴的演奏方式,早期並未平置几,亦如其他樂器踞坐斜放演奏,一端置於膝上,一端落在地上。這個特點在敦煌壁畫中表現得尤為明顯,宋代之後琴才在桌上几上平置彈奏。

第 61 窟南壁上繪報恩經變"惡友品",其中的"樹下彈箏"榜題標明善友太子所彈的樂器是琴,為何人們卻稱之為樹下彈"箏"呢?經查,佛經裏描述這個故事彈箏和彈琴並存,這是古人翻譯的失誤。佛經從印度傳入,版本原為"維那"此乃印度古代民間樂器。箏與琴都是附會之意。

七、箏

亦稱秦箏、古箏。春秋戰國時已出現並流行於中國北方,與瑟為同類樂器,比瑟弦數少,相傳由瑟分化而成。早期可能為竹製,後來演變為木製,取材於桐桑。其形較瑟小,較琴大,音箱呈長方形,刳桐為體,匣式拼合,為適應弦的張力,面板上下左右均成一定弧形,也便於雁柱排列。箏的弦數,在不同時期、不同地區多寡不一,古時一般為 12 或 13 弦,設一雁柱(琴碼),每弦只發一音,可左右移動,以調節音高。箏的共鳴效果較好,音量較大,音色優美,因而各個朝代、各地區、各民族長期使用流傳,經久不衰,至今仍為具中國特色的彈弦樂器。

敦煌壁畫中,箏的圖形較多,古琴次之,未見有瑟。看來敦煌壁畫樂器的選用,與當時社會音樂風尚有關。瑟自漢代之後,在民間逐漸被淘汰,只見於文獻所述的雅樂編制中;古琴音量小,適於室內獨奏,不宜參加樂隊;敦煌樂器所示,古琴屬民間俗樂,因此經變樂隊中用箏較多。許多樂隊圖像中的箏描繪得十分具體:雁柱、嶽山、雁足,弦的排列及弧形琴體,甚至面板未經漆飾的木紋,都繪得十分細緻,和今日的箏基本相似。可見到唐代,箏已發展得十分完善。也有的繪製簡略,或只具輪廓,或只繪一長方形框架,略呈弧形,表示箏的形象。箏的演奏形式,還是踞坐,置於腿上,平放或斜放均有。看來早期箏和琴都不置桌几上,也未有箏架。

八、箜篌

最初名為坎侯或空侯。從古代文獻上看,中國流傳過兩種形制的箜篌:

1. 臥箜篌:這種箜篌,早在春秋戰國時就在南方的楚國流傳了。它由琴瑟類派生而出。其形態特徵為:長方形共鳴箱,在面板上粘有品位。嘉峪關墓及敦煌最近出土墓葬畫像磚中可見;史書只有這個名稱,未見具體的描述。臥箜篌可能是在漢晉以前流行過的一種彈弦樂器,後來消亡,由箏瑟代替。故今天除見於漢畫像石及魏晉墓葬壁畫外,已不見實物流傳。但在鄰國朝鮮尚見遺存，那裏的“玄琴”，即是箜篌的發展。遼寧輯安的高句麗墓壁畫中，也有此圖形，是否為古時中國的臥箜篌，尚待進一步研究。

2. 豎箜篌：與前述的臥箜篌，是兩種在結構上完全不同的樂器。豎箜篌為一種三角形框架，多弦，豎立演奏的樂器。漢代以前未見，漢以後相當流行，南北朝以後的壁畫、石刻、樂舞陶俑等圖像資料中多有發現。它屬於世界上的豎琴體系，可能源自西亞、埃及和印度。這些地方古代的豎琴圖像甚多，從時間上看均早於中國。埃及甚至在公元前一二千年的壁畫及雕塑中即有此圖形。中國的豎箜篌很可能是隨印度佛教文化，經西域進入中原的。《隋書·音樂志》記載：“今曲項琵琶，豎頭箜篌之徒，並出自西域，非華夏之舊器。”《通典》載：“豎箜篌，胡樂也，漢靈帝好之，體曲而長，二十二弦，豎抱於懷中，兩手齊奏，俗謂之擘箜篌。”宋代吳自牧《夢粱錄》卷3有段惟妙惟肖的描繪：“高三尺許，形如半邊木梳，黑漆鏤花金裝畫台座，張廿五弦，一人跪而交手擘之。”以後的箜篌就專指豎箜篌了。儘管這件樂器可能源於西方，但在中國也有千餘年的流傳歷史，並逐漸為中國所改造，成為中國的民族樂器了，我們從敦煌壁畫中，已清楚地看到這一點。它在歷代的描繪中，無論造型、構

件裝飾、演奏形式都具有濃厚的中國特色。壁畫中箜篌相當多，僅次於琵琶，莫高窟繪有200餘隻。早期箜篌畫得簡單，形體小，一手持，一手彈，弦數也較少；唐以後的箜篌，多為大型彩繪，華麗壯觀，邊框飾有團花、團龍、團鳳等紋樣。敦煌壁畫中有兩種豎箜篌。一類是置於地上踞坐抱置胸前，兩手彈奏，外形華麗的大箜篌，約有三四尺高；一類是框架下部有一把柄（腳柱），左手持舉，右手彈奏的小箜篌，高二尺左右，比大箜篌約小一半。

箜篌為中國古代弦樂器，敦煌繪製的時代正是這件樂器從興至衰時期，所以反映得很全面。明代以後這件樂器就消失了，它所以被淘汰，可能是有它自身的弱點，只靠框架共鳴，音量、音色肯定遜於古箏、琵琶。箜篌在中國境內各民族、各地區現在都不復存在。唯鄰國緬甸尚有一種桑柯，其形態有一彎形共鳴箱。現今，中國又出現複製和改製的箜篌，基本上參照西洋豎琴和古代的形制構造，較為成功，而西方現行豎琴是近一二百年才出現的改革性樂器。

鳳首箜篌是敦煌壁畫中特異樂器的造型，鳳首裝飾，下端有一窄共鳴箱，邊框呈四邊形，多弦。此樂見諸榆林窟第3窟西夏繪千手觀音圖中，酷似現今緬甸民間桑柯。這種鳳首箜篌就是唐書所載驃國所進之箜篌，還是畫工繪製的偶

合，或有所依據，尚待進一步研究。何謂鳳首箜篌，宋代陳暘《樂書》也未說清楚。該書所繪的鳳首箜篌，實際上就是三角形的箜篌，再加畫上鳳首。這種圖形敦煌壁畫中也有。現今一些學者把彎頸琴及畫有鳳頭的三角形箜篌稱為鳳首箜篌，這是不妥的。

拉弦類樂器

敦煌壁畫中的拉弦類樂器是胡琴。胡琴古亦稱奚琴、嵇琴，是中國弦樂器中出現較遲的一個種類。文字最早見之唐代，《教坊記》有"嵇琴子"條；孟浩然有"竹引嵇琴入，花邀載酒過"之詩句；其他文獻言之者甚少，宋代以後記述較多。陳暘《樂書》有專條記載："奚琴，本胡樂也，出於弦鼓，形亦類焉。奚部所好之樂也。蓋其制，兩弦間以竹片軋之，至今民間用焉。"並隨文附插圖。莫高窟未見胡琴圖形，安西榆林窟第10窟（元代）及第3窟（西夏）繪有大小共四支，為壁畫中胡琴之最早者。壁畫中的胡琴圖像形為一鼓形琴筒，琴桿插入小鼓中，類似今之墜胡狀，有千金隔弦，有碼，二軫，二弦。頭部為捲蘇形，筒側有一弓，直線是竹片還是馬尾，不能識辨；其演奏姿式為左手持琴，右手持弓，與今日胡琴奏法相同。榆林窟胡琴的圖像，是中國壁畫中最早出現的拉弦樂器圖形，可以證實從西夏至元代，胡琴在西北地區確已流行。

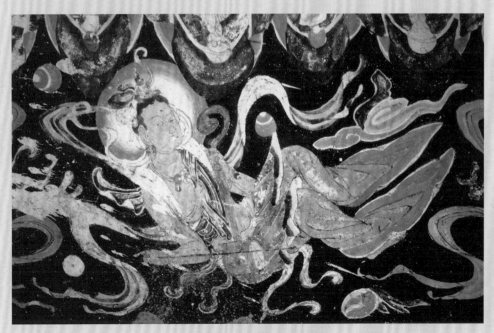

榆林第10窟拉胡琴飛天

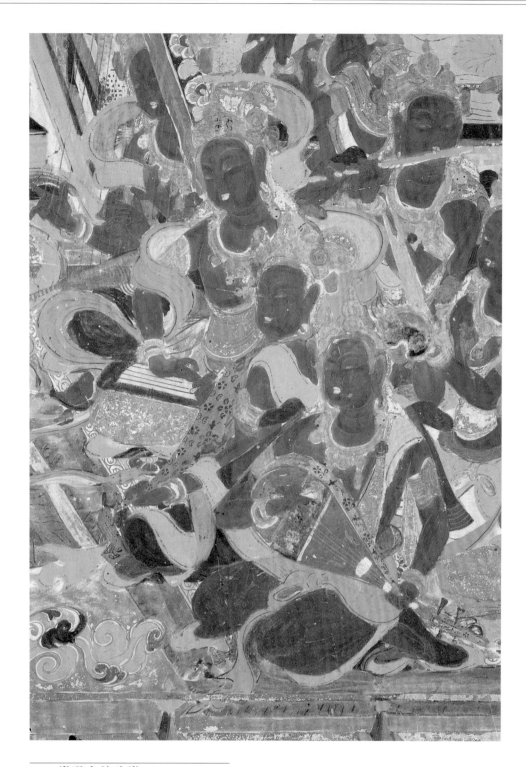

164 樂隊中的弦樂

弦鳴樂器是敦煌壁畫中最具匠心的樂器
圖像,也是經變樂隊中最常見的樂部之
一。圖中兩樂伎彈琵琶,一曲項四軫,
棱形頭,只可見其背面,梨形共鳴箱較
長;一直項四軫四項,有縛手捍撥和月
牙形鳳眼。兩琴特點是全身精工彩繪,
不但縛手捍撥,甚至琵琶背面和琴頭都
飾有花紋。可見唐代的樂器裝飾是相當
華麗的。

盛唐 莫148 東壁

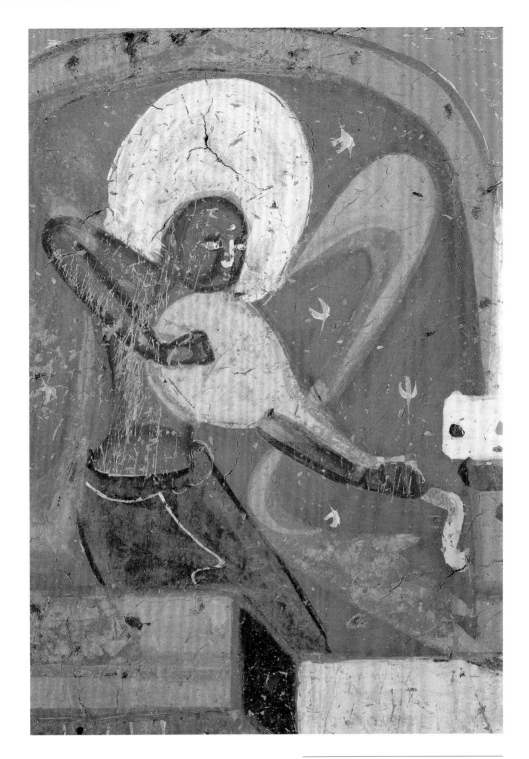

165 圓形琵琶

此身彈琵琶天宮樂伎立於天宮欄牆內，露上身，面部疊染的五官，變色後形成了北朝時期特有的"小"字臉。所彈琵琶的共鳴箱大而圓，曲項，頸細長，手彈，説明琵琶和阮在形制上是有一定淵源的。

北魏　莫251　南壁

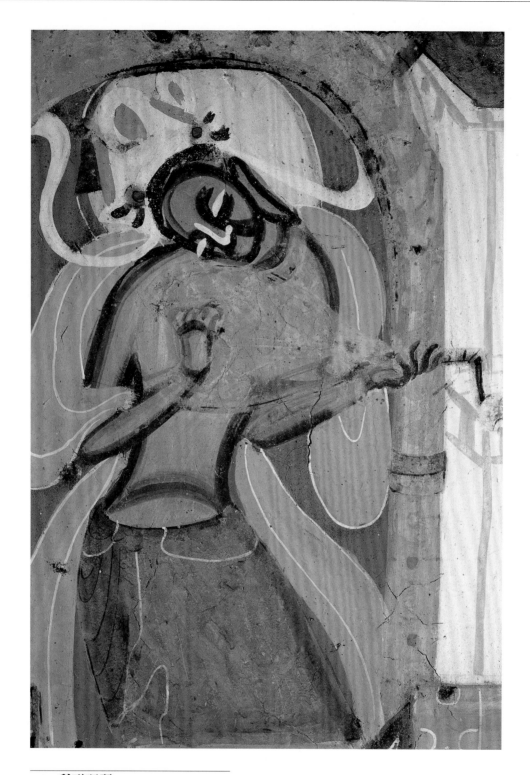

166 梨形琵琶

演奏琵琶的樂伎身體修長扭屈，小字臉
靠在琵琶上，神情專注。琵琶共鳴箱
大，梨形，琴頸細長，頸短頭小。

北魏　莫435　北壁

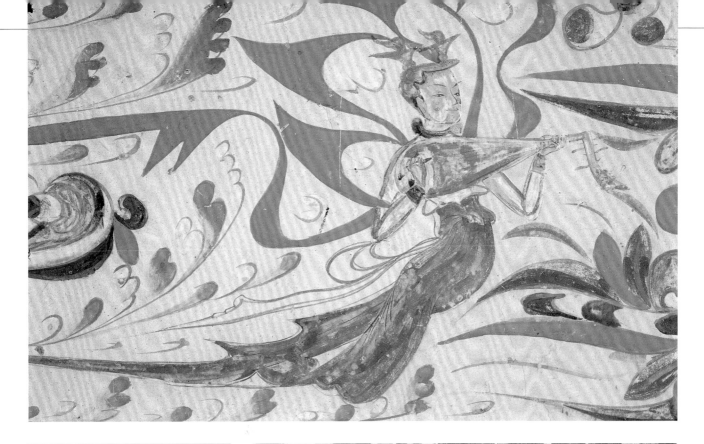

167 狹長窄瘦的曲項琵琶

圖中飛天彈奏的琵琶共鳴箱狹長窄瘦，
曲項，這也是早期敦煌壁畫中常見的一
種琵琶形制。

西魏 莫285 南壁

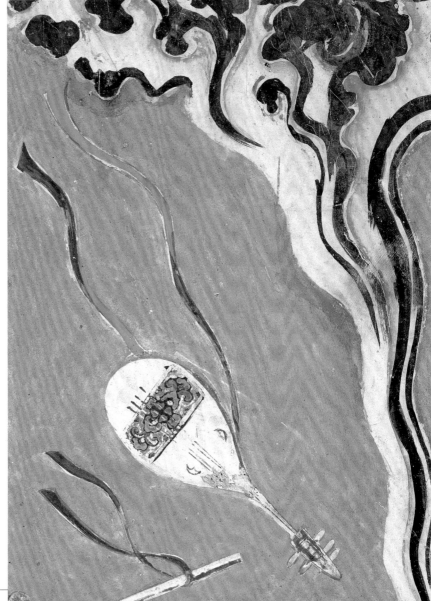

168 彩繪琵琶

天空中隨風自鳴的為直項琵琶，四相、
四弦，繪製清晰，共鳴箱面板上繪有鳳
眼和花紋圖案，裝飾效果突出，這是進
入唐代以後琵琶繪製出現的新變化。

初唐 莫321 北壁

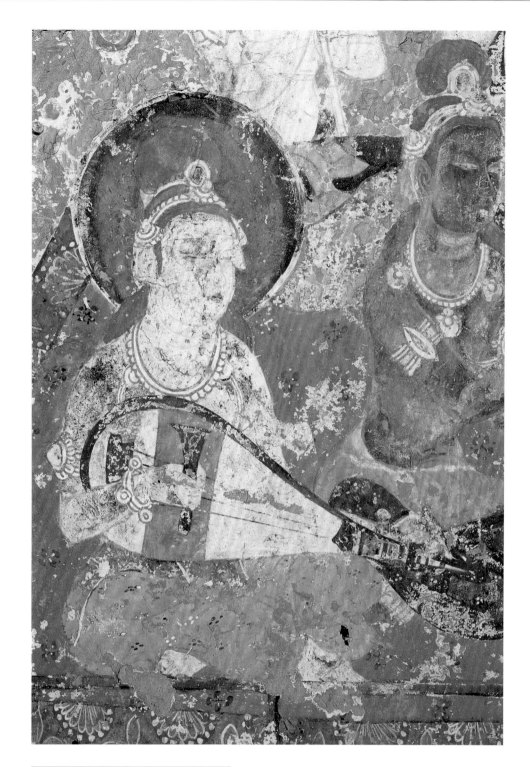

169 琵琶樂伎

這是大型經變樂隊中的樂伎特寫。彈琵
琶樂伎坐在方毯上，輕紗透體，瓔珞綴
環，裝飾華麗奪目，橫抱琵琶用大撥演
奏。琵琶造型準確，細部清晰，梨形共
鳴箱，上有捍撥、月牙形鳳眼，四弦四
軫，摩尼寶珠形琴頭。

初唐 莫220 南壁

170 共命鳥彈特形琵琶

這身位於平台朱欄旁的共命鳥樂伎彈奏
的樂器，與今日新疆的東不拉造型相
似，敦煌壁畫中僅見此一例。

盛唐 莫148 東壁南側

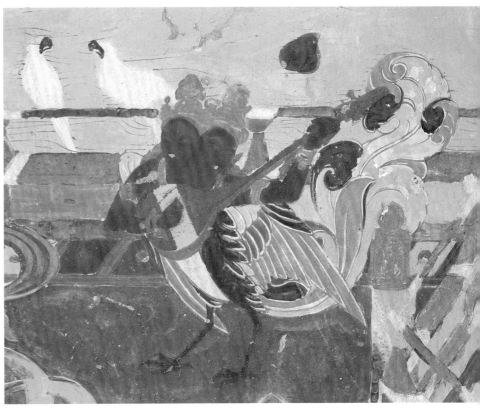

171 橫彈琵琶

圖中聽法菩薩在北壁東起第二鋪如意輪
觀音像西側。菩薩橫抱曲項琵琶，用撥
演奏。琵琶通身彩繪髹漆，項上有貼片
裝飾，有縛手和捍撥。壁畫中琵琶的演
奏形式大都是踞坐、橫抱，這種演奏方
式符合琵琶只有四相的簡單形制。

晚唐 莫14 北壁

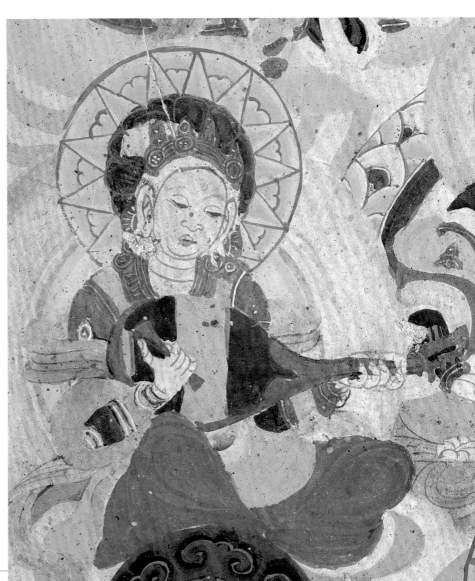

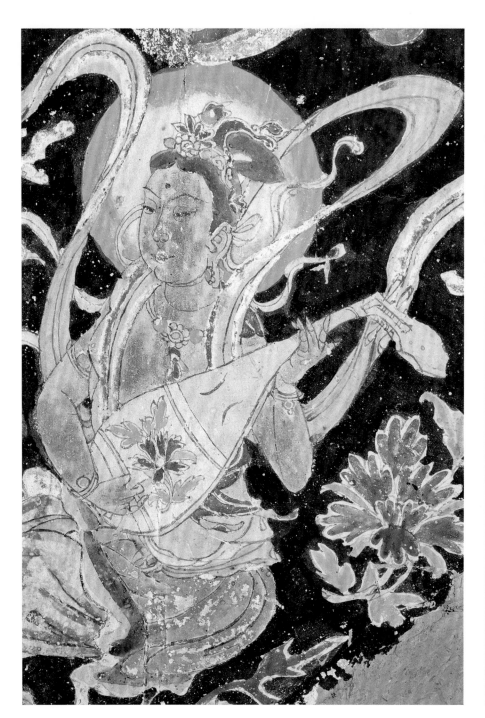

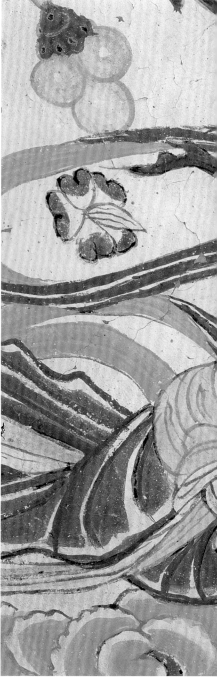

172 斜彈琵琶

飛天樂伎斜彈琵琶的姿勢和方法與今日
相同，琵琶面板上繪着牡丹花，捍撥很
寬，鳳眼細長，琴頭式樣很別致。
西夏 榆10 窟頂西坡

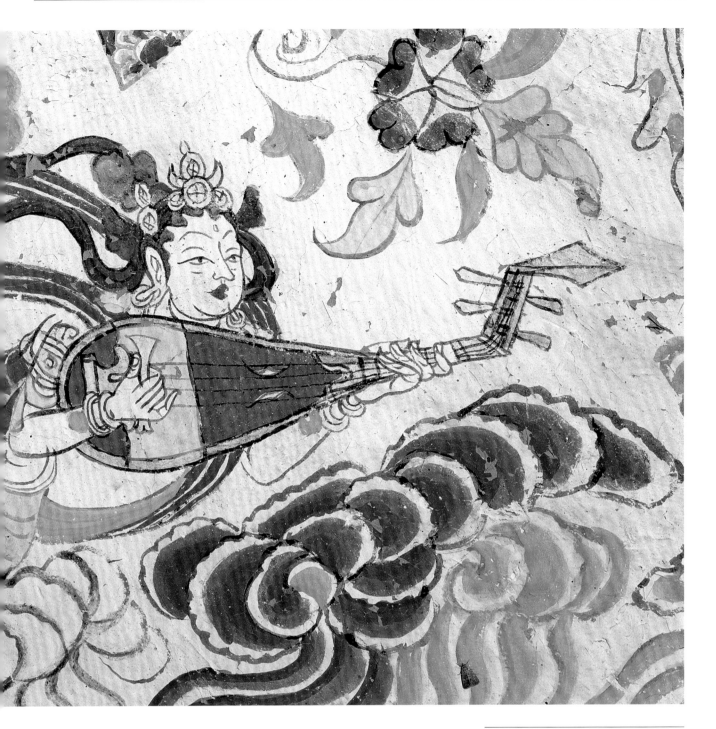

173 撥彈琵琶

在敦煌壁畫中，琵琶彈奏手彈與撥彈長
期並存，唐以後樂伎多用撥彈。這身飛
天樂伎用撥彈奏梨形曲項琵琶，面板上
縛手和捍撥均較寬，月牙形鳳眼，棱形
頭，琴頸上畫有數相。

宋 榆15 窟頂西坡

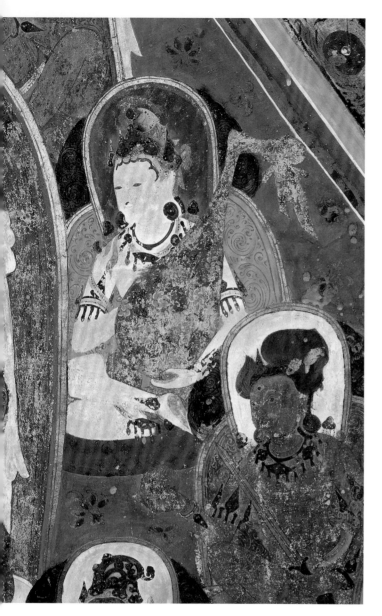

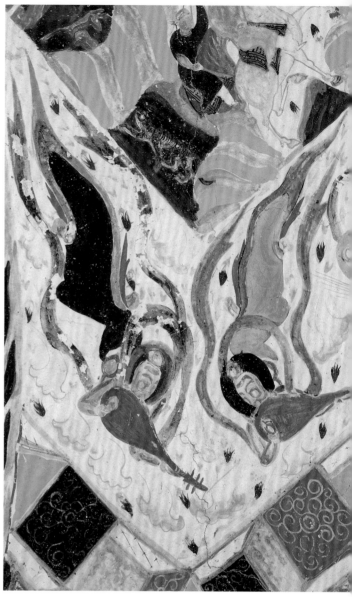

174 豎彈琵琶

一身供養菩薩將一琵琶豎靠在左臂，左
手托底，面板向內，曲項側外，裝在有
五瓣花紋的布袋中。宋元時期，琵琶形
制和功能進一步改進，演奏方式亦逐漸
由橫彈發展到豎彈，因此，這一時期壁
畫中也出現豎彈琵琶的樂伎形象。

元 莫465 窟頂東坡

175 五弦琵琶合奏

兩身飛天，一彈五弦，一彈曲項琵琶。
敦煌壁畫中的五弦始見於此窟，以後出
現較少。從圖中看，五弦與琵琶形制相
似，實際上是琵琶派生出來的一種樂
器，壁畫中常與琵琶同時出現，為姊妹
樂器。

北周 莫299 窟頂北坡

176 不鼓自鳴的五弦

這隻不鼓自鳴中的五弦，共鳴箱稍窄，
頸部稍長，直項頭銳，縛手和捍撥齊
全，五軫卻畫了六弦，想是畫工粗心所
致。

初唐 莫322 北壁

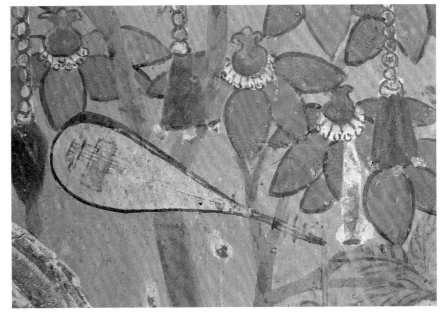

177 飛天彈小葫蘆琴

葫蘆琴為敦煌壁畫所獨有，琴身呈葫蘆
形，上小，下大，葫蘆的兩圓緊連無
腰，故稱小葫蘆琴。琴身輪廓清晰，設
四軫四弦，但相位不可辨認。這種葫蘆
形彈奏樂器是現實中確有的實物，還是
純為藝術創作，尚有待進一步考證。

初唐 莫322 窟頂北坡

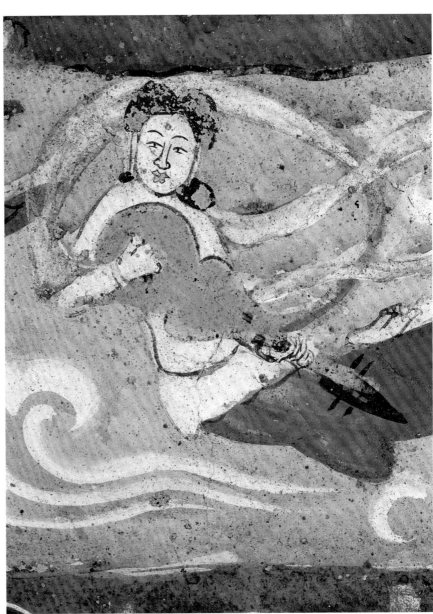

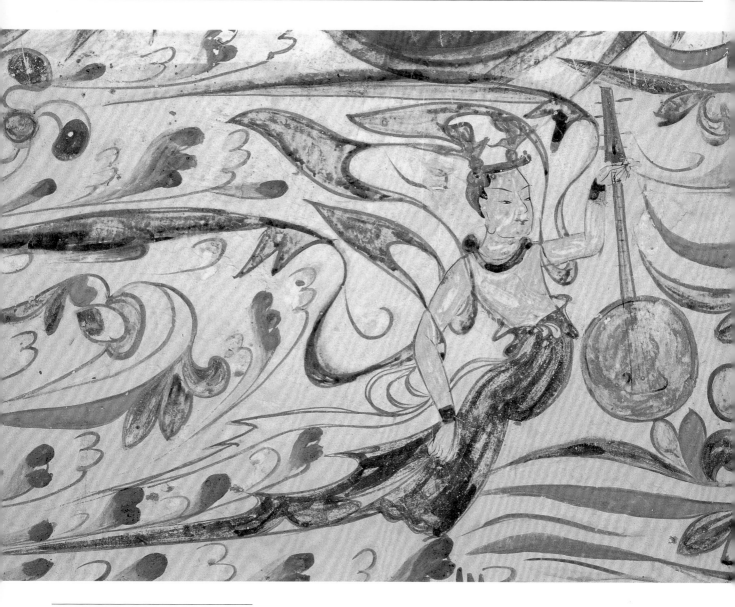

178 持阮飛天

這是敦煌早期壁畫中的阮,樂器形制描
繪準確,正圓形共鳴箱,長柄,琴身無
彩繪紋飾。阮的演奏姿勢為橫彈,圖中
飛天樂伎單手豎持阮,顯然不是在彈
奏。

西魏 莫285 南壁

179 彈花邊阮

這是敦煌壁畫著名的彈花邊阮圖像。花
邊阮的圖像僅此窟和第217窟兩例,樂器
造型獨特美觀,共鳴箱偏平,周邊為六
瓣花瓣形,指板上窄下寬,設四項,琴
頸如曲項琵琶後折棱形頭,軫子數不
詳,但從弦數可知為五軫,縛手成圓弧
形,捍撥不似琵琶的長方形,而成半圓
形,用手指彈奏。

初唐 莫220 北壁

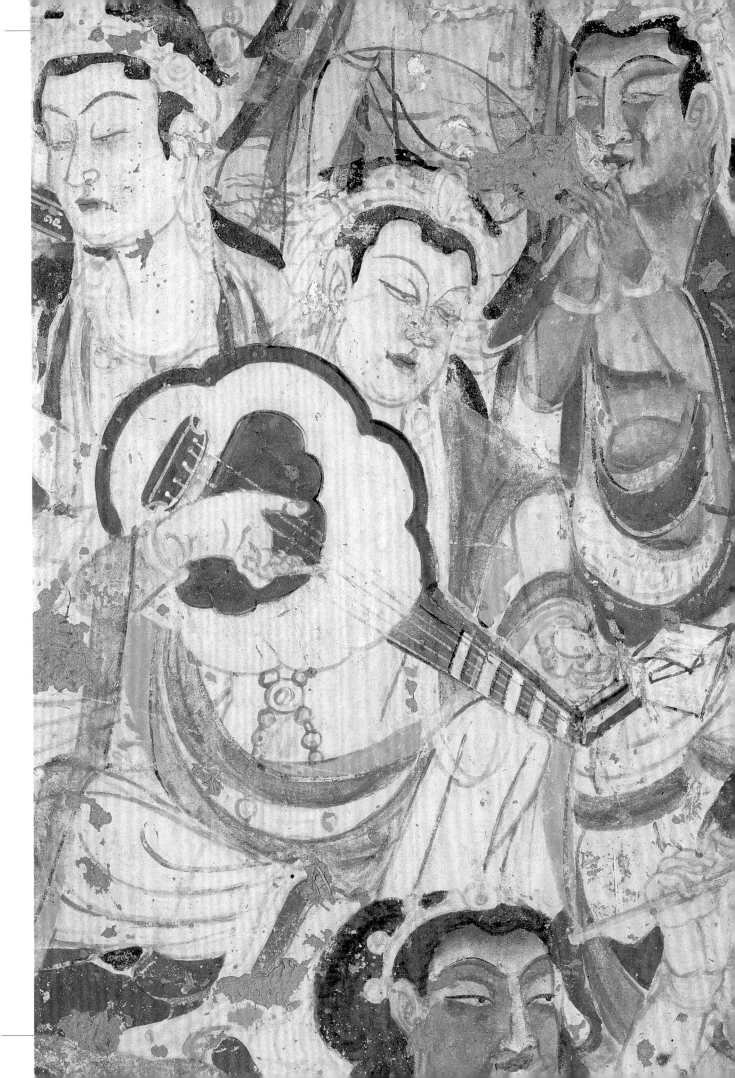

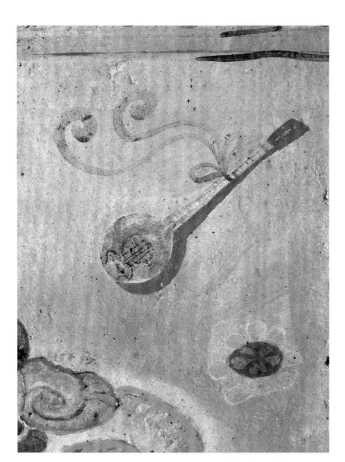

180 不鼓自鳴阮

這隻阮位於南壁上部不鼓自鳴與天花流雲一起飄在虛空中。阮圓形共鳴箱很厚，面板上縛手直到邊框，圓形捍撥，造型接近現代彈弦樂器。阮柄上銳下寬逐漸增厚。從發音原理上看，並沒有甚麼道理。琴頭方形，四軫褪色，只見四個白點。

中唐 莫201 南壁

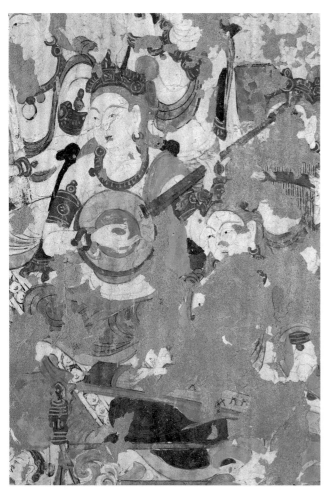

181 彈箏撥阮

樂伎長眉細眼，小嘴，形象嫵媚，服飾華麗。一樂伎所彈箏的面板方頭弧形，上有數弦置碼上，碼杯形，兩行排列。阮的共鳴箱圓形較厚，面橢圓，縛手捍撥彩繪，阮柄長，上有品，方頭。

中唐 莫159 南壁

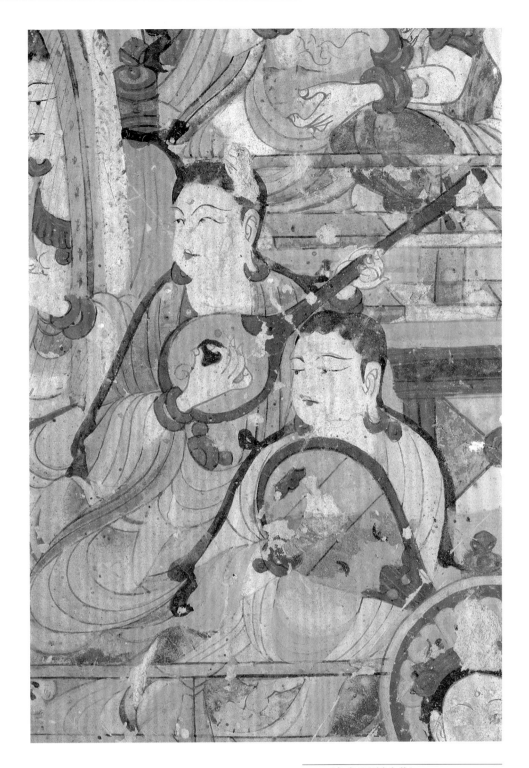

182 演奏琵琶和阮

這是大型經變樂隊中的兩樂伎，分別手
持琵琶和阮。在敦煌壁畫中，阮一般只
出現在大型樂隊中，常與琵琶同時出
現，阮共鳴箱為圓形，琵琶共鳴箱較
長。

中唐 莫112 南壁東側

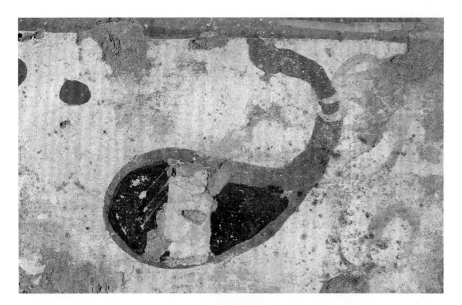

183 不鼓自鳴的彎琴

這隻奇特的彎琴形似琵琶,共鳴箱梨
形,半月形縛手,長條形捍撥,頸部向
上彎曲,橢圓形琴頭。敦煌壁畫僅見此
一例。

晚唐 莫107 北壁

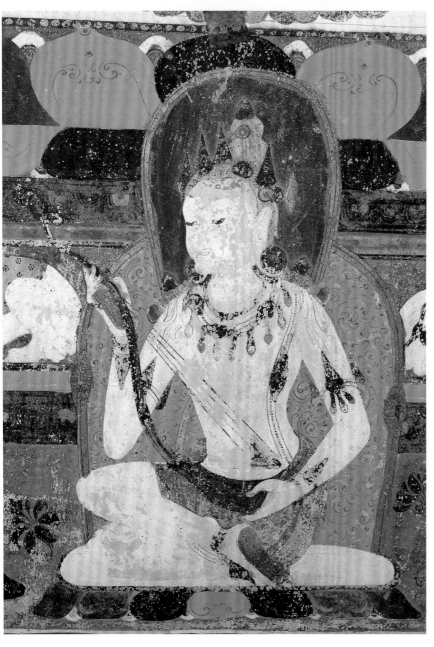

184 彎琴彈奏

此窟表現藏密風格題材的內容。密宗洞
窟繪音樂內容很少,此窟僅見琵琶、彎
琴和鼓。圖中抱彎琴的供養菩薩,高髻
寶冠,項飾珠環,裸上身,着短褲,手
足掌塗朱色,左手握琴頸,右捧琴。密
宗教派所繪彎琴,敦煌壁畫僅見此一
例。四根弦從面板下方繃直至琴頸,不
貼琴面,形狀像一大湯匙。

元 莫465 窟頂東坡

185 飛天彈鳳首彎琴

這身飛天樂伎戴三珠冠,項飾臂釧,上
身裸,下束羊腸裙,橫抱鳳首彎琴,指
彈。琴頸很長,弓形上為鳳首,鳳口中
叼一根弦,無軫,共鳴箱如琵琶的梨
形,稍偏平,有縛手和捍撥。此琴圖形
在敦煌壁畫中,最早出現於初唐,延續
至元代均有繪製。但未必有實物,因其
按弦指板彎曲,不符合發音構造,僅是
畫工浪漫的想像創造出來的優美別致的
圖像而已。

中唐 榆15 前室頂

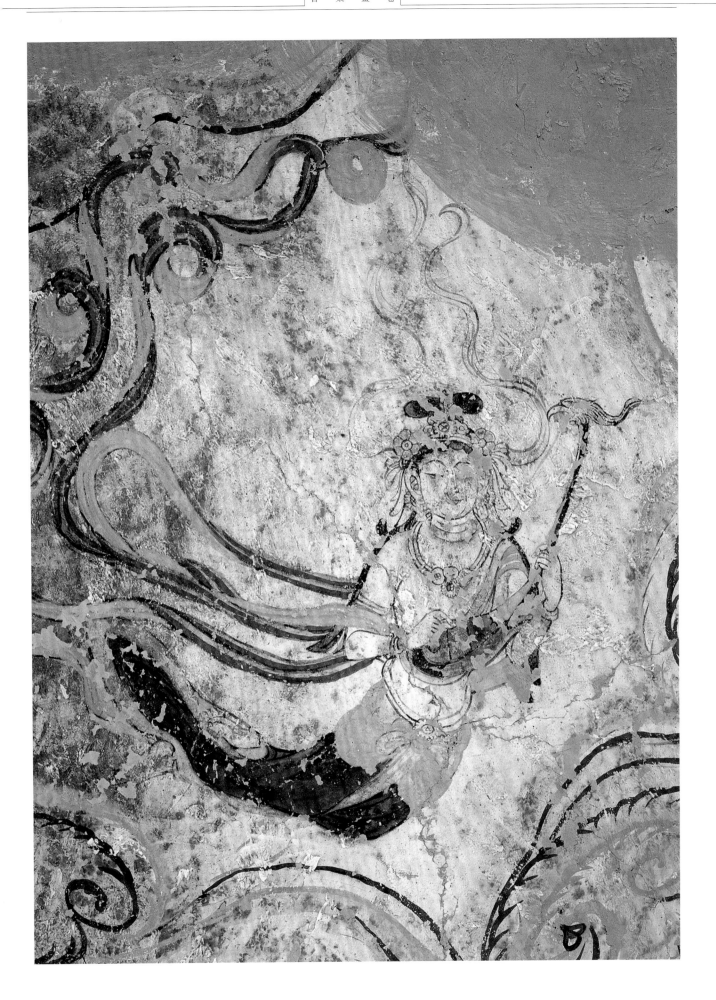

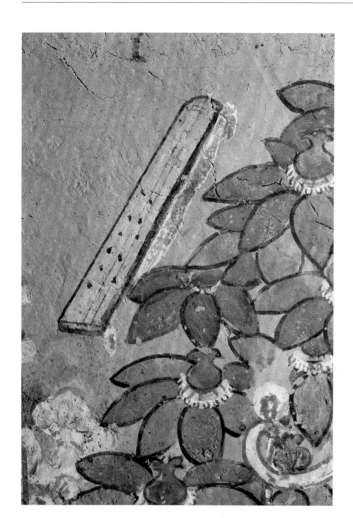

186 不鼓自鳴的箏

在佛的寶蓋周圍花樹旁畫不鼓自鳴。這
隻箏頭圓尾方，兩排碼子，弦數不清，
面板平直，嶽山呈弧形。

初唐 莫322 北壁

187 彈箏飛天

這隻箏繪製簡略，只具輪廓，是一種寫
意的表現手法。

初唐 莫322 窟頂南坡

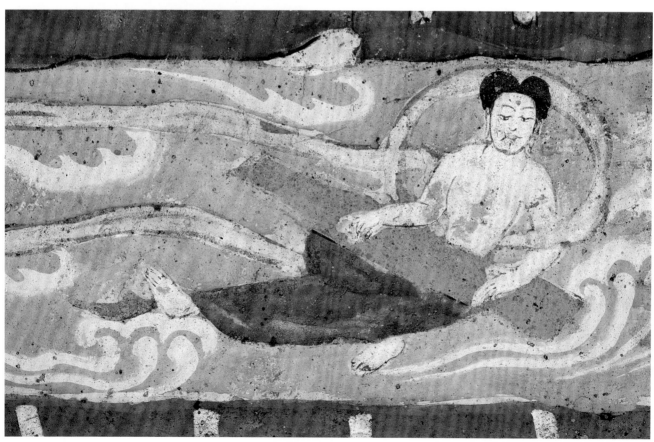

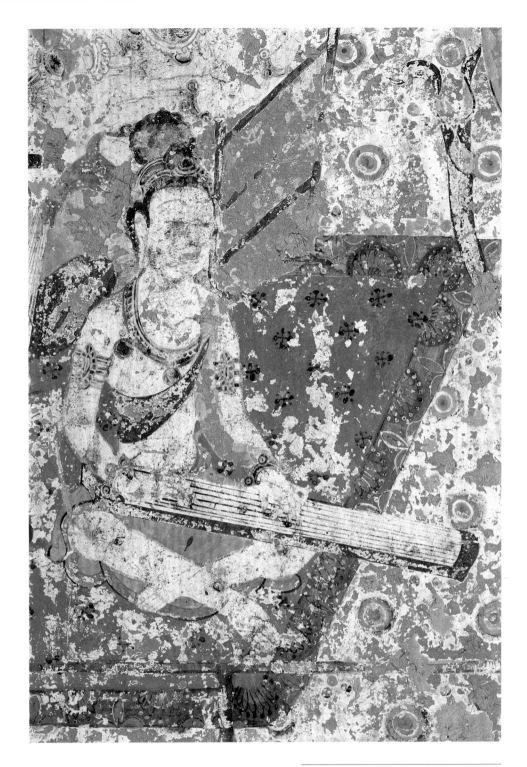

188 撫箏圖

樂伎斜披天衣坐方毯上，所彈的箏精緻
小巧，邊框裝飾花紋，面板弧拱，有弦
有柱，但弦數頭尾不符，為畫工馬虎所
致。

初唐 莫220 南壁

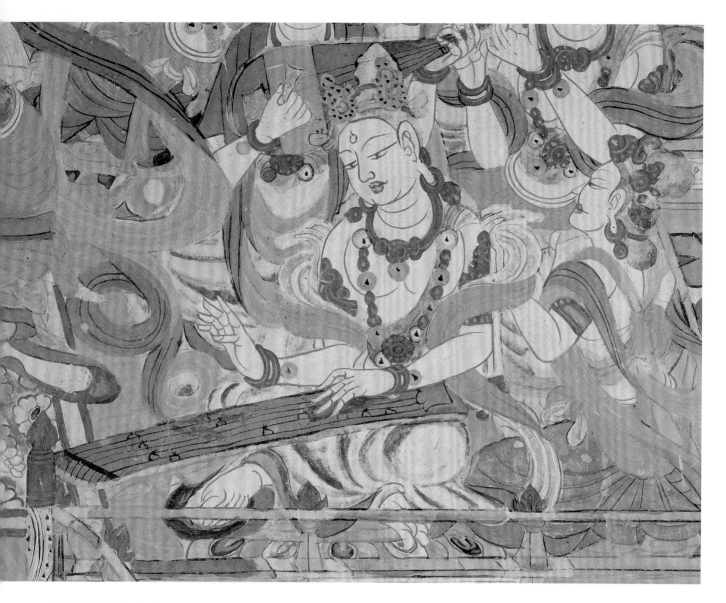

189 撫箏圖

彈箏樂伎踞坐撫琴，神情自然生動 。箏
斜置於樂伎腿上。從畫上看，箏的結構
和放置的比例都不太合理，這可能只是
一種藝術的表現。

五代 莫98 南壁

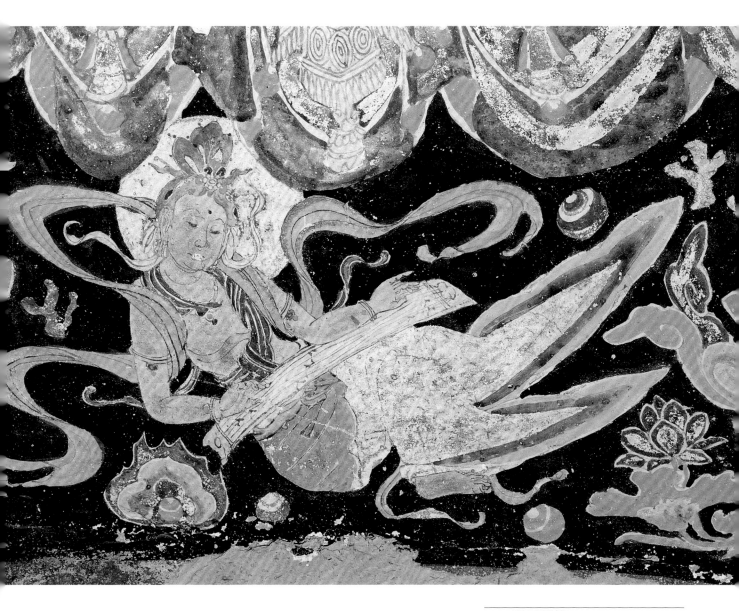

190 飛天彈箏

彈箏飛天樂伎的箏兩頭裝飾很考究，弦
和碼清晰。

西夏 榆10 窟頂西坡

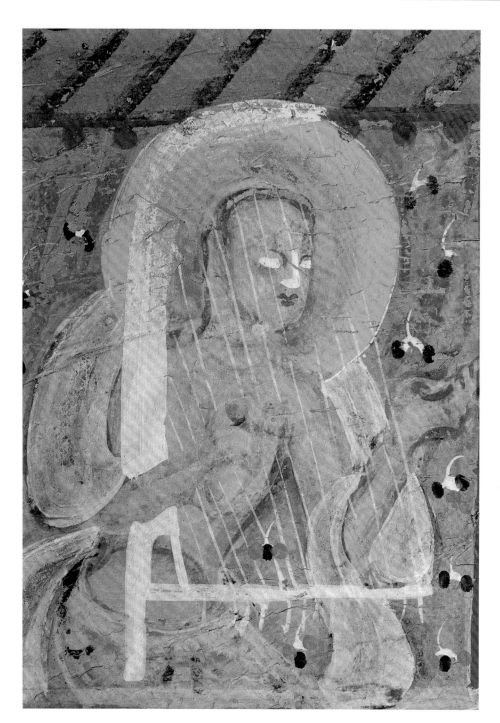
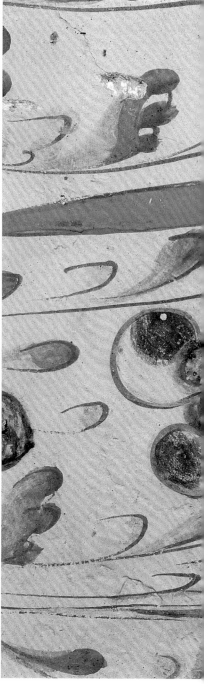

191 擘箜篌

箜篌在漢以後相當流行。敦煌壁畫中箜
篌圖形甚多,僅莫高窟就有二百餘隻。
這身樂伎所擘為小箜篌,半邊木梳形框
為共鳴箱,下部有把柄,箱面板與栓弦
橫樑相接,十三弦,雙手在兩面一前一
後彈奏。

北魏 莫431 北壁上部

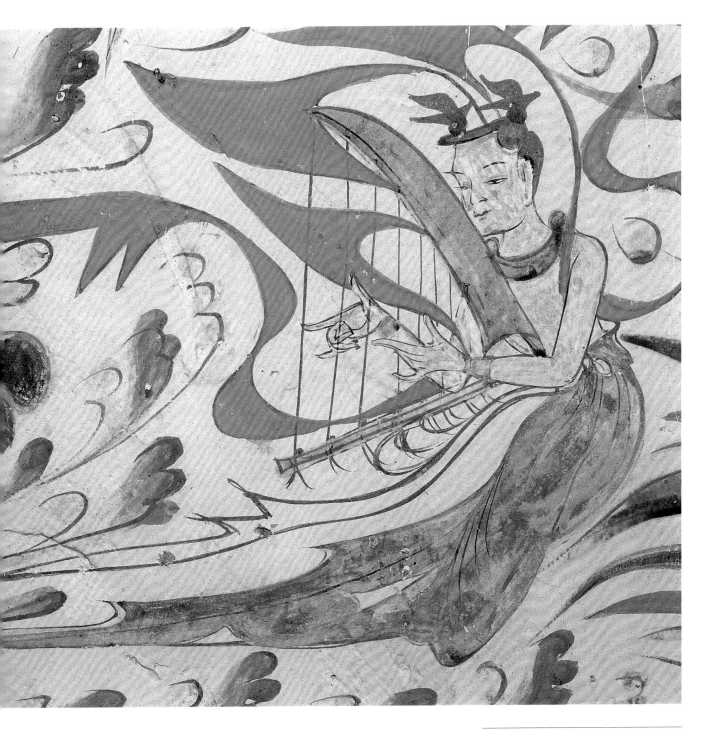

192 飛天擘箜篌

西魏 莫285 南壁

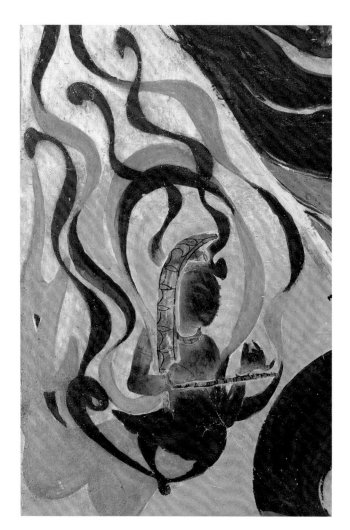

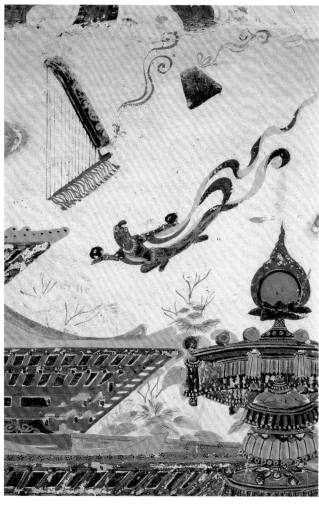

193 演奏小箜篌

敦煌壁畫中，豎箜篌有兩種形制，一為
大箜篌，一為小箜篌；演奏方式亦不相
同，小箜篌的演奏方式為左手持舉，右
手彈奏。圖中飛天所持似為小箜篌，邊
框還繪有花紋。

隋 莫420 北壁龕頂

194 不鼓自鳴箜篌

錯落有致的亭台樓閣上方，玲瓏的飛天
乘風而降，天樂不鼓自鳴。此圖為箜篌
和方響特寫。方響繪製簡略，箜篌卻精
描細畫，邊框為四邊形，琴底部有紅色
飾物，弦數較多。從與方響的比例看，
此箜篌應為大豎箜篌。

盛唐 莫172 北壁

195 不鼓自鳴箜篌

敦煌壁畫中的箜篌都比較寫實，這具箜
篌邊框彩繪圖案精美，琴身底部墜有飾
物，在彩帶和團花的擁簇下更顯華麗。

盛唐 莫225 南壁龕頂

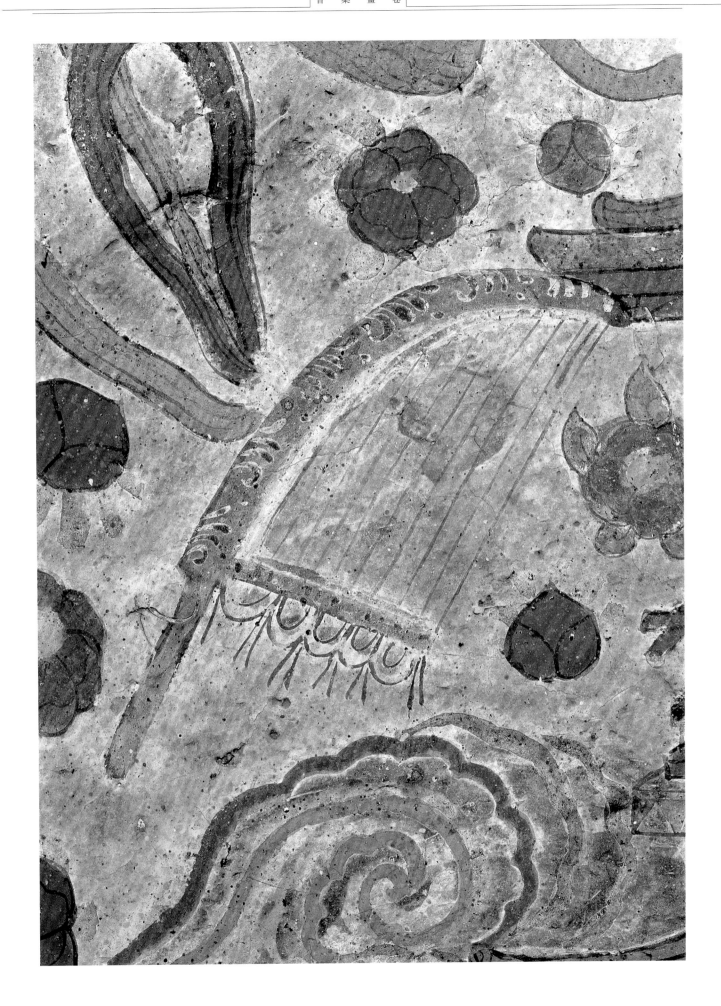

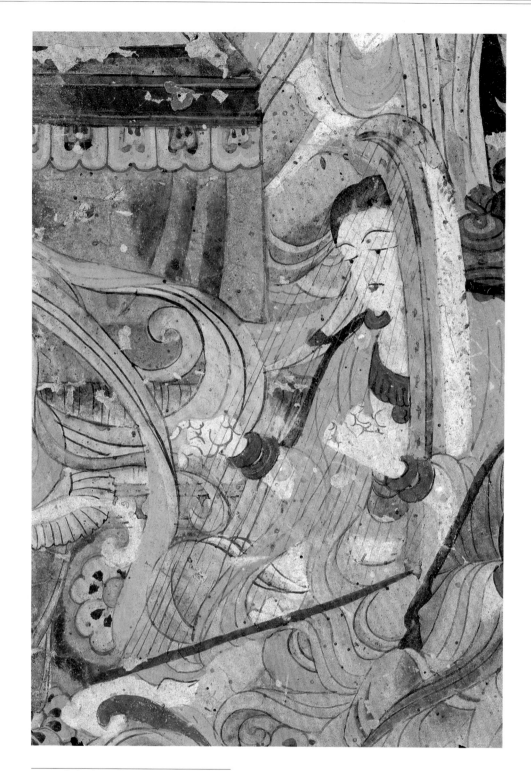

196 演奏大箜篌

這是大型經變樂隊中彈箜篌樂伎特寫。
樂伎踞坐，懷抱大箜篌置於胸前，雙手
撥弦。

中唐 莫112 南壁

第三節　形制多樣的打擊樂器

打擊樂器分膜鳴樂器和體鳴樂器兩種。膜鳴樂器是以張緊的膜為聲源體，通過敲擊、摩擦等方式振動發聲；敦煌壁畫中出現的膜鳴樂器主要是各式鼓類。體鳴樂器是以一定形狀的發聲物為聲源體，在自由狀態下受激發聲；敦煌壁畫中的體鳴樂器除樂之外，還包括一些傳統的法器。

膜鳴樂器——鼓

中國民族樂器中鼓的歷史久遠，是世界上鼓的最早發源地。除本土源流的鼓外，中國歷代還吸收了許多外來的鼓，它們對民族音樂的豐富和發展產生了重要影響。在中國古代歷史上，西域地區素以音樂舞蹈發達而聞名。從秦漢時期開始，西域少數民族的音樂和樂器就源源不斷地傳入中原地區，其中包括許多外來的鼓連同擊奏技法和鼓曲，它們在中原地區長期盛行，大大豐富了當時的音樂生活。據歷代史書記載，唐代鼓的種類達30多種，其中，幾乎半數是少數民族和外來鼓。敦煌壁畫中的鼓，帶有濃郁的西域風格，反映出河西地區在古代中西音樂的交流中的紐帶作用。

一、腰鼓

1. 腰鼓　蜂腰型膜鳴樂器，其特徵是細腰，鼓形狀如兩個碗底部對接而成，兩端張以皮革，以繩收束，使皮膜繃緊，敲擊發音。也有用繩束，類似今日的鼓，將皮膜釘粘在邊框上。腰鼓演奏方式是繫於腰間，或置於面前，踞地演奏，用手拍或杖擊發聲。腰鼓發展歷史悠久，種類變異甚多，最早可追溯到史前。敦煌壁畫中，從早期北涼至元代，一貫始終，從未間斷，而且形類繁多，幾乎每一隻都有其特色。它在壁畫中不僅出現於樂隊，而且是舞伎表演的重要道具。在經變中，常有腰鼓獨舞，或與反彈琵琶合組的雙人舞蹈場面。腰鼓的圖形，早期較簡單，愈後造型愈精美，裝飾亦愈豐富，彩繪花紋雍容華麗，顯然是一種具有高度工藝水平的裝璜性樂器。樂隊中腰鼓起領奏的作用，往往集中排在前列，有時一個樂隊，連用數隻，前排全列腰鼓。可見其氣勢。

2. 毛員鼓　腰鼓的一種。名稱見於唐代文獻，多部樂中列入編制，曾用於天竺、龜茲樂中。杜佑《通典》載："毛員鼓似都曇鼓而稍大。"陳暘《樂書》繪有具體圖形。敦煌壁畫中有這種毛員鼓。我們分辨的辦法，是將腰鼓稍大型者、鼓面隆起者、腰身略粗者，稱之為毛員鼓。莫高窟第237、258窟有此圖像。根據文獻，與都曇鼓、腰鼓不同處，毛員鼓用手拍擊，不用鼓槌。但有例外。敦煌所繪鼓類，用手拍，或槌擊，兼而有之；還有一手執槌，一手拍擊的，不能絕對分清；所以我們把粗大形的腰鼓定為毛員鼓。

3. 都曇鼓　腰鼓的一種，其名稱文獻中多見。唐代杜佑《通典》載：“都曇鼓似腰鼓而小，以槌擊之。”將鼓形細長、直徑較小的腰鼓稱之為都曇鼓，是比較符合文獻所述的，敦煌壁畫中有此圖像。

二、答臘鼓

直胴形膜鳴樂器，古時也稱楷鼓。形狀為扁平圓筒狀，中間沒有細腰，鼓面也為兩片，由繩索連綴繃緊，鼓面直徑略大於鼓框。演奏時一手托鼓，一手拍擊，彈叩摩擦鼓面。敦煌壁畫中出現較多，圖像為鼓身短，鼓面直徑大的直胴，用手拍擊，狀若今日的小軍鼓。後來失傳，漢族樂隊代之以一種扁鼓。

三、羯鼓

圓柱筒形膜鳴樂器。羯鼓從西域傳入中原，在中原得到改革和發展，成為重要的打擊樂器。羯為中國古時民族之一，源於小月氏，羯鼓之名始見於南北朝，盛行於唐。唐代羯鼓是樂隊首席，居指揮地位。當時羯鼓發達，曾有羯鼓專用樂曲，以獨奏形式出現於社會上層音樂表演之中。文獻記述，唐明皇就能擊羯鼓，還創作了一大批獨奏樂曲，因此傳為佳話。敦煌壁畫反映了唐代音樂的盛況，羯鼓出現甚多，一般置於樂隊前列，或居於高處，看來有控制全局、統領樂隊節奏的意義。敦煌的羯鼓有兩種形態，一為直胴狀，一為直胴而又有繩索牽連，均橫置於小木床上。演奏者或手拍或杖擊，只參加樂隊合奏，在敦煌壁畫中尚未發現有羯鼓獨奏的圖像。

四、檐鼓

鍋形膜鳴樂器，隋唐時用於西涼、高麗諸樂部。《舊唐書・音樂志》載：“檐鼓如小瓮，先冒以革而漆之。”其形態為一頭大，一頭小。敦煌出現數隻，如第249、45窟，後來不復見。這種鼓可能也是西域傳來，現今維吾爾族音樂，在演奏吹樂時常用一黑色鼓，即此檐鼓的形狀，現今稱之為納額熱的鼓，是鑄鐵鼓腔。

五、齊鼓

古代鍋形膜鳴樂器，隋唐時用於西涼、高麗諸樂部。《古今樂錄》描述為“齊鼓如漆桶大，一頭設齊於鼓面如麝臍，故曰齊鼓”。敦煌有這種鼓，形狀若腰鼓型，一頭略大，橫繫於腰間，鼓面有一突出圓形物，即所謂臍。此鼓的臍為何物，在音響上有何特徵，尚不能得知。此鼓在雲岡石雕樂伎圖像中也有，看來並非虛構，是有其根據的。

六、雞婁鼓

球形鼓，兩端張以皮革，鼓面直徑甚小，演奏時挾於腋間，一手拍擊，夾鼓之手臂還持鼗鼓，搖晃同時發音。《事類賦》引《古今樂錄》曰：“雞婁鼓，正圓，面首尾，可擊之處平，可數寸。”陳暘《樂書》載：“左手持鼗牢，腋夾此鼓，右手擊之以為節焉。"敦煌壁畫中雞婁鼓甚多，獨奏合奏均用之。有時不一定操兩件樂器，單獨打擊雞婁鼓的也有。唐代雞婁鼓雕漆彩繪，異常瑰麗，如莫高窟第12窟、220窟、榆林窟第25窟，均為典型圖型。

七、手鼓

扁框膜鳴樂器，又稱達卜，形似今日新疆手鼓，其形扁平，木框，只一面蒙皮。演奏時一手持鼓，一手拍擊，或以小槌擊之。與今日不同者唯邊框無小鐵鈸或小環。鼓面繪有圖案。莫高窟及榆林窟均有描繪，早期未見，出現於宋元時期。

八、扁鼓

如今日民間說唱音樂所用的書鼓。鼓身扁圓，中間略突出，兩面蒙皮，周圍以小鐵釘固定。只見於榆林窟第3窟西夏千手觀音圖中，是敦煌壁畫後期的樂器。

九、節鼓

即今日全國通行的堂鼓。鼓框木製，兩面蒙皮，以小釘固定，鼓腔中間直徑略大於兩側鼓面，大小不等。節鼓是中型的鼓，為漢族傳統鼓。這種鼓壁畫中多有出現，一般不用於樂隊，多出現在零散伎樂的場面，如中唐第158窟，一菩薩樂伎就敲擊此鼓。

十、鼗鼓

也寫作鞉鼓、鼗牢，即今日民間流傳的"撥浪鼓"。此鼓由來已久，遠在《詩經‧周頌》中即有："應田懸鼓，鞉磬柷圉"的記載。《周禮‧春官》中有"掌教鼗鼓"語，鄭玄注："如鼓而小，持其柄搖之，旁耳還自擊。"敦煌壁畫所繪甚多，為一木柄，上串數枚小鼓（一至四枚）。演奏這種樂器的樂伎，通常兼操兩件樂器，同時腋間還夾一雞婁鼓。這是隋唐燕樂獨特的演奏形式。早期鼗鼓繪製簡單，後來繪飾彩色圖案，造型至為精美，通常為二三隻小鼓交錯重疊，單手搖動發音。

十一、大鼓

亦稱建鼓，唐代文獻中稱為大鼓，為佛教廟宇起居報時工具的"暮鼓"。在音樂活動中有時也用大鼓，宮廷樂隊有此編制。敦煌壁畫不見於各種音樂圖像中，只見於勞度叉鬥聖經變畫中，與鐘相對，置於框架之上。

十二、軍鼓

即軍樂隊的專用鼓。見於第156窟"張議潮統軍出行圖"，此為大型世俗儀仗場面，雄壯威武。前面引路騎馬的數名軍樂隊員右手持槌，四馬馱軍鼓。鼓身扁平，立於馬背，很似今日軍樂所用的大軍鼓。這是研究中國古軍樂的重要圖像資料。

奏樂、禮佛兼用的體鳴樂器

體鳴樂器主要包括打擊類樂器中除

鼓以外的其他樂器，種類多，用途廣。
出現於敦煌壁畫中的體鳴樂器分演奏樂
器和法器兩類。

一、用於奏樂的體鳴樂器

1. 方響　一種有音律的打擊樂器。
文獻記載始於南朝的梁，敦煌見於隋代
壁畫大型樂隊中。它類似編磬，由十餘
片薄厚不同、上圓下方、長方條狀鐵板
組成，編綴於木架上。方響有兩種懸掛
方式，鐵板一端挖孔繫繩依次懸掛，或
在鐵板中間穿孔斜掛。一般上下兩排。
古代雅樂和俗樂都將方響列入編制，多
用於宮廷，民間很少使用。

2. 拍板　木製體鳴樂器，亦稱檀
板、棹板，簡稱板。用上圓下方的長條木
板數片綴合，一般四至六片，雙手對擊
發聲。古時拍板與今日戲曲所用的板不
同，現在的板，兩片對擊，其中一片是
由兩片捆紮而成，一輕一重，一手操
作。敦煌拍板圖形，始於初唐，大中小
樂隊合奏中均有，有時一個樂隊連用數
隻。在樂隊中排列，其他樂器均無定
局，唯拍板必居排頭第一位，看來是起
指揮作用。如果八字形排列的樂隊，兩
排第一人均為拍板。經變畫中迦陵頻伽
鳥往往持拍板。拍板也是音樂的一種象
徵，五代、宋、元繪製最多。

3. 鐘　金屬體鳴樂器。為中國古代
雅樂隊的主要樂器，後因其笨重，民間
很少流傳，宮廷樂隊也逐漸淘汰。佛教

傳入中國後，是寺院報時的工具，與鼓
相對，懸置於鐘鼓樓，寺院必用之器。
壁畫裏的鐘不是表演性樂器，出現於勞
度叉鬥聖經變中，另外一些樂器圖案中
也有，如榆林窟第 3 窟。

4. 鑼　古時也曾稱為鉦、銅鑼、沙
鑼。鉦原為古時青銅樂器的一種，唐代
曾專指盤形銅鑼。敦煌第220窟藥師經變
樂隊中，有兩個樂伎演奏銅鑼，表演姿
態特殊，擊響後拋入空中。鑼為一扁平
之圓盤，當時也列入樂隊編制中。另
外，在飛天樂伎畫中也有鑼。鑼奏法有
兩種，一用手拍擊，一用以小槌擊之。

5. 串鈴　本是印度民間樂器，原名
金基尼。《法華經》有記載，為一種金屬
空心小球，邊有缺口，內藏小珠，將單
個小鈴串連成環璉，即為串鈴，搖晃則
發音。原為印度婦女的傳統飾物，舞蹈
時繫於手足，頓足拍掌發出節奏性音
響。此物佛教借用，常飾於早期壁畫中
的菩薩、天宮伎樂的項上。隋唐之後，
衣飾逐漸漢化，串鈴逐漸消失，在一些
壁畫的垂幔流蘇圖案中偶爾見到串鈴的
痕跡。

二、法器類體鳴樂器

1. 金鋼鈴　佛教傳統的法器，也是
佛事活動的專用儀軌樂器。為有柄的小
鐘，中間有舌，手搖發音，印度和中國
藏漢僧侶至今沿用。壁畫中早期未見，
中晚期甚多，尤其密宗常用，多為金剛

力士手持，有時多手觀音也持。這裏不作樂器，象徵着一種神權威力。莫高窟第3窟元代密宗說法圖中，金剛力士所持堪為典型。

2. 鐃　又稱銅鈸，與鈸同類，對擊發音。此器可能隨佛教由西方傳入，是佛事活動的法器，也稱之為浮漚。馬端臨《文獻通考》："銅鐃，浮屠所用浮漚，器小而清，也俗謂之鐃。"鐃和鈸之別在於大小，小者為鐃，大者為鈸。敦煌壁畫中屢見描繪，大中型樂隊常用，形如今日的小鑔，但中間小碗比小鑔略大，邊沿稍窄。

3. 鈸　與鐃同類，比鐃大。鈸為銅製，中間隆起呈半球狀，有孔穿繩，手持對擊發音。鈸的中間隆起部分較鐃大，因此發音低沉。鈸亦來自佛教，是常用法器，後引入世俗樂隊。鈸在東晉時已有記載。《法顯傳》有"敲銅鈸"之語。唐代，鈸也寫作跋或拔。鈸是壁畫後期的樂器，為數不多。莫高窟、榆林窟均有描繪。

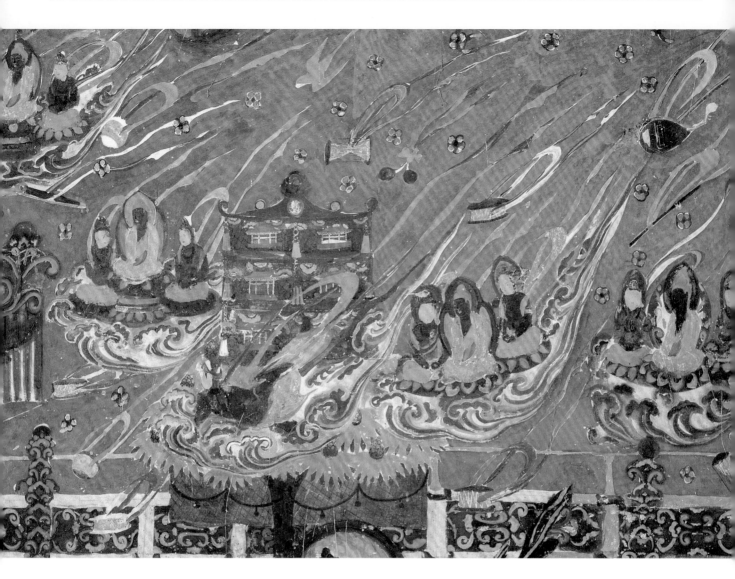

197 不鼓自鳴樂隊的鼓

此窟南壁的阿彌陀經變,繪出了"二十
八天聞妙法,天男天女散天花,龍吟鳳
舞彩雲中,琴瑟鼓吹和雅韻……"的情
景。空中有大量的不鼓自鳴,主要為
鼓。計有答臘鼓五隻,雞婁鼓、腰鼓兩
隻,此外,還有琴、鈸、橫笛和琵琶。

初唐 莫335 南壁

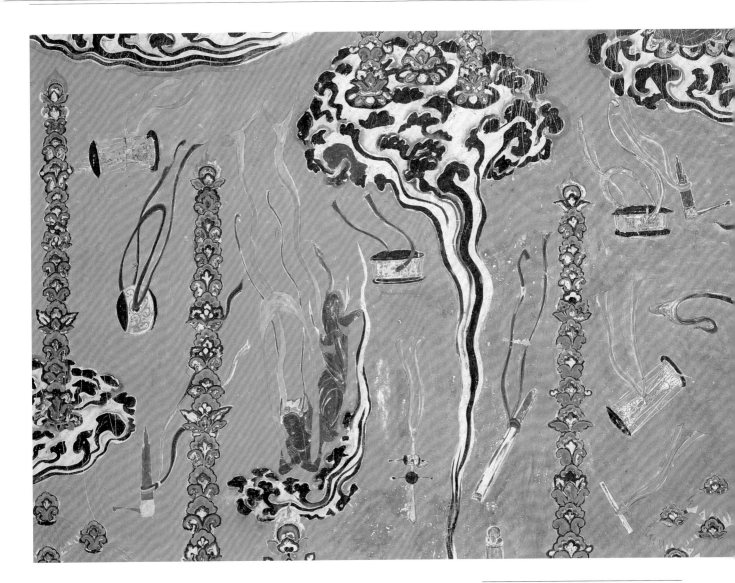

198 不鼓自鳴鼓樂隊

在祥雲、花柱和飛天裝飾的天空中,天樂自鳴。這些樂器從左至右為笙、雞婁鼓、腰鼓、鼗鼓、答臘鼓、琴、篳篥、腰鼓、答臘鼓和笙。繪製最精美的是各類鼓的圖像,鼓身裝飾各種花紋,造型精美準確生動。鼗鼓仿佛有人持柄搖動,兩極小槌正在左右對擊。

初唐 莫321 北壁

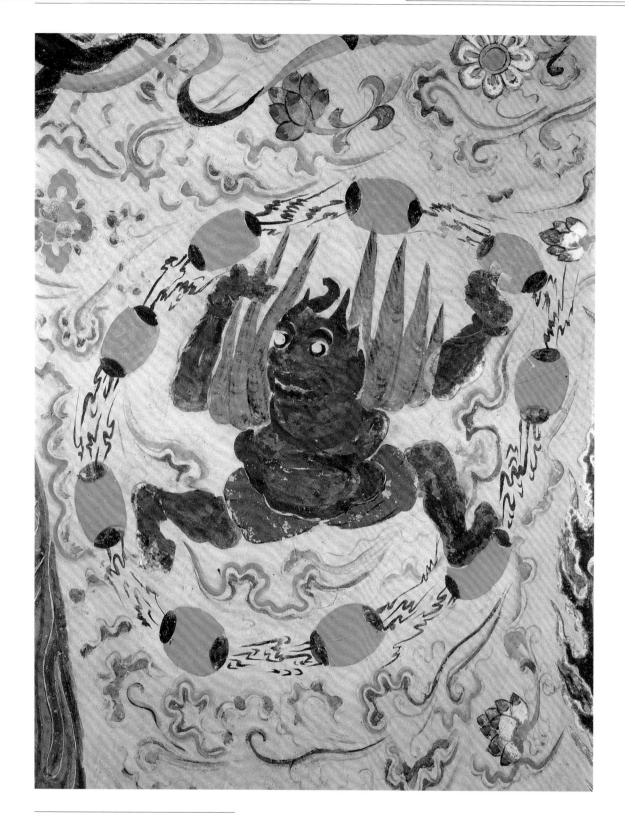

199 雷公擊節鼓

自北魏至唐初多有雷公形象在敦煌壁畫
中出現。此處雷公龍首人身，兩臂生
翼，粗壯慓悍。其周圍繪九面小鼓，鼓
橫置，雷公手足並用轉擊鼓面，小鼓之
間繪波紋，象徵雷聲隆隆。雷公所擊的
鼓即平常所見的節鼓。

初唐 莫329 西壁龕頂

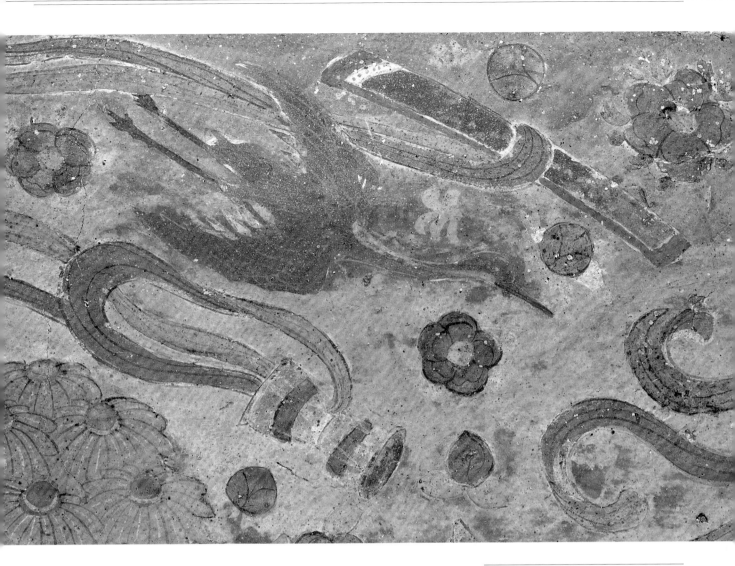

200 不鼓自鳴的腰鼓

這是敦煌壁畫中典型的腰鼓形象。鼓身
細腰，兩端如兩個碗底部對接而成，鼓
皮兩端以繩收束，使皮膜繃緊。圖中不
鼓自鳴除腰鼓外，還有箏等。

盛唐 莫225 南壁龕頂

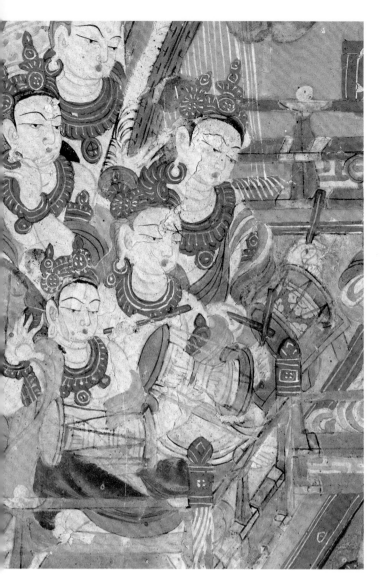

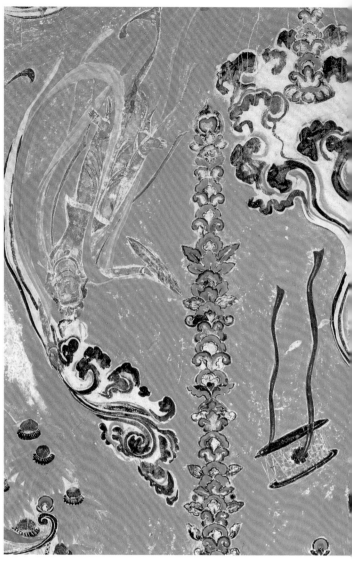

201 腰鼓與羯鼓

腰鼓的演奏方式是將鼓繫於腰間，站立
或踞坐演奏，用手拍或杖擊發聲。圖中
為經變樂隊中的打擊樂，兩腰鼓和一羯
鼓。腰鼓一用雙手拍擊，一斜掛胸前用
兩槌敲擊。羯鼓平置於小床上用槌兩面
敲擊。

中唐 莫154 北壁

202 不鼓自鳴的答臘鼓

答臘鼓之名來自印度，唐代燕樂中列為
編制，在敦煌壁畫中出現頻繁。從圖中
看，答臘鼓呈扁平圓桶狀，鼓面略大於
鼓身，中間無細腰，兩片鼓面亦由繩索
連綴繃緊。鼓身繪有花紋，造型精美。

初唐 莫321 北壁

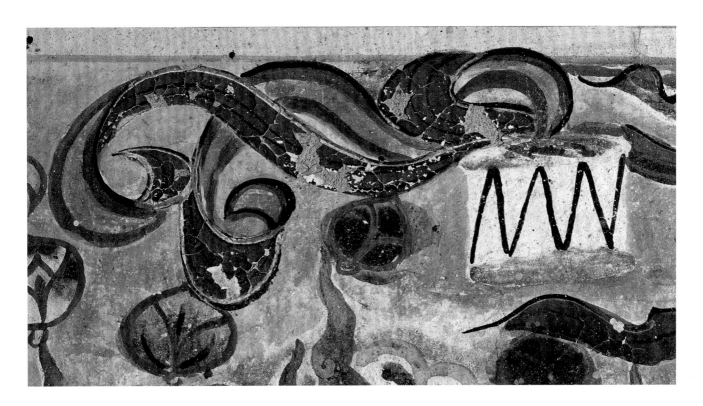

203 不鼓自鳴的答臘鼓
盛唐 莫124 北壁

204 不鼓自鳴羯鼓
羯鼓是中國古代重要的打擊樂器之一，在唐代尤為發達。羯鼓鼓身為直胴形，主要有兩種形式，一種鼓兩端有繩索牽連，一種無繩索綴連，圖中的鼓即屬於前者。
盛唐 莫124 北壁

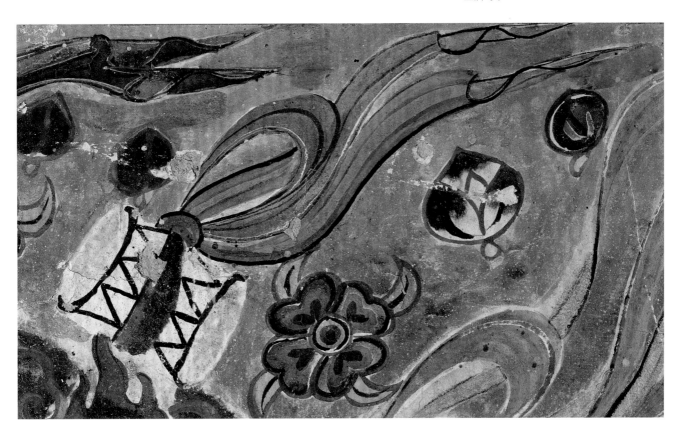

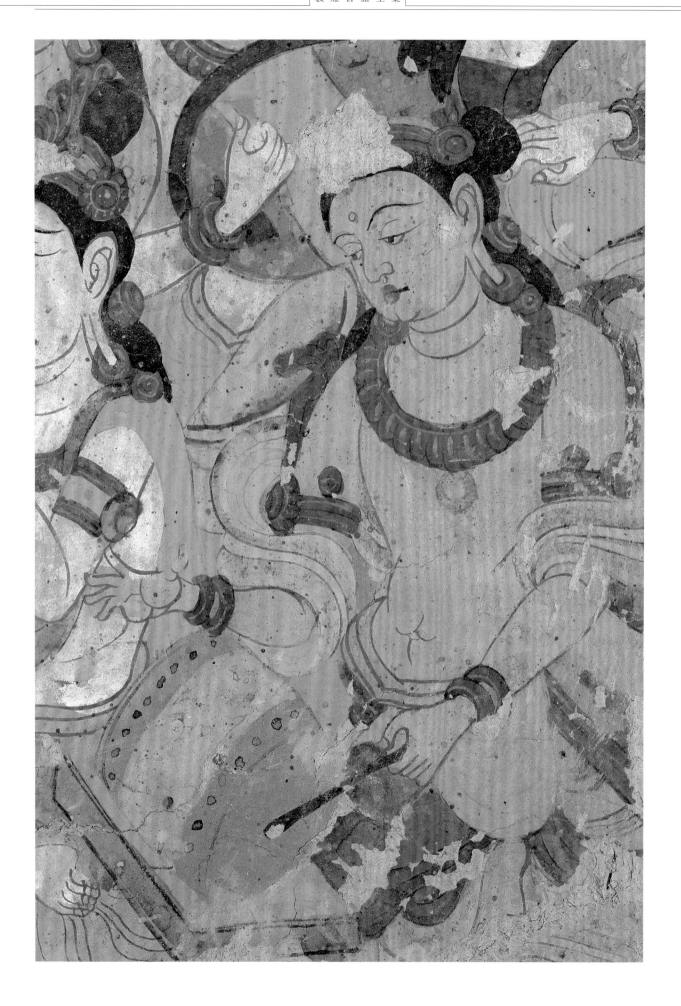

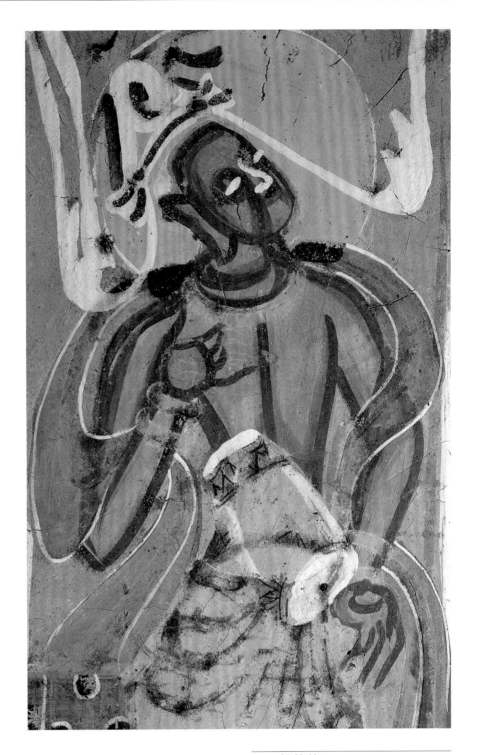

206　拍檐鼓

檐鼓為西域傳來之樂器,主要見於敦煌
早期壁畫中。演奏檐鼓的樂伎將鼓斜掛
於腰間,小頭上,大頭下,雙手一上一
下拍擊鼓面。

北魏　莫435　北壁

205　敲羯鼓

羯鼓的演奏方式是將羯鼓置於小床之
上,演奏者用手拍或杖擊。圖中為大型
經變樂隊中擊羯鼓樂伎特寫。羯鼓置於
小床上,兩面的鼓皮用圓釘鉚在鼓身
上,樂伎左手持槌敲擊,右手張開五指
拍擊。

中唐　莫112　南壁

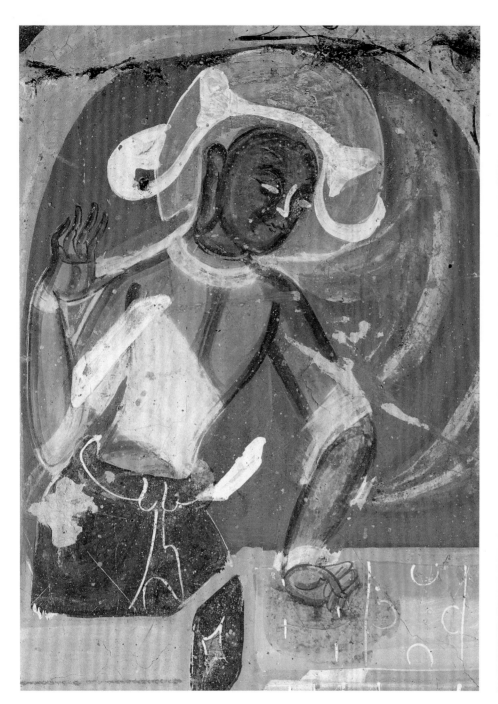
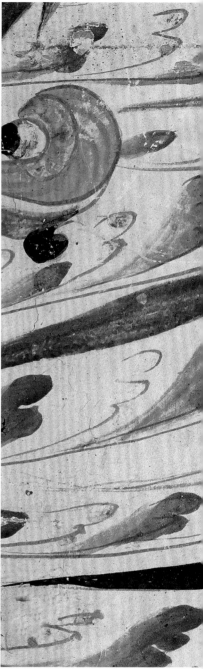

207 拍齊鼓

西魏 莫249 南壁

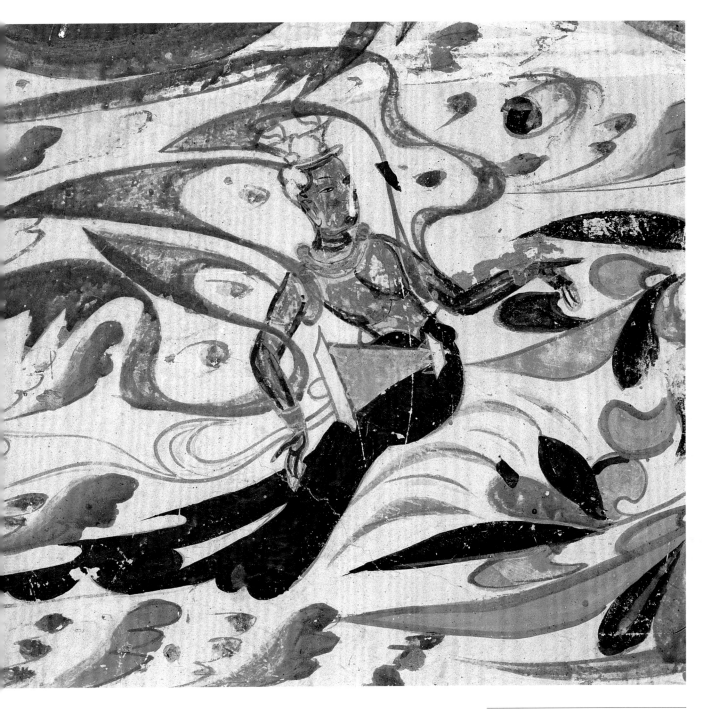

208　拍齊鼓

齊鼓形狀若腰鼓型，一頭略大，橫繫於
腰間，鼓面有一突出圓形物，即所謂之
臍。此鼓之臍為何物，在音響上有何作
用，尚待研究。齊鼓主要出現於敦煌早
期壁畫的天宮伎樂和飛天伎樂中。

西魏　莫285　南壁

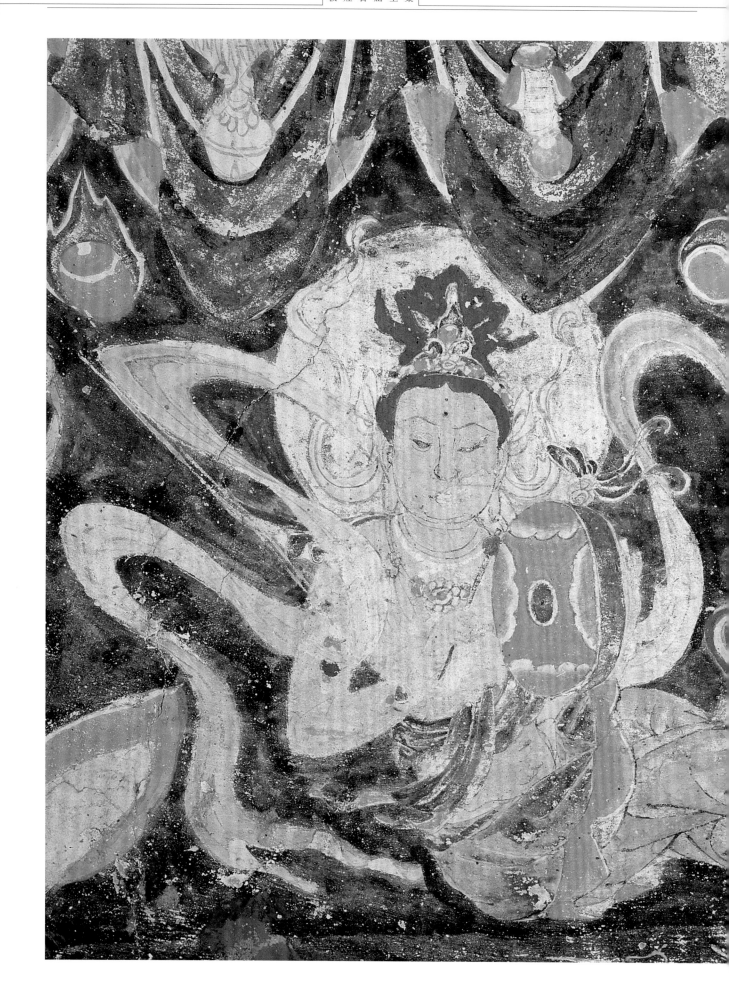

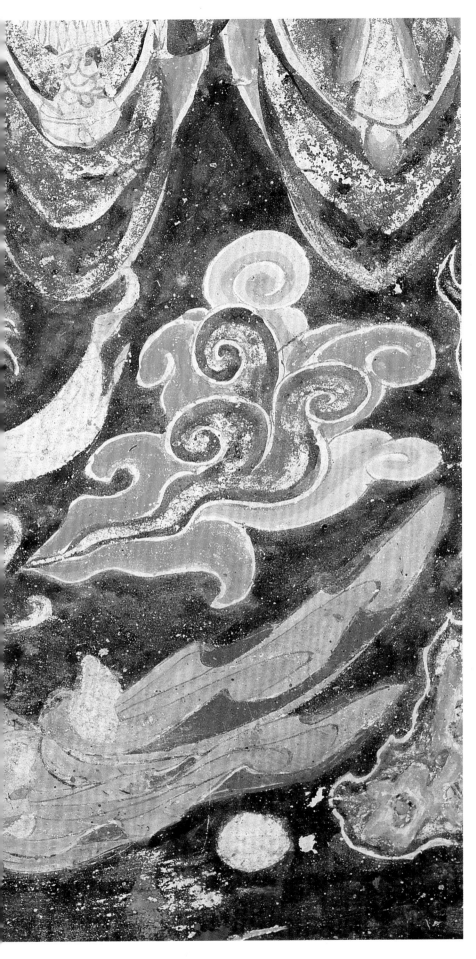

209 飛天敲手鼓

敦煌壁畫中的手鼓，形似今天新疆地區的手鼓，數量不多。此身飛天樂伎持手鼓，手鼓兩面蒙皮、皮膜上繪有花紋，一手握長柄槌敲擊。

西夏 榆10 窟頂西坡

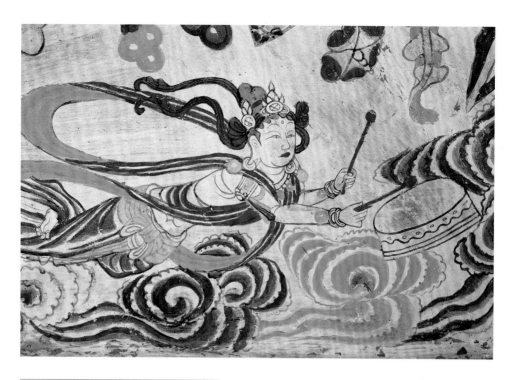

210 飛天敲手鼓

在彩雲中飛動的飛天樂伎雙手持鼓槌，
敲擊手鼓，鼓單面蒙皮，以小釘固定框
上。

宋 榆15 窟頂西坡

211 不鼓自鳴雞婁鼓

這是不鼓自鳴樂器中的雞婁鼓特寫，鼓
身為球形，鼓面小。唐代繪製的雞婁鼓
雕漆彩繪，非常精美。

盛唐 莫117 北壁

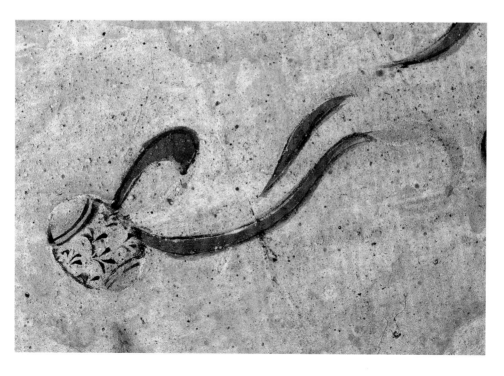

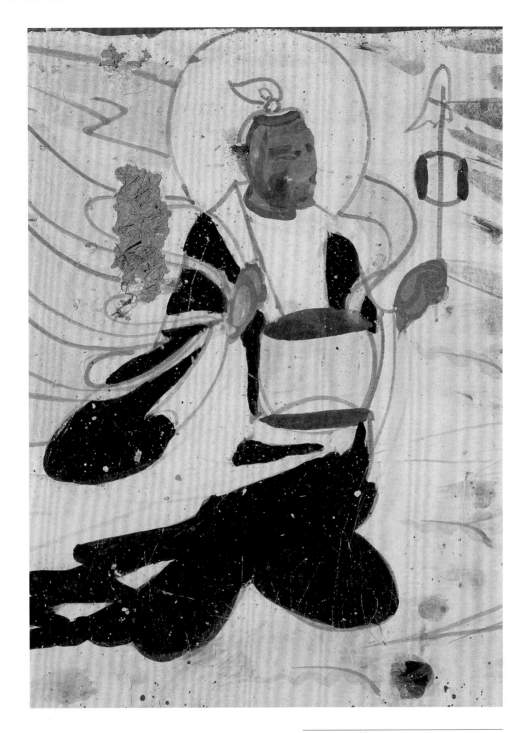

212 搖鼗鼓

這身飛天樂伎所持鼗鼓構造簡單，杆上
只有一面小鼓，杆頂端飄着纓穗。
北周 莫290 東壁

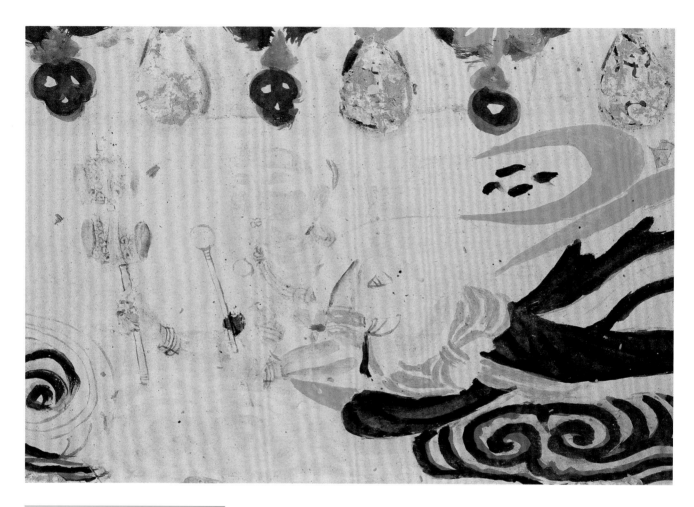

213 飛天持鼗鼓握鼓槌

這身飛天樂伎具有黨項民族相貌，面豐
圓，寬額大腮，長眉細眼。在波狀捲雲
紋襯托下，飛天樂伎在空中飄飛，右手
持鼗鼓，左手握鼓，左手握鼓槌。
西夏　莫353　窟頂北坡

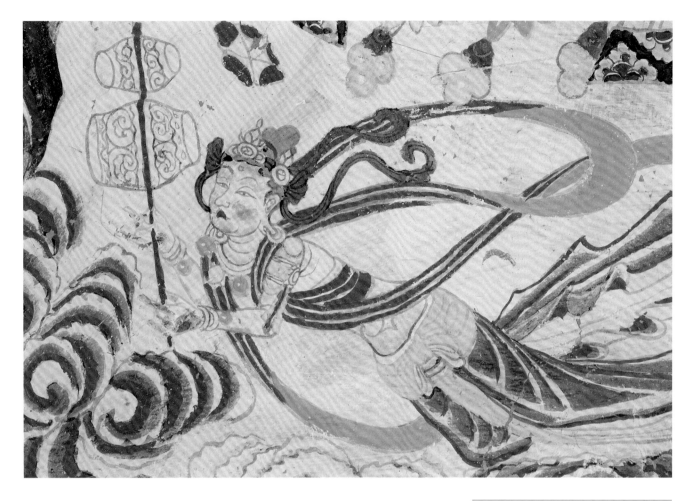

214 飛天持鼗鼓

飛天樂伎高髻寶冠，面豐身長，高鼻細
眼，其手中所持鼗鼓，柄上小鼓一大一
小兩面並縱列，鼓畫得十分誇張像節
鼓，未見鼓槌，也不與雞婁鼓兼奏。

宋 榆15 窟頂南坡

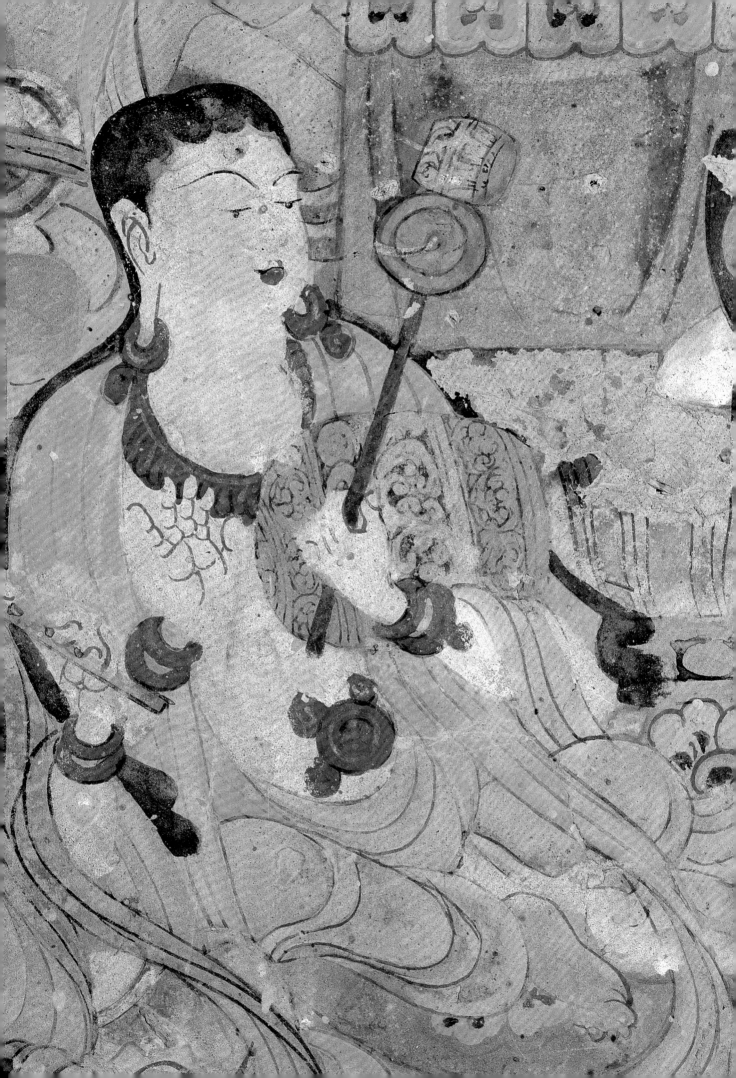

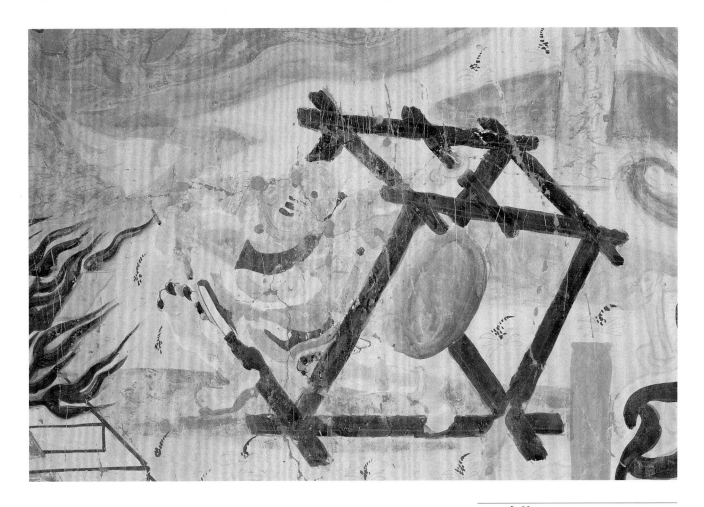

216 大鼓

大鼓是古代佛教寺院中的報時工具，亦作為樂器使用。敦煌壁畫中的大鼓圖像不多，只見於經變畫勞度叉鬥聖變中。圖中大鼓被置於木框內，一和尚模樣的僧人正在撞擊。

五代 榆32 北壁

215 演奏雞婁鼓兼鼗鼓

在經變畫樂隊中，演奏鼗鼓的樂伎，通常是鼗鼓、雞婁鼓兼奏，一般是單手搖動鼗鼓，同時，腋間夾一雞婁鼓，用另一手擊鼓發音。圖中樂伎左手持鼗鼓，左腋夾雞婁鼓、右手拍擊，符合史籍記載。

中唐 莫112 南壁

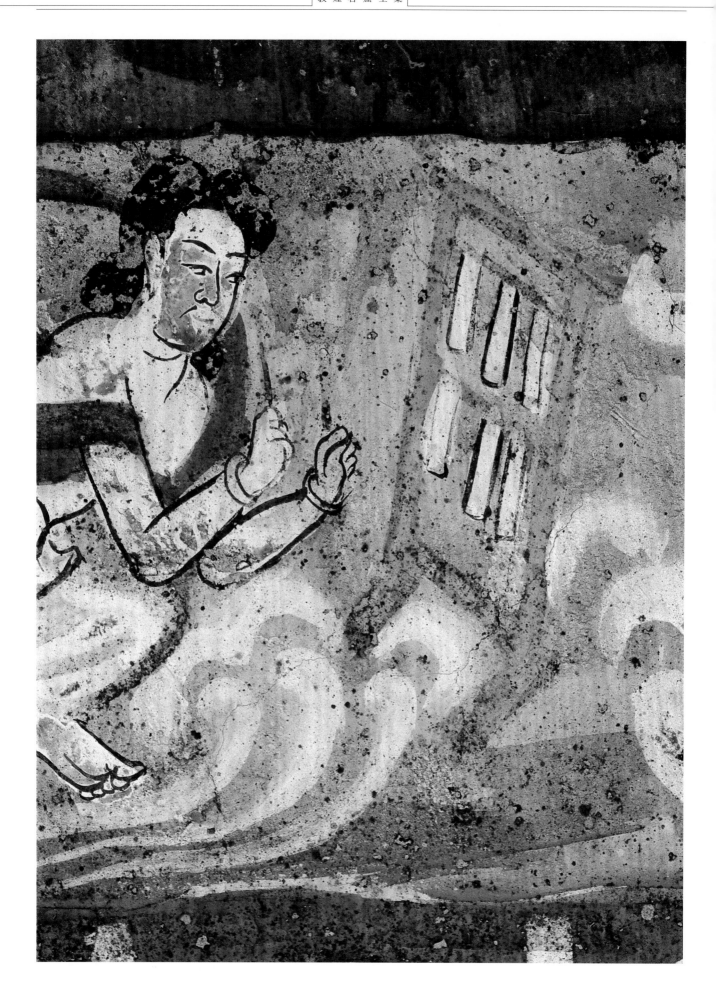

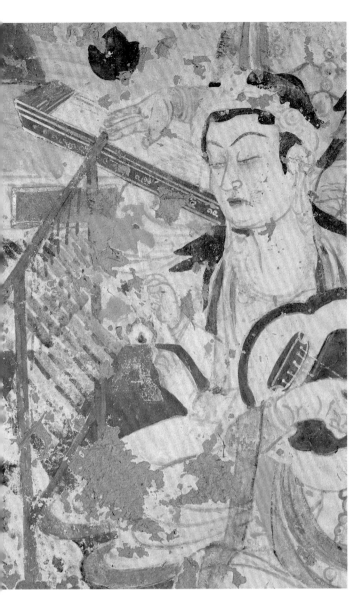

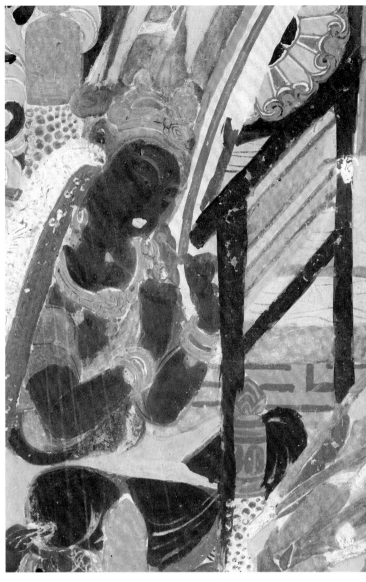

218　敲方響

這身樂伎聚精會神雙手持小錘敲方響。
方響置於毯上，長方形板塊成斜面懸置
在方架橫樑上，上下兩排，每排八塊，
共十六塊。在唐代，方響主要用於宮廷
燕樂，民間很少使用，在經變樂隊中方
響頻繁出現，說明壁畫中的樂隊結構是
以宮廷樂隊的編制為模式的。

初唐　莫220　北壁

219　方響演奏

樂伎正用兩隻小錘敲擊方響，方響的聲
片分上下兩排，斜置方架上，片數不
詳。

盛唐　莫148　東壁南側

217　方響

此圖為演奏方響的飛天伎樂局部特寫。
方響畫得比較寫實，大小相似的長方形
鐵板，分兩排懸掛於木架上；樂伎以小
錘敲擊。壁畫中樂器形制和演奏方式符
合史籍記載。

初唐　莫322　窟頂西坡

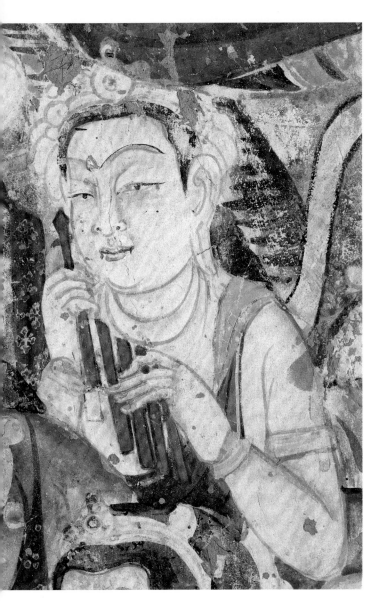

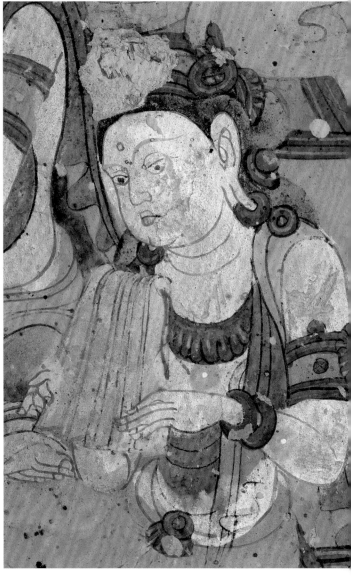

220 擊拍板

拍板用發音好的木板做成，長條狀板數片連綴一列，用雙手對擊發音。此經變樂隊中共有三隻拍板。兩隻拍板為五片，一隻為四片，這是東側樂隊中的一身樂伎，右手握着拍板的第一片較長的菱形頭板片，左手推擊其餘四片稍短方頭板片發音。

初唐 莫220 北壁

221 擊拍板

此圖為經變樂隊樂伎特寫。該樂隊中有兩件拍板、顏色一深一淺，均五塊長條形板片。圖中是淺色的一件。五塊板片，上圓下方，下稍寬，上用繩連繫，樂伎雙手持兩邊外一塊板片下部，對擊發音。

中唐 莫112 北壁

222 鐘

鐘與大鼓相對，均是古代寺院報時的工具，隋唐以後不再作為表演性樂器，故在敦煌壁畫中比較少見。此圖為勞度叉鬥聖變中的鐘，顯然也是作為佛教用具而出現的。

五代 榆32 北壁

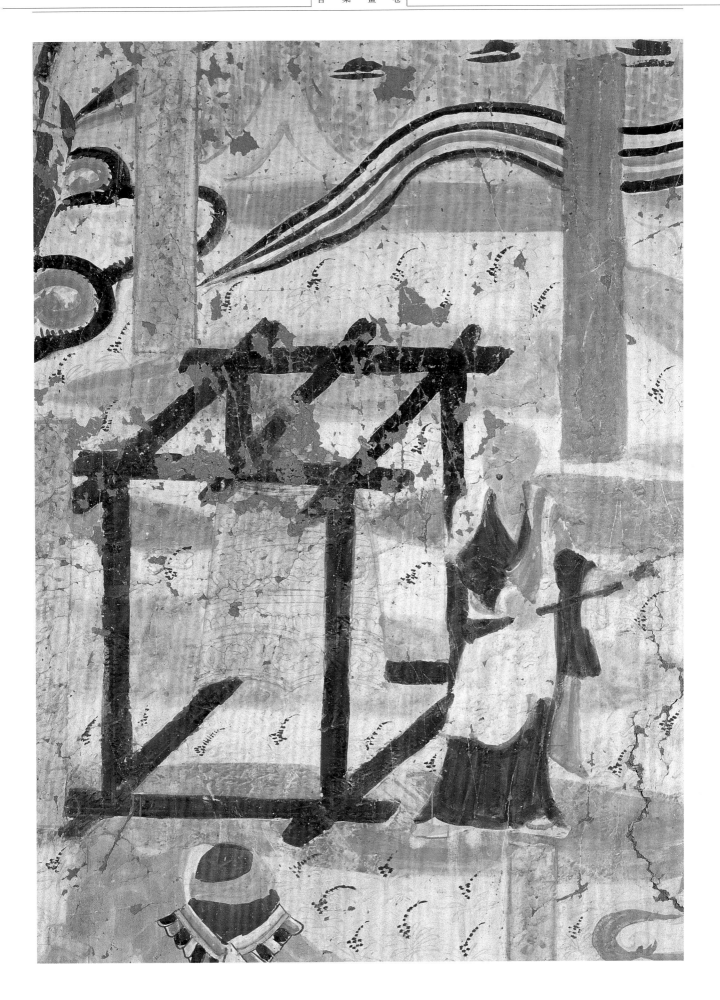

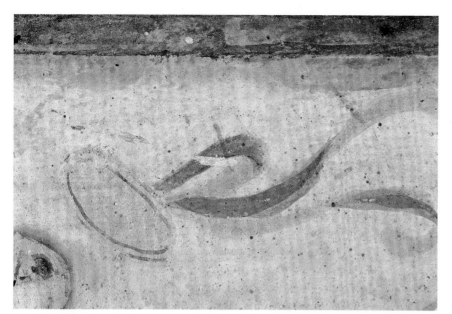

223 不鼓自鳴的鐃
盛唐 莫117 北壁

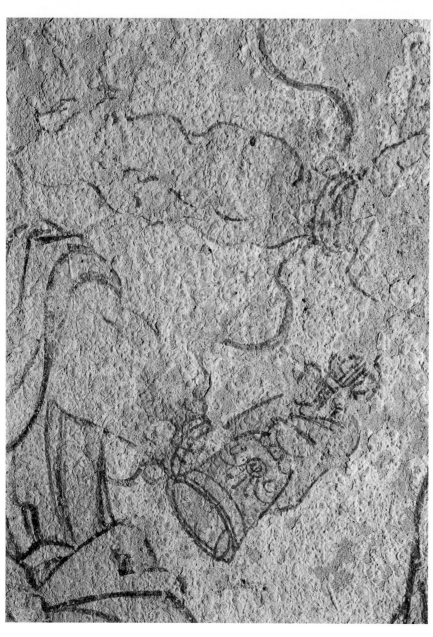

224 金剛鈴
此圖為八臂護法金剛所持杵、輪、劍、鈴、絹索等法器中的金剛鈴，鈴身飾紋樣。
元 莫3 北壁

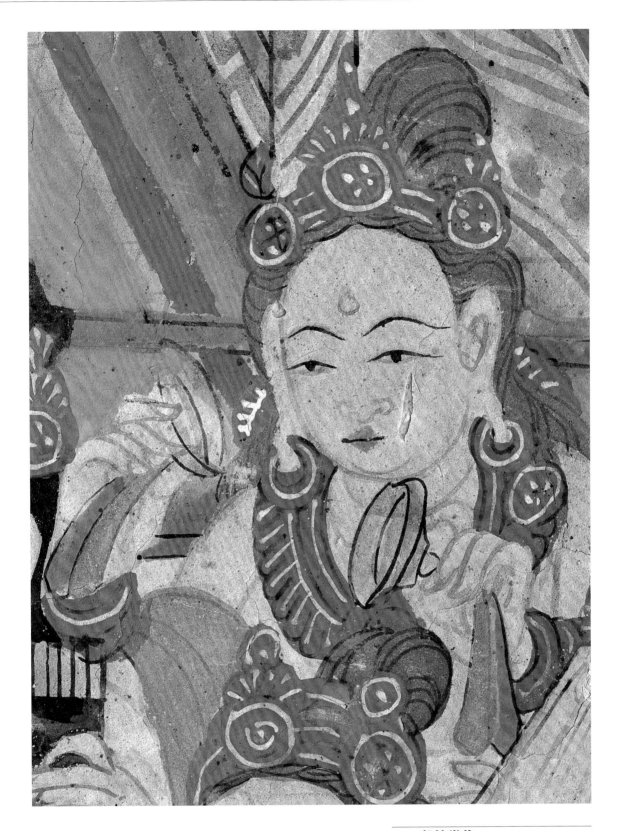

225 擊鐃樂伎

鐃既為碰奏樂器，也是佛教法器之一。
敦煌壁畫中常出現在大、中型經變樂隊
中。演奏時，樂伎用雙鐃對擊發音。
中唐 莫154 北壁

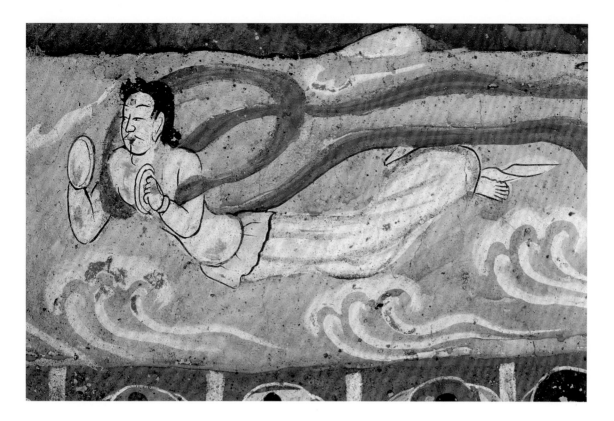

226 擊鈸飛天
初唐 莫322 窟頂北坡

227 不鼓自鳴的鈸
西夏 莫367 北壁

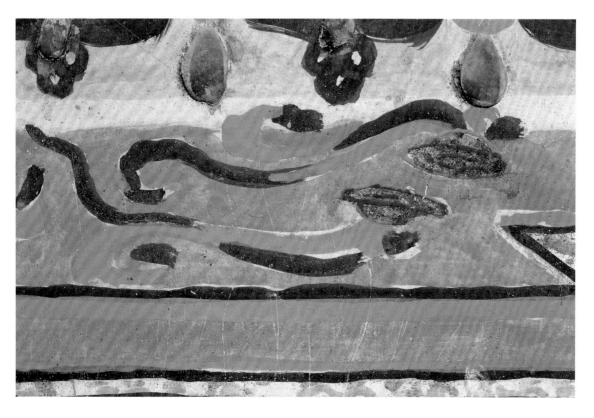

附錄一

敦煌曲譜

近些年來，中國音樂史界就敦煌曲譜的解釋和研究，展開了熱烈的討論。除了中國學者之外，其他國家如日本、韓國、法國、美國等國的學者也參加了討論。敦煌曲譜的研究工作，可謂人才濟濟，成果疊湧。這一領域中筆者雖未有專攻，但略述箇中的一些情況，以求與有志趣者同饗一二。

曲譜內容

敦煌曲譜亦稱"唐人大曲譜"、"敦煌卷子譜"、"敦煌琵琶譜"等，是藏經洞所出遺書之一，為手抄豎寫長卷，編號P. 3080。正面為《長興四年（公元933年）中興殿應聖節講經文》，背面為一種符號型曲譜，有分段曲譜二十五首，每首曲譜冠有詞牌性小標題：計有《品弄》、《弄》、《傾杯樂》、《又慢曲子》、《又曲子》、《急曲子》、《又曲子》、《又慢曲子》、《急曲子》、《又慢曲子》、《傾杯樂》、《又慢曲子西江樂》、《又慢曲子》、《慢曲子心事子》、《又慢曲子伊州》、《又急曲子》、《水鼓子》、《急胡相問》、《長沙女引》、《撒金砂》、《營富》、《伊州》、《水鼓子》，另外還有兩首曲名已不可考。

這些曲目中，急曲子、慢曲子、又曲子、品弄等無內容，似為曲式或段落名稱；具有詞牌名稱的有九首。其中幾首為異曲同名，曲名雖有重複，但曲譜內容並不相同，亦應各視為一首樂曲。全譜有三種不同筆跡。共錄譜字二千八百個。這些譜字係漢字之筆畫最少者，或減略之筆畫有的類似漢字之部首，或稱之為"省文"、"半字符號"。其有如下二十種形態：一、Ｌ、り、ㄥ、工、ス、七、八、九、十、ヒ、

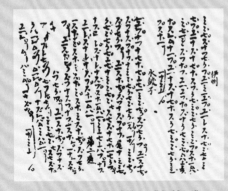

敦煌曲譜：《伊州》、《水鼓子》

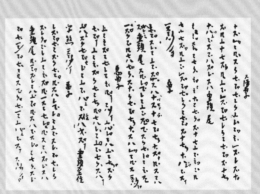

敦煌曲譜：《又慢曲子》、《又曲子》、《急曲子》、《又曲子》

｜、っ、て、マ、ム、り、し、之、ヤ。曲譜除用這些音高符號作為譜字外，還附加一些輔助性符號；1. 漢字術語符號：如，重頭、重頭尾、住、重頭至住字煞、尾、記、重頭至記字煞、火、重、王、第二遍至王字末、王字末、卻從頭至王字末、重頭至王字、今、重尾至今字住、第二遍、合同今字下作至合字。2. 點畫符號：如，（1）ノ、（2）J、（3）、、（4）ケ、（5）ケ、（6）口、（7）ケ、（8）J、（9）川、（10）ろ。共有數十種標記符號。它們可能包括：節拍、速度、反覆、表情、調試、力度及演奏手法等含義。本曲譜所用符號，僅少數與傳世之幾種曲譜符號有相同之處，更多的符號尚有待於解釋。敦煌曲譜是我國迄今所見最早的曲譜，於1900年被法國人伯希和劫至法國，現藏於巴黎圖書館東方部。

敦煌曲譜：《慢曲子心事子》、《又慢曲子伊州》、《又急曲子》

研究概述

敦煌曲譜研究即對敦煌藏經洞曲譜的解釋研究。敦煌曲譜流至國外，近數十年，國內外學者對曲譜展開了研究，基本有兩種見解：一種見解認為是器樂譜，其中多數學者認為是琵琶曲譜，少數學者認為是篳篥譜；另一種見解則認為是半字樂譜，係工尺譜之前身，一種旋律譜。

最早研究此譜的是日本學者林謙三。他從1937年～1969年，先後數次發表論文，認為本譜為唐傳之琵琶譜。主要根據為日本現存的一些古譜，記法與本譜有所相同。後又得到另一敦煌遺書，即P.3539之"二十譜字"指法表，以為佐證。於1955年他又將曲譜二十五首全部符號，用他的推算辦法，譯成五線譜用全音符號記寫，沒有節拍，因而不成曲調，亦不能演奏。但其首次提出了定弦與音高問題。1940年我國學者向達從法帶回該曲譜照片，稱之為"唐人大曲譜"。1954年，我國學者任二北發表《敦煌曲初探》，雖係曲子詞的研究，但也涉及敦煌曲譜。他對曲譜的九首曲名進行了詳細的考證，並提出了拍、眼之說。1954年，我國學者王重民在所輯《敦煌曲子詞集》中，稱此譜為《工尺譜》。1964年，我國音樂史家楊蔭瀏在其《中國古代音代史稿》中稱此譜為《敦煌唐人樂譜》，認為本譜屬於工尺譜體系，即宋人所稱"燕樂半字譜"，是當時教坊間通用的記譜符號，很可能就是篳篥上所用的工尺譜。

1981年，我國音樂學家葉棟發表了《敦煌曲譜研究》論文，並將曲譜譯成五線譜。他吸收了林謙三和任二北的一些研究成果，用不同的推算方法，改變了琵琶定弦的音位序列，並參考我國民間音樂，將曲譜加了一些眼號，尋找出拍、眼的規律，使樂曲結構豐富，突破了林謙三譜只是全音符的面貌，並用所譯之譜，施以配器，使之成為可以演奏、有一定音樂效果的曲譜，並錄成磁帶，付諸音響。葉棟認為："敦煌曲譜是由一系列不同分曲組成的唐大曲"，故這一卷子也可稱為"敦煌唐人大曲琵琶譜"。後又補充："這套譜可能為唐歌舞大曲，後來發展中曲、小曲聯綴而成的又一種類型。作為琵琶譜來看，也可說是歌舞大曲樂隊中的琵琶分譜，聲樂伴奏譜，但也是骨幹譜。並對唐大曲的板式、曲式結構等進行了闡述。還認為本曲譜與曲詞、與聲樂有密切關係，全曲由三種音階：燕樂音階、清樂音階和古音階組成。他的論文及譯譜發表後，在國內外引起了震動，並展開了討論，也有一些分歧性的意見，如是否屬唐大曲，對節拍、板眼的處理，對定弦的處理等，提出了不同的看法。自此，學者論文及解釋譜蜂起，音樂家何昌林、陳應時、席臻貫等也根據他們各自的理解，譯出曲譜。曲譜的研究正在逐步深入和發展中。

附錄二：莫高窟壁畫中伎樂天分類統計表

種類	數量（身）	起止年代	位置	特徵
菩薩樂伎	23	北涼～元	説法圖佛之左右，曼陀羅中	單身端坐或站立奏樂
天宮樂伎	183	北涼～隋	四壁上端天宮欄牆的城門洞內	為單身持樂器者，身體扭動突出
飛天樂伎	637	北魏～元	藻井四周，四壁上端，經變畫上端，龕內左右上方	單身飄舞奏樂
化生樂伎	75	北魏～西夏	人字坡，龕楣，壼門，佛座身及經變畫下端	在蓮花中奏樂，部分為童子
藥叉樂伎	35	北魏～隋	中心塔柱座身，四壁下，佛龕下	半裸，強悍，持樂器，動作誇張
迦陵頻伽樂伎	71	隋～宋	藻井和經變畫中	單身奏樂，或二身、四身對稱奏樂
經變畫樂伎	2192	初唐～西夏	經變畫下部	樂隊對稱形式排列，端坐或站立演奏，人數不等，樂器配置多變
文殊、普賢變樂伎	151	初唐～西夏	佛龕兩側，窟門兩側	菩薩樂伎之一，站立行進奏樂
天王樂伎	5	五代，清	窟頂四角，窟門外側	形體巨大，手持琵琶
金剛樂伎	3	元，清	觀音菩薩左右下方	體格健壯，手持金剛鈴

附錄三：莫高窟壁畫樂器統計表

樂器種類		總數量	始見朝代
吹奏樂器	橫笛	505	北涼
	豎笛	276	北涼
	貝	54	北涼
	角	6	北涼
	篳篥	196	北魏
	排簫	288	北魏
	笙	345	北魏
	銅角	5	北魏
	塤	1	初唐
	異型笛	27	盛唐
	畫角	4	晚唐
	鳳笛	2	西夏
彈拉樂器	彈弦樂器 琵琶	689	北涼
	箜篌	278	北涼
	阮	65	北魏
	五弦	24	北魏
	箏	176	北周
	琴	26	北周
	葫蘆琴	5	隋
	彎頸琴	27	初唐
	鳳首箜篌	1	西夏
	拉弦樂器 胡琴	4	西夏
打擊樂器	腰鼓	306	北涼
	檐鼓	10	北魏
	齊鼓	4	北魏
	鈸	75	西魏
	雞婁鼓	74	北周
	羯鼓	64	北周
	答臘鼓	108	隋
	方響	52	隋
	毛員鼓	11	隋
	節鼓	8	隋
	手鼓	5	隋
	拍板	464	初唐
	羯鼓	82	初唐
	鑼	20	初唐
	都曇鼓	6	初唐
	串鈴	210	盛唐
	鐃	15	盛唐
	鐘	13	盛唐
	大鼓	11	盛唐
	軍鼓	4	晚唐
	金剛鈴	5	西夏
	扁鼓	2	西夏

圖版索引

敦煌石窟分佈圖

本全集所用洞窟簡稱：莫即莫高窟，榆即榆林窟，東即東千佛洞，西即西千佛洞，五即五個廟石窟。

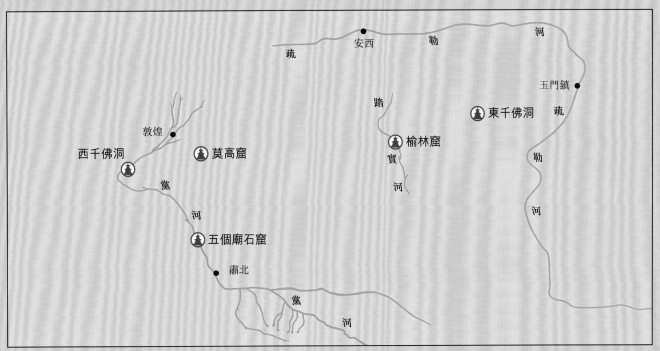

敦煌歷史年表

歷史時代	起止年代	統治王朝及年代	行政建置	備　注
漢	公元前 111 ～公元 219	西漢 公元前 111 ～公元 8 新 公元 9 ～ 23 東漢 公元 23 ～ 219	敦煌郡敦煌縣 敦德郡敦德亭 敦煌郡	公元前 111 年敦煌始設郡 公元 23 年隗囂反新莽；公元 25 年竇融據河西復敦煌郡名
三國	公元 220 ～ 265	曹魏 公元 220 ～ 265	敦煌郡	
西晉	公元 266 ～ 316	西晉 公元 266 ～ 316	敦煌郡	
十六國	公元 317 ～ 439	前涼 公元 317 ～ 376 前秦 公元 376 ～ 385 後涼 公元 386 ～ 400 西涼 公元 400 ～ 421 北涼 公元 421 ～ 439	沙州、敦煌郡 敦煌郡 敦煌郡 敦煌郡 敦煌郡	公元 336 年始置沙州； 公元 366 年敦煌莫高窟始建窟 公元 400 至 405 年為西涼國都
北朝	公元 439 ～ 581	北魏 公元 439 ～ 535 西魏 公元 535 ～ 557 北周 公元 557 ～ 581	沙州、敦煌鎮、義州、瓜州 瓜州 沙州鳴沙縣	公元 444 年置鎮，公元 516 年罷，為義州；公元 524 年復瓜州 公元 563 年改鳴沙縣，至北周末
隋	公元 581 ～ 618	隋 公元 581 ～ 618	瓜州敦煌郡	
唐	公元 619 ～ 781	唐 公元 619 ～ 781	沙州、敦煌郡	公元 622 年設西沙州，公元 633 年改沙州；公元 740 年改郡，公元 758 年復為沙洲
吐蕃	公元 781 ～ 848	吐蕃 公元 781 ～ 848	沙州敦煌縣	
張氏歸義軍	公元 848 ～ 910	唐 公元 848 ～ 907	沙州敦煌縣	公元 907 年唐亡後，張氏歸義軍仍奉唐正朔
西漢金山國	公元 910 ～ 914		國都	
曹氏歸義軍	公元 914 ～ 1036	後梁 公元 914 ～ 923 後唐 公元 923 ～ 936 後晉 公元 936 ～ 946 後漢 公元 947 ～ 950 後周 公元 951 ～ 960 宋 公元 960 ～ 1036	沙州敦煌縣 沙州敦煌縣 沙州敦煌縣 沙州敦煌縣 沙州敦煌縣 沙州敦煌縣	
西夏	公元 1036 ～ 1227	西夏 公元 1036 ～ 1227 蒙古 公元 1227 ～ 1271	沙州 沙州路	
蒙元	公元 1227 ～ 1402	元 公元 1271 ～ 1368 北元 公元 1368 ～ 1402	沙州路 沙州路	
明	公元 1402 ～ 1644	明 公元 1404 ～ 1524	沙州衛、罕東街	公元 1516 年吐魯番佔；公元 1524 年關閉嘉峪關後，敦煌凋零
清	公元 1644 ～ 1911	清 公元 1715 ～ 1911	敦煌縣	公元 1715 年清兵出嘉峪關收復敦煌一帶，公元 1724 年築城置縣

資料來源：史葦湘《敦煌歷史大事年表》等；製表：《敦煌石窟全集》編輯委員會（馬德執筆）